岩讲

高校的高质量发展

来自清华国际研究生院的实践

宋岩 著

经济管理出版社

ECONOMY & MANAGEMENT PUBLISHING HOUSE

图书在版编目（CIP）数据

岩讲高校的高质量发展：来自清华国际研究生院的实践/宋岩著. —北京：经济管理出版社，2021.8

ISBN 978 - 7 - 5096 - 8232 - 6

Ⅰ.①岩…　Ⅱ.①宋…　Ⅲ.①清华大学—研究生教育—国际合作—研究　Ⅳ.①G643

中国版本图书馆 CIP 数据核字（2021）第 175515 号

组稿编辑：张　艳
责任编辑：张莉琼
责任印制：张馨予
责任校对：陈　颖

出版发行：经济管理出版社
　　　　　（北京市海淀区北蜂窝 8 号中雅大厦 A 座 11 层　100038）
网　　址：www. E - mp. com. cn
电　　话：（010）51915602
印　　刷：北京晨旭印刷厂
经　　销：新华书店
开　　本：720mm×1000mm/16
印　　张：14.25
字　　数：272 千字
版　　次：2021 年 11 月第 1 版　　2021 年 11 月第 1 次印刷
书　　号：ISBN 978 - 7 - 5096 - 8232 - 6
定　　价：88.00 元

自　序

盼望着，盼望着，出版本书的脚步近了，更近了。

然而，我的心情却莫可名状的复杂和纠结。

2011 年我基于英国威尔士大学 MBA 项目运营 3 年的经验，主编了《播种未来》一书，然后 2012 年这个项目就在风生水起、利润向好的情况下急转直下；2020 年（疫情之年）我以自己在清华－伯克利深圳学院（TBSI）的 5 年工作经历写了一本书《岩讲全球胜任力：来自清华－伯克利深圳学院的实践》，2021 年出版后，TBSI 就因为中美关系和常态化疫情时代变得今非昔比，面目全非；2021 年所有的节假日（包括寒暑假），我都谨遵"非必要不离深"和"在岗带班"的疫情防控要求，才有机会把这两年的工作成果梳理、整理和独纂成册。但是，我特别担心出版这本书后会重蹈覆辙，我所在的组织会发生大调整、大革命甚至"大地震"，无论如何我不喜欢应验那句：历史总是惊人的相似；反之，我更相信：凡事有再一再二，没有再三再四。

我所在的组织清华大学深圳国际研究生院是 2019 年 3 月在清华大学深圳研究生院（深研院）和清华－伯克利深圳学院的基础上成立的，深研院像个绅士，儒雅沉稳；TBSI 似个少年，活泼生动。两种不同风格的组织有机融合后面临的第一个紧急和重要的问题就是：如何高质量发展？

为此，首先改良了顶层设计，实行理事会领导下的院长负责制；其次开始了组织架构重塑，教师选、育、用、留的国际接轨，业务流程再造，职工改革；再次拓宽国际化合作并开始生态型、智慧化和信息化校园建设；最后实现科研条件平台开放，教学实验平台共享，内外部信息的互联互通。

过去的两年多，我是幸运的，以各种身份参与或者参加了一些事情，主导或者缔造了一些事件，创造或者改编了一些故事，积累了很多从事研究生教育的高校高质量发展的第一手素材和资料，才有机会独撰了这本书。

为此，感恩生命，感谢生活，感激组织。

总有骄阳，谁说的，真好。

宋　岩

2021 年国庆节于南国清华园

引　言

习近平总书记指出教育对国家和人类发展具有重大意义，"教育兴则国家兴，教育强则国家强"，"教育决定着人类的今天，也决定着人类的未来"。知识是人类进步的阶梯，教育是人类获取知识的制度保障，而高等教育是人类发明新知识、传播知识和传承文化的殿堂。研究生教育在高等教育体系中承担着新知识生产功能的核心作用，除了知识传播与传承外，还持续而有生机地进行着系统性知识生产和学术创新，是沟通教育与科学研究两者的桥梁。

清华大学深圳国际研究生院 Tsinghua Shenzhen International Graduate School（以下简称国际研究生院，SIGS）是在国家深化高等教育改革和推进粤港澳大湾区建设的时代背景下，由清华大学与深圳市合作共建的公立研究生教育机构。国际研究生院在清华大学深圳研究生院和清华－伯克利深圳学院的基础上拓展建立。2001 年创建的清华大学深圳研究生院在探索高等教育改革、服务地方经济与社会发展方面做出了许多积极的贡献；2014 年设立的清华－伯克利深圳学院在高水平深度国际合作办学方面探索了有益的经验，为国际研究生院的创建和发展奠定了有力的基础。国际研究生院自 2019 年 8 月 26 日正式更名之日起就致力于高质量发展和建设成为世界一流的研究生院，成为服务社会和引领发展的一流人才培养基地；开展全球重大挑战问题的研究，成为学科交叉融合的国际创新研究中心；探索现代大学治理体系，成为学校－企业－政府合作以及国际化校园的典范；助力清华大学工科的转型和相关学科的发展。

国际研究生院成立以来的实践表明：高校的高质量发展是一项复杂工程，关乎顶层设计、基础科研、人才培养以及科技服务的质量，集中反映出社会经济发展、个体专业训练及高校自身发展诸多方面的需求，换句话说，高校能否高质量发展代表着教育产品（包括毕业生质量、可产业化的技术和产教融合服务）能否满足经济、社会及个体发展的多方面需求。而高校的高质量发展水平是一个国家综合国力和发展潜力的重要标志，在我国经济已经转向高质量发展的背景下，推进高校高质量发展已然成为提高我国国际地位和实现教育现代化的根本要求。

本书以经济领域高质量发展的指标为参考，结合清华大学深圳国际研究生院的实践，提出了高校高质量发展的五个维度：高校的行政管理需要不断创新和改革，才能提供可持续发展的动力和活力；高校作为教育共同体，内部和外部需要互联互通的协调发展；高校校园需要朝向生态型校园和智慧化校园的绿色发展；研究生教育需要国际化的开放发展；高校科研平台和教育信息资源共享。最终得出结论：高校的高质量发展之路，就是要坚持以师生为中心的发展思想，坚持创新、协调、绿色、开放、共享发展。

目　录

第一章　创新的行政管理是高校可持续发展的动力

　　党的十九大报告提出要加快建设创新型国家，高等教育要瞄准世界科技前沿，强化基础研究，实现前瞻性基础研究、引领性原创成果重大突破。随着我国对高校教育日益重视，我国高校规模一再扩大，通过高校教育培养人才成为了我国教育兴国的重要手段。新时期新目标，高校只有不断地积极改革创新，转变管理理念，才能不断地促进我国教育事业的发展，为我国持续培养创新型人才提供基础保障。当前，我国高校行政管理存在一些亟待解决的问题，需要通过改革和创新让我国高校在行政管理方面得到更好的发展。具体问题如下：

　　首先，制度现状方面：一是高校行政管理理念滞后，服务意识淡薄。随着高校不断发展，规模不断扩大，高校行政管理也面临着新的挑战，当前高校在行政管理方面仍然存有官本位思想，更喜欢用权力来管理全校师生，但是权力的过多使用，不仅不能达到行政管理的目的，而且还会产生相反的效果。高校行政管理人员务必摒弃原有的官本位思想，将服务放在重要位置，只有真正将服务精神放在重要位置上，才能切实了解全校师生的真实需求。提倡服务精神，不仅能够提高高校行政管理效率，还能更加顺利地开展工作，使高校行政管理人员在工作中获得一致好评。二是我国高校行政管理体制陈旧，管理手段落后。目前高校行政管理部门在制度方面没有较好地体现出其工作职能，管理部门人员工作内容不明确，在管理手段方面，目前高校行政管理不能很好地与教学、科研等多部门进行资源整合，信息共享差致使资源浪费，工作效率低等问题层出不穷。三是我国高校行政管理体系不完善。近些年来，高校行政管理体系在专业人士的积极努力下得到了一定程度的发展和完善，但是还是存在些许不足，例如管理体系不完整、缺少以服务为本的意识、缺乏科学性。

　　其次，人员现状方面：高校行政管理队伍不稳定，高校行政管理结构不合理。高校行政管理工作主要是管理高校的人、财、物等，归根到底，进行管理工作的主体是人，因此人的重要性是不可忽略的，但是相较于对行政管理人员的关注度，高校更加关注科研人员的素质，高校行政管理人员的培训力度、升职空间等都较为短缺，因此高校行政管理人员经常出现转岗、离职等情况，人员的不稳定性自然导致当前高校行政管理队伍不稳定，没有形成良好的行政管理人才梯队，未来在行政管理方面这一问题将会越来越突出，只有及早发现、尽快解决，才能使得行政管理人员稳定。在高校行政管理队伍结构方面，我国目前结构不合理现象越来越明显，年龄上出现断层现象，年龄大的员工占比过高，年轻人员较少，高校行政管理人员结构应该重用优秀的年轻人员，不仅能够提高我国高校行政管理效率，还能更好地进行任务过渡，避免出现老员工退休后无人接手工作的现象。管理机构臃肿，办事效率不佳。因为当前高校行政管理体制的科层制特点明显，加上组织结构为金字塔模式，造成行政管理人员冗杂，行政管理规模庞大，过多的人员进一步造成了职能部门之间的沟通与合作问题，各个行政部门之间不能良好地沟通与合作，造成了资源浪费、管理效率低下等问题，只有精简高校管理机构的人员，才能在一定程度上改善职能部门之间的沟通与合作，合理利用资源，进而提高工作效率。另外，行政人员的专业技术和基本素养有待提升。当前高校行政管理人员大多数是从一线教学人员中选拔出来的，或是应届毕业生竞聘上岗，这使得行政管理人员在专业技术方面不足，没有经过专业行政知识培训等环节，进而制约了高校行政管理发展的步伐。

最后，考核激励机制方面：目前我国高校行政管理的考核激励机制不完善，考核方式单一，考核时间一般仅为年终一次考核，这样并不能够对行政管理人员日常工作进行良好的监督与考核，对每日、每月、每季度、每半年度的工作质量、进度情况不能很好地了解与把握，因此也就不能有针对性地对行政人员日常工作进行反馈与监督，缺乏自律性是当前工作人员的普遍现象，因此行政管理人员可能出现消极怠工的现象，需要完善的监督考核体制。除了需要完善监督考核体制，当前我国高校行政管理人员的激励机制也不够完善，只有监督没有奖惩，达不到监督管理的目的，只有监督与奖惩力度都完善，才能切实激励管理人员高效工作。

清华大学深圳国际研究生院经过近20年的发展，确实需要从组织架构、师资招聘、职工队伍建设和组织流程再造等方面进行行政管理创新，才能更好地担当基础研究的主力军、高层次人才培养的主阵地、原始创新的主战场，以便在基础研究和关键核心技术突破上下功夫，在更多重大创新领域实现由跟跑转为并跑，争取领跑。

第一节　组织架构的创新发展

一、目的和指导思想

清华大学深圳国际研究生院机关党政机构及教学科研机构改革与清华大学综合改革和建设世界一流大学目标相一致，是学校建立完善中国特色的现代大学制度和治理体系的重要组成部分。

在近二十年的发展历程中，原深圳研究生院建立起一个部门精简、职能齐全的机关党政机构体系，为研究生院扎根深圳办学和发展提供了有力保障；同时，在教学科研机构的建设和发展上，国际研究生院以"双一流"建设为目标，紧密结合深圳以及粤港澳大湾区需求，围绕能源材料、信息科技、医药健康、海洋工程、未来人居、环境生态、创新管理等主题领域，展开面向地区及产业需求、与企业深度合作的研究生培养，通过教育模式创新，打造新型专业学位项目，吸引全球优秀生源，培养技术领军人才和创新管理人才，布局建立了世界一流的"6+1"新学科群和求真务实、协同创新的教学科研机构。

百尺竿头，更进一步。按照学校机构改革的总要求，国际研究生院机关党政及教学科研机构在前期工作基础上进一步整合优化，着力解决职能边界模糊、权责不匹配、跨部门协同不足、师生体验不佳的问题，更好地区分管理和服务职能、完善跨部门多部门合力工作的机制、优化岗位设置和职责、建立反映市场机制的薪酬体系和福利体系，同时也很好地融合清华－伯克利深圳学院行政机构的建设经验和人员队伍。

院机关党政及教学科研机构改革以习近平新时代中国特色社会主义思想为指导，以加强党对学院各项工作的全面领导为统领，围绕"国际化、开放式、创新型"的办学特色，秉承科学、高效、务实的态度，参考学校机关党政机构改革方案，紧密结合深圳以及粤港澳大湾区需求，积极借鉴世界一流大学治理体系的理念，探索运行模式，努力打造与学校和学院发展目标相匹配、弘扬清华精神文化、体现清华价值和制度观念的机关党政和教学科研机构体系。具体来说，院机关党政机构改革将探索从管理体系向治理体系转型，调整机构设置、优化职能配置、完善岗位评估、梳理业务流程，初步建立院机关层级架构明确和职能划分清晰的组织体系、各种准则和规范完备的制度体系、常规事务按规处理的运行体系、内部部门工作协调合力和外部对接工作合理有效的关系体系和秉持清华核心理念的价值体系，全面提升院机关党政机构的行政能力、运行效能和服务水平；教学科研机构以丰富的人才储备和雄厚的科研力量为基础，以职能清晰、协同高效的行政支撑体系和规范完备的流程制度为支撑，以粤港澳大湾区快速发展过程中的创新挑战课题与前沿学科需求为发力点，建设若干交叉创新实验室，聘请引领国际创新变革、具有核心影响力的专家和创新领袖担任实验室负责人，与教授、学生及各领域一流创新创业者合作组成团队，持续开展前沿理念、技术、工具与模式研究，为各类机构提供人才支持、创新技术支持与创意分享，为学生培养提供最优资源，建设一个面向全球开放的联合培养、资源共享、人才流通的合作创新平台与人才培养网络。

二、基本原则

组织架构的设置应当兼顾矛盾的普遍性与特殊性，既要统一于清华大学校本部整体的改革设计与推进步调，又要有效承接深圳国际研究生院的战略诉求、办学特色和特殊使命；既要对标外部领先实践和成功经验，也要立足于学院现有发展阶段与办学规模，匹配自身教学和管理模式。

组织架构的设置以服务师生为理念，以客户为中心为原则，牵引院机关从"管理部门"转变为"服务部门"，并强调职工一专多能，提升服务能力和行政办事效率。

组织架构的设置应支撑和促进流程高效运作，明确权利和责任，厘清权责边界及协同点，避免职责重叠，优化内部资源协调效率；建立扁平化组织架构，减少部门设置和汇报层级，提升客户响应速度。

三、关键举措

（一）组织诊断调研

受学院机构规划与职工队伍建设领导小组委托，人事办配合外部专业咨询机构，将业界通用流程、工具、方法与学院实际情况和诉求相结合，自2020年6月10日起开展组织诊断调研。调研覆盖院机关高层领导干部共15人，输出访谈摘要15篇和组织诊断报告1份，其中，访谈摘要共计3.6万字，组织诊断报告共计52页，覆盖三大类六小类主要问题和优化方向。

清华大学深圳国际研究生院当前的组织架构存在五个主要问题。第一，国际研究生院机关与清华－伯克利深圳学院的行政机构融合和人员融合还未完成，需在二者基础上建立新的院机关机构。第二，部分重要职能缺乏统一的归口管理部门，如采购、资产管理、EHS（Environment Healthy Safety）等职能。当前采购职能分散在改革前的科技处、后勤处、院办、外信办等多个部门，缺乏统一管理，办事体验较差，且不利于采购专业能力的构建。多个部门承担不同类型的 EHS 管理职能，缺乏统一的管理部门，不利于规划和建立科学、系统的 EHS 管理体系。第三，部分对国际研究生院未来发展重要的部门或职能在组织架构上不够凸显，如规划发展、对外关系、筹资等。第四，部分部门间存在职能定位不清晰，职能边界模糊，如外信办公室的定位。第五，跨部门协同不足，部门名称不突出服务属性。外部人员、师生无法从名称上快速辨别部门职能，且缺乏统一的服务对接端口，无法提供常规事务现场快速办理服务，师生体验不佳。

优化前学院组织架构如图 1-1 所示。

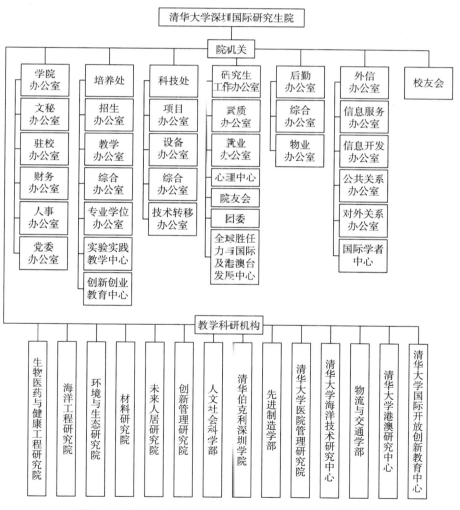

图 1-1　清华大学深圳国际研究生院组织架构（优化前）

资料来源：清华大学深圳国际研究生院官网 https：//www.sigs.tsinghua.edu.cn。

（二）外部案例对标

针对组织诊断识别出的问题，外部专业咨询机构对哈佛大学、加州大学伯克利分校、香港科技大学、西交利物浦四所世界知名高校进行专项研究，着重研究上述四所高校在组织设置、部门职责方面的成功实践，结合外部对标总结变革思路与借鉴要点，包括管理扁平化与专业化、加强重要职能、设立一站式师生服务平台等。

对标的四所高等院校组织架构如图1-2～图1-5所示。

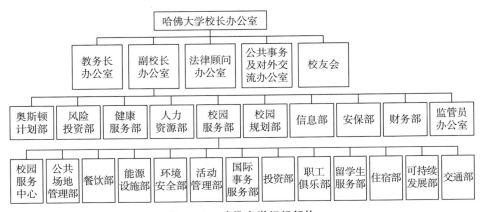

图1-2 哈佛大学组织架构

资料来源：哈佛大学官网 www.harvard.edu/。

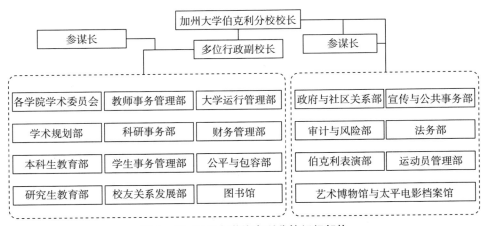

图1-3 加州大学伯克利分校组织架构

资料来源：加州大学伯克利分校官网 https://www.berkeley.edu。

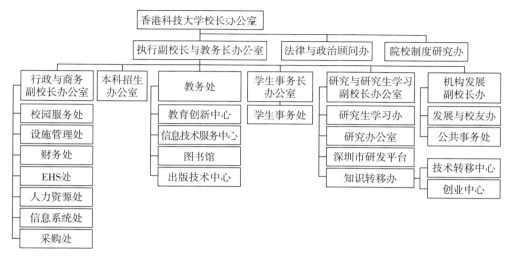

图1-4　香港科技大学组织架构

资料来源：香港科技大学官网 https：//hkust.edu.hk/。

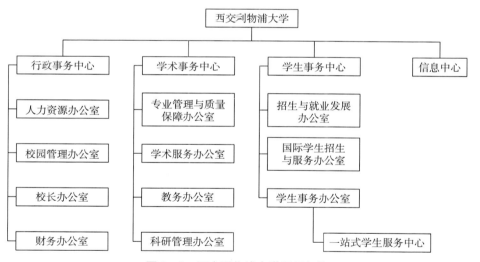

图1-5　西交利物浦大学组织架构

资料来源：西交利物浦大学官网 www.xjtlu.edu.cn/。

（三）明确组织架构的创新改革方向

综合上述工作成果，在强化以服务对象为中心的服务导向，扁平管理、快速响应，兼顾学校规模与发展阶段三个组织架构优化原则指导下，基于外部案例的启示与现存架构的问题，国际研究生院与外包人力资源公司对方案不断进行研讨优化。

四、改革方案

（一）改革方向

打破原有的糖葫芦串的汇报管理模式。参考国外一流大学的领先经验，将院长（执行院长）、书记、副院长、副书记、院长助理明确为工作岗位，按照分工划分不同设定具体部门的汇报路径。且打破原有的糖葫芦串的汇报管理模式，优化了目前部门负责人与分管院领导在角色设置和管理内容上高度重合的角色定位与管理模式。

加强党对国际研究生院各项工作的全面领导。考虑到部门职能的重叠及职能的划分归类，将原院办公室更名为党政办公室，新增纪监办公室、保密办公室，工会办公室则挂靠教职工工作办公室，全面完善学院的党政职能。

依据战略和业务发展对部分部门专业化拆分，提高整体管理的专业化程度。原外信办公室的全球事务与公共关系业务拆分为全球事务办公室和宣传与公共关系办公室，为副处级单位。优化人力资源管理与财务工作，将原有二级人事办公室设为正处级单位，以人力资源管理模块划分，统筹开展学院人力资源管理工作；并设立教师服务组，统一负责教师人事工作，增强对教师的服务支持力度，提升教师服务体验。财务办公室单设为副处级单位。

部分重要职能设立统一的归口管理部门。为强化信息化、校园规划与建设职能，合并原外信办公室的信息服务办公室和信息开发办公室为信息与数据服务中心，与校园建设办公室一同设为副处级单位。在科研处下合并设备、服务、公用物资等职能，新增采购与资产管理中心。原后勤办公室更名为总务办公室，作为业务发展前相关部门，保持处级单位不变。明确培训学院，不列入院机关序列。

完善跨部门多部门合力工作的机制。新增校园服务中心，挂靠总务办公室，为师生校园与教学生活提供一站式服务窗口。

除个别重要部门外，挂靠办公室和中心不设定行政级别。

新组建的院机关内设机构包括2个处、9个办公室和1个中心，挂靠机构包括9个办公室和8个中心组织架构。改革后的组织架构如图1-6所示。

（二）机关组织

学院机关组织分为内设机构和挂靠机构两类。

内设办公室（处）承担核心管理职能和与之紧密相关的必要服务职能，其主要职能对应学校机关一个或多个部门的核心职能，且职员人数达到一定的规模。内设中心承担核心服务职能以及一部分核心管理职能，其主要职能对应学校一个或多个直属机构和机关部门的核心职能，且职员人数达到一定的规模。挂靠办公室承担较核心的管理职能和与之紧密相关的必要服务职能，其主要职能原则

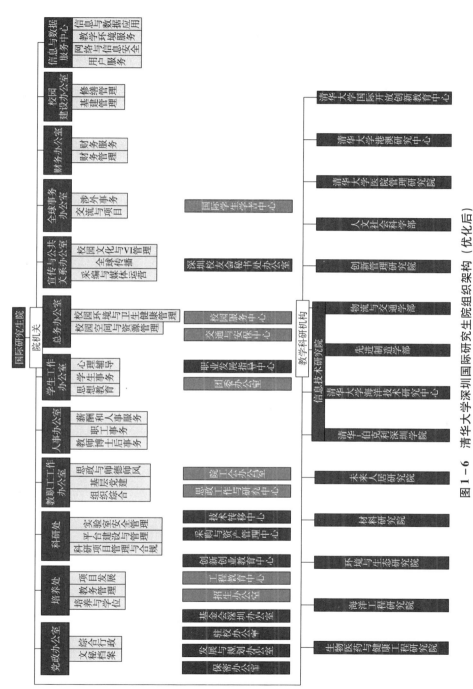

图1-6　清华大学深圳国际研究生院组织架构（优化后）

资料来源：清华大学深圳国际研究生院官网 https://www.sigs.tsinghua.edu.cn。

上对应学校机关一个或多个部门的核心职能，但职员人数未达到一定的规模。挂靠中心承担较核心的服务职能和与之紧密相关的必要管理职能。

1. 内设机构

党政办公室（CPC Committee Office·Dean's Office）为学院党政职能正处级部门，实行合署办公，负责学院党政重要工作的统筹协调、决策部署的推动落实。

培养处（Office of Academic Affairs）为学院正处级行政职能部门，统筹规划、支持和管理研究生招生、课程教学和培养环节的相关工作。

科研处（Office of Research and Development）为学院正处级行政职能部门，统筹负责全院科研管理和服务、实验室管理和安全等工作。

人事办公室（Office of Human Resources）为学院正处级行政职能部门，全面策划和实施学院人力资源发展战略和管理服务工作。

教职工工作办公室（Office of Faculty and Staff Affairs）为学院正处级党政职能部门，统筹全院教职员工的思想政治建设和其他相关管理服务工作。

学生工作办公室（Office of Student Affairs）为学院正处级党政职能部门，负责全院学生党建和思想政治教育、事务管理与服务、职业发展支持工作。

总务办公室（Office of Campus Management and Services）为学院正处级行政职能部门，统筹管理与校园服务相关的后勤事务。

校园建设办公室（Office of Campus Construction and Maintenance）为学院副处级行政职能部门，统筹管理校园建设和修缮工作。

全球事务办公室（Office of Global Affairs）、港澳台办公室（Office of Hong Kong, Macao and Taiwan Affairs）为学院副处级行政职能部门，归口管理学院国际、港澳台合作交流工作，落实和推进实施学校全球战略。

宣传与公共关系办公室（Office of Communications and Outreach）为学院副处级行政职能部门，统筹校园文化建设，归口管理全院新闻舆论工作、校园文化工作和校级智库管理工作。

财务办公室（Financial Office）为学院副处级行政职能部门，全面组织和实施学院的财务管理、财务服务工作，负责内部审计工作。

信息与数据服务中心（Information and Data Services Center）为学院副处级行政职能部门，统筹全院信息化管理和服务工作。

2. 挂靠机构

纪监办公室（Discipline Inspection Office）挂靠党政办公室，在分管院领导直接领导下开展业务工作，人事和财务工作由党政办公室代管。主要职责是：落实院纪委监督、执纪、问责，协助党委推进全面从严治党；开展信访和行政监督。

保密办公室（Confidentiality Office）挂靠党政办公室，在分管院领导直接领导下开展业务工作，人事和财务工作由党政办公室代管。主要职责是：指导和负责全院保密工作，牵头相关国家安全建设工作。

发展与规划办公室（Office of Development and Planning）挂靠党政办公室，在分管院领导直接领导下开展业务工作，人事和财务工作由党政办代管。主要职责是：统筹管理学院事业规划、学科规划和校园规划等工作；负责起草规划工作报告和重要文件，为院党政领导班子提供相关决策咨询。

驻校办公室（Beijing Liaison Office）挂靠党政办公室，在分管院领导直接领导下开展业务工作，人事和财务工作由党政办代管。驻校办公室是国际研究生院设在清华大学校内的行政部门，统筹负责校院之间、国际研究生院和兄弟院系之间的协调沟通，协助安排院人员赴京出差等事宜。

基金会深圳办公室（Tsinghua University Education Foundation Shenzhen Office）挂靠党政办公室，在分管院领导直接领导下、清华大学教育基金会指导下开展业务工作，独立管理财务工作，人事工作由党政办代管。主要职责是：统筹指导学院各类捐赠事项的接洽、接收和管理，监督学院各部门、各学科对捐赠财产的使用情况。

招生办公室（Admissions Office）挂靠培养处，由培养处指导业务工作、代管人事和财务工作。主要职责是：编制并组织实施院研究生招生规划与计划，组织招生宣传和招收录取工作；负责研究生学位管理工作。

工程教育中心（Engineering Education Center）挂靠培养处，由培养处指导业务工作、代管人事和财务工作。主要职责是：统筹教学实验室建设，协调开展实验教学工作；负责工程专业学位研究生专业实践全过程管理、校企联合培养基地建设；负责工程博士全过程培养管理；探索开展工程专业学位研究生教育模式创新。

创新创业教育中心（Innovation and Entrepreneurship Education Center）挂靠培养处，在分管院领导直接领导下开展业务工作，人事和财务工作由培养处代管。主要职责是：统筹负责院研究生创新创业教育工作，全面提供创新创业支持和服务。

采购与资产管理中心（Procurement and Asset Management Center）挂靠科研管理处，在分管院领导直接领导下开展业务工作，人事和财务工作由科研管理处代管。主要职责是：按规定统筹负责全院各类资产、服务、工程的采购论证、计划申报、采购实施、合同审核与管理、采购验收等；统筹监管学院国有资产，开展国有资产状况分析，为学院优化资产配置提供决策支持。

技术转化中心（Technology Transfer Center）挂靠科研管理处，在分管院领导直接领导下开展业务工作，人事和财务工作由科研管理处代管。主要职责是：统筹院科研成果服务和技术转化工作；负责知识产权工作；负责组织和管理各类产业联盟；开展科技信息统计。

工会办公室（Trade Union Committee Office）挂靠教职工工作办公室，在工会负责人领导下开展业务工作和财务工作，人事工作由教职工工作办公室代管。主要职责是：负责院工会日常工作，对接校工会。

共青团清华大学深圳国际研究生院委员会办公室（CCYL Committee Office）挂靠学生工作办公室，由学生工作办公室指导业务工作、代管人事和财务工作。主要职责是：承担学院共青团和青年工作，负责研究生思想引领、集体建设、学风建设、社会实践、社团组织、创新创业、文体活动、权益志愿等事项。

职业发展指导中心（Career Development Center）挂靠学生工作办公室，在分管院领导直接领导下开展业务工作，人事和财务工作由学生工作办公室代管。主要职责是：负责落实学院学生就业引导、职业发展培训与辅导、就业服务与管理等相关工作，负责院友会日常工作。

校园服务中心（Campus Services Center）挂靠总务办公室，由总务办公室指导业务工作、代管人事和财务工作。主要职责是：统筹开展校园物业服务、餐饮商铺服务、接待用房服务、学生公寓服务、公用物资服务及其他校园服务工作。

交通与安全保障中心（Transportation and Security Center）挂靠总务办公室，由总务办公室指导业务工作、代管人事和财务工作。主要职责是：统筹负责校园交通规划与安全管理、公务车管理、公共安全宣传教育与综合演练、校园维稳与突发事件应急处置、安保队伍建设、疫情防控常态下校园防疫相关工作等。

国际学生学者中心（International Students and Scholars Center）、港澳台学生学者中心（Hong Kong, Macao and Taiwan Students and Scholars Center）挂靠全球事务办公室、港澳台办公室，由全球事务办公室、港澳台办公室指导业务工作、代管人事和财务工作。中心主管由全球事务办公室、港澳台办公室主任兼任。主要职责是：负责协调国际学生学者和港澳台学生学者涉外事务的政策咨询与管理服务工作。

深圳市清华大学校友会秘书处（Office of the Shenzhen Alumni Association Secretariat）挂靠宣传与公共关系办公室，在深圳校友会秘书长领导下开展业务工作和财务工作，人事工作由宣传与公共关系办公室代管。主要职责是：统筹负责校友分会与校友总会、其他校友分会之间的协调沟通；加强校友之间、校友与母校之间的联系；协调校友资源参与校园文化和智库工作。

3. 协作关系

除个别重要部门外，挂靠办公室和中心不设定行政级别。除明确设立的院管干部岗位外，院党委可根据实际需要任命具备优秀管理能力的教师兼任内设机构的副职领导岗位，兼职人员参照院管干部管理。

挂靠机构原则上须依托院机关内设办公室（处）开展工作。根据实际工作需要，挂靠机构业务上可以不受内设办公室（处）的指导，向分管院领导或院内指定的业务领导直接汇报工作；如有必要，挂靠机构可以不由内设办公室（处）代管财务工作。挂靠机构的人事工作须由内设办公室（处）代管。

推动国际研究生院机关与清华－伯克利深圳学院的行政机构融合和人员融合，在此基础上建立新的院机关机构和职员队伍，承担国际研究生院的管理和服务工作。清华－伯克利深圳学院应保留少量的必要行政岗位，大部分岗位并入改革后的院机关各机构。为保障过渡期间清华－伯克利深圳学院的顺利运转，转到院机关的清华－伯克利深圳学院行政人员在完成院里相关工作的情况下，可专人对接清华－伯克利深圳学院的工作，包括跨部门工作领导小组在内的其他非常设机构改革，在院机关机构和职员改革完成后启动。

培训学院不列入院机关序列。其行政机构和职员改革工作与院内其他教学科研机构的党政机构改革工作同步推进，待院机关机构和职员改革完成后启动。

机关人员岗位数配置适当向新组建部门倾斜，以保证其顺利运转；在原有部门基础上重新组建的部门以优化职能、融合队伍、整合现岗位为主，如确有必要，应少量、合理地增加岗位数。

（三）教学科研机构

学院教学科研机构分为环境与生态研究院、材料研究院、未来人居研究院等如下 14 个学院（部）。

生物医药与健康工程研究院面向国际健康学科前沿，针对我国建设"健康中国"和深圳生命健康产业的现实需求，结合清华大学化工学科发展整体规划，着力建设健康工程、疫苗工程、制药工程、细胞工程四个学科方向。突出工程科学支撑和学科交叉融合特色，打通应用转化渠道，创建基于工程科学支撑、多学科融合的生物医药与健康工程新领域。

海洋工程研究院将依托在土木工程、水利工程、环境工程、先进制造等多个学科的综合领先优势、深圳市的创新优势及毗邻南海的地缘优势，举全校之力，融合深圳国际研究生院及清华大学北京本部的涉海力量，建设学科高度交叉的一流海洋学科领域。该领域将布局海洋工程、海洋装备、海洋信息、海洋能源、海洋生态环境这五大研究方向，以更好地服务于国家海洋发展战略。

环境与生态研究院面向国家和大湾区可持续发展的核心需要，致力于探索新时代的生态环境保护理论，创造核心关键技术，培养具有全球胜任力的高层次人才，为生态文明和人类命运共同体建设提供清华思想和深圳范式。具体研究方向有重点建设城市环境与复合生态保护、工业与特殊环境保护、陆海交互环境保护、区域跨介质复合污染以及环境健康6个学科方向。

材料研究院紧密结合国家战略需求，充分发挥深圳及珠三角产业优势，突破材料应用瓶颈，促进结构功能一体化、材料器件智能化和柔性化、制备过程绿色化的能源与信息技术变革。开展面向能源等国家重大需求的柔性低维材料与器件等高性能材料的前沿基础与应用研究，发展材料的关联重构创新理念与方法，形成有优势、特色鲜明的国际一流学科方向。具体研究方向有重点建设低维材料与器件、能源材料与器件等5个学科方向。

未来人居研究院基于21世纪建筑学与诸多相关学科的交叉，关注未来人类聚居空间的前沿性问题，以设计思维为核心创新力量，致力于创造更智慧的和更可持续的建成空间。充分发挥深圳独有的城市建设实践优势，集聚全球最新设计思维和人居理念，创造并传播最具启发性的人居知识，建成全球未来人居研究的智库式驿站，未来争取把学科建设成为世界领先的一流学科。

创新管理研究院将抓住我国数字经济在全球崛起、国家大力实施"一带一路"和粤港澳大湾区战略的重大机遇，创新人才培养、打造国际一流学科和建设国家高端智库的战略制高点，与深圳及大湾区的科技创新创业紧密互动，研究一流创新创业企业的最佳实践，打造具有全球思想领导力的一流学科与权威智库，与工程等相关学科交叉融合，培养创新创业领军人才和战略型的科技企业家。

人文社会科学学部（Division of Humanities and Social Sciences）于2021年成立，为深圳国际研究生院院设二级机构，主要功能定位有：承担全院人文社会科学科类基础课程教学任务，开发学生亟须的文化素养课程以及国际学生文化概论课程，为学生提供多向度、多层次、高质量的课程与服务，转变单纯技术型人才培养思路等功能。

清华－伯克利深圳学院（TBSI）将面向全球经济社会发展，紧密结合深圳发展需要，围绕环境科学与新能源技术、数据科学与信息技术、精准医学与公共健康等建立三大跨学科研究中心，下设18个实验室，整合两校优质科研和教育资源，构建国际化、创新型的人才教育与研究体系，积极应对和解决区域乃至全球面临的重大科技问题和社会发展问题。

先进制造学部是清华大学在先进制造领域人才培养和科学研究的重要基地，世界一流机械工程学科建设的重要组成部分，以及地方科技和经济发展的重要支撑力量。先进制造学部致力于培养具有国际视野和创新创业能力的先进制造领域复合型人才。与本部共建，在机械工程、仪器科学与技术两个全国重点学科上具有硕士、博士学位授予权。

清华大学医院管理研究院（简称清华医管院）的宗旨是实践引领科研，科研服务教学、服务医院、服务社会、服务政府的全新培养理念，将我国医院管理的现实需求与国际先进的医院管理理念和手段相结合，发展创新一套适应中国国情的人才培养模式，一批可以提升我国医院管理水平的科研成果。在原有学科架构的基础上，清华医管院在全力打造一个国际化的多学科交叉融合、创新发展的平台。

清华大学海洋技术研究中心（简称海洋技术中心）属综合交叉学科研究机构。海洋技术中心依托清华大学深圳研究生院建设，发挥清华大学多学科优势，围绕国家和区域需求开展工作，推动学科交叉，促进清华海洋科学与技术跨越性发展。海洋技术中心将选择制约我国走向深海和大洋的瓶颈技术作为突破口，整合校内外资源，开展国际合作和校企合作，并深度参与国家海洋领域。

物流与交通学部设物流研究所、交通研究所及深圳市物流工程与仿真重点实验室。在物流领域，教学与科研内容主要涵盖：物流系统规划、物流信息技术、物流运输等学科方向。在交通领域，教学与科研工作主要涵盖：交通信息工程及控制、交通运输规划与管理学科方向；依托学科方向，着力开展交通系统集成控制、无人驾驶、交通流理论、交通规划等方面的研究。

清华大学港澳研究中心 2012 年 1 月 12 日经清华大学校务会批准设立，属综合交叉学科的校级智库研究机构。中心依托深圳国际研究生院，发挥清华大学相关学科专业的综合优势，利用境内外社会资源，吸纳相关领域专家学者的智慧，围绕国家需求和内地与港澳深度合作中具有全局性、综合性、战略性的问题开展学术研究和人才培养工作，咨政育人，努力为国家和区域发展做出贡献。

清华大学国际开放创新教育中心（Open Faculty for Innovation, Education, Science, Technology and Art, Open FIESTA）是清华大学和巴黎交叉科学研究院（Center for Research and Interdisciplinarity, CRI）于 2015 年联合创建。中心致力于建设面向全球开放的合作创新平台与人才培养网络，引领教育模式创新，培养面向未来、具有全球视野与领导力的创新人才，并组织开展国际创意创新活动。

（四）组织定位

1. 院机关定位

院机关以"建设成为世界一流的研究生院"为战略目标，围绕"国际化、开放式、创新型"的办学特色，秉承科学、高效、务实的态度，打造与学校和学院发展目标相匹配、弘扬清华精神文化、体现清华价值和制度观念的机关党政机构体系和专业精深、协同高效、运作市场化、服务人性化的行政支撑体系。组织定位聚焦于战略构建、战略落实、战略支持和战略跟进四个方面，具体包含以下五个定位：

（1）战略管理。学院整体战略规划的制定以及学院各类政策、标准、流程的制定。

（2）资源配置。对关键资源的管控以及跨研究院的资源协调及分配。

（3）共享服务。为研究院提供共享服务与支持，如学生工作、科研事务服务等。

（4）能力培育。为研究院提供各类赋能培训及指导。

（5）监督协调。监督跟进各类政策、流程及标准的落实情况。

2. 教学科研机构定位

教学科研机构的整体定位是在"双一流"建设目标的牵引下，布局建立世界一流的"6＋1"新学科群，计划经过10年左右的发展，使能源材料、信息科技、医药健康、海洋工程、未来人居、环境生态和创新管理等主题领域成为具备中国特色、国际一流的新型交叉学科。在此过程中，院机关提供整体政策、标准、流程框架及指引，并根据教学科研机构的实际需求提供针对性的服务；教学科研机构结合学科特点，形成个性化制度与操作规范，在院机关的支持协助下，为教师提供在教学、科研、人才及后勤等方面的全流程服务。具体来说，教学科研机构有以下四个组织定位：

（1）政策执行。院机关相关政策、标准、流程在教学科研机构进行传达、宣导及实施，确保政策的落实。

（2）职能落地。遵照相关制度流程，协助院机关开展各类行政支撑和专业职能工作，确保各项工作在研究院层面落地。

（3）个性服务。在院机关的支持下，根据各机构的特点和要求提供个性服务。

（4）专业诉求。提出专业诉求，协同院机关相关团队，结合学科特点，形成教学科研机构个性化的解决方案。

3. 院机关各部门与教学科研机构（研究院）在各项工作上的职责划分和协作关系

（1）人才培养。院机关与研究院在人才培养方面的内容如表1-1所示。

表1-1　培养处与研究院工作职责划分与协作

主要职责	院机关	研究院
研究生招生管理	统筹制定学院招生整体规划、招生政策、入学考试时间计划及政策原则，并监督跟进上述各项工作在各个研究院的落实；组织入学考试全国初试试卷命制、考务管理、政审录取、入学通知、入学资格审查等招生工作；赋能并协助各研究院完成招生咨询	初步招生计划制定与提报；基于学院整体规划、计划、政策原则开展招生、咨询、本研究院入学考试各项工作；在院机关组织下开展本研究院入学前政审、信息收集、新生联络、入学通知、报到日资格审查等各项工作；协助院机关完成入学考试全国初试考务工作

续表

主要职责	院机关	研究院
研究生学籍管理	制定学院学籍管理政策、学生证及火车票IC卡管理服务政策，并跟进各研究院执行情况；组织开展研究生学籍管理工作；学院学籍卡片整理归档备案	执行学院学籍管理、证票管理服务政策，结合相关政策规定为本研究院学生提供相关服务；本研究院学籍卡片整理归档
培养方案及培养计划管理	制定全院培养方案修订原则，组织各项目开展培养方案制定修订、入库及维护；负责培养方案格式审查、上会审议、汇编、统计及报送；跟进特殊硕士项目、博士培养方案修订及审批	结合学院培养方案修订原则，协助项目负责人制定/修订培养方案、完成培养方案核对定稿和汇编、审核新生培养计划，并将上述信息汇总报送培养处；与院机关培养处对接，根据上会审议意见对方案进行多轮次修改，协助方案入库及信息维护
学位论文及毕业答辩	制定毕业资格审查、毕业流程相关政策及相应时间规划、学术规范相应标准及政策、学院研究生申请学位创新成果要求总则等政策原则，监督落实并提供相应支持；组织开展研究生学位论文答辩及相关培训、学位论文及毕业相关工作、各层级学术规范审查、学位申请和授予相关工作；负责研究生学位论文过程管理和质量监控、学位论文重复率检测管理、优秀学位论文管理、毕业生档案收集等工作	结合相关政策及时间要求，执行并落实毕业资格审查、学位论文及毕业、优秀论文评选提报、毕业生档案整理备案等相关工作；组织开展论文答辩与后续数据报送工作；协助各项目负责人开展各项目创新成果要求细则制定和流程执行，协助学院开展学位申请和授予相关工作
课程建设	制定新开课及课程建设相关政策、研究生精品课的申报标准及政策、研究生实践基地挂牌申请工作整体计划与关键节点，并跟进落地实施；统筹开展新生强化周活动、教学评估工作；跟进课程过程管理和质量监控	在院课程建设相关政策标准指导下，开展本研究院新开课程申报、精品课程申报、课程开展跟进、课程教学评估各项工作，协助授课教师完成各个步骤；协助院机关完成研究生实践基地挂牌申请工作，落实各项课程管理规定
考试安排与管理	全日制日常考试、大型考试安排，学生补考、缓考、英语免修、汉语免修办理跟进；考务系统维护优化	日常考试安排，大型考试协助

续表

主要职责	院机关	研究院
师资建设与培训	组织开展教师开课资格审核、青年教师培训、干部与教师听课、教学系列师资建设、各类教学奖项申报、教改项目申报及管理等工作	梳理更新各项目教师清单提报培养处；面向本研究院教师队伍做好沟通联络和通知传达；跟进各项目教师听课进展并做好信息汇总工作
教学数据支撑服务	对研究院提供的数据进行综合分析，为奖学金评定、重点实验室验收、学科评估、单位宣传等工作提供数据支持	教师课堂表现及教学质量问卷发放及统计汇总；研究院内学生成绩数据、重点实验室验收、学科评估及单位宣传等数据支持
研究生专业实践管理与能力提升	维护专业实践过程管理系统，统筹专业实践答辩整体安排，制定年度专业实践评奖评优与奖学金发放方案并跟进落地，策划制定专业实践系列活动方案并将活动执行落地，定期调研梳理国内外大学优秀专业实践体系并输出调研报告	组织各培养项目专业实践答辩会，做好材料收集汇总和输出；根据院机关整体规划和时间节点，面向学生通知专业实践评奖评优相关事宜并做好材料收集上报
课外基地建设、维护与管理	协助研究院领导与目标基地洽谈，修改完善基地协议，组织签约、授牌等活动；捐赠基金到账核查与使用情况公开；基地走访与情况更新；校外导师聘任管理；特色实践课程管理；基地联培研究生课题双选工作统筹安排；其他院校实操情况调研与报告撰写	协助培养处做好校外导师、联合培养基地学位论文课题信息收集与审核提交；合理使用捐赠资金，定期撰写上报基地捐赠资金使用情况
教学实验室建设与管理	负责教学实验室申报、验收、建设、预约开放、安全管理等各项工作方案制定、会议组织、报告撰写、数据整理、资产盘点、宣传参观等	实验室安全管理及责任体系建设；实验室使用设备采购及工程建造；协助开展资产盘点和定期报废工作
公派出国、合作办学等国际化培养项目	针对国家、学校公派基金项目跟进并落实各研究院的申请、推荐工作；协同全球事务办开展国际化培养项目招生及培养管理	协助完成国家、学校公派基金项目申请、推荐工作；开展国际化项目招生及培养管理工作

资料来源：《国际研究生院职工队伍建设管理手册》（版权归属怡安翰威特）。

（2）科研事务。院机关与教学科研机构在科研事务方面的内容如表 1 - 2 所示。

表 1 – 2 科研处与研究院工作职责划分与协作

事项类别	主要职责	院机关	教学科研机构
科研事项	纵向项目（含机构）申报和管理	学院纵向项目相关管理制度制定与修订、通知发布与申报咨询、材料审核报送、数据统计、经费审批认领、业务培训、档案收集归档等各项工作	项目信息转发与申报进展跟进，协助做好项目全过程管理及档案收集整理
	科技奖励申报和管理	学院科技奖励管理办法制定、申报通知与咨询、申请审核与报送、申报培训、档案整理归档	科技奖励信息转发与申报进展跟进，协助做好研究院内申请答疑对接及全过程管理相关事项
	院内基金	院内基金相关规定与管理办法制定、通知发布与申报咨询、审核评审与合同签订、验收评审、整理归档	院内基金信息转发与申报进展跟进，协助做好研究院内全过程管理相关事项及信息整理归档
	科研论文、成果统计及专利申请	统筹认领院级 SCI、EI 等论文，并进行科技成果统计；制定专利申请相关指引，协助教师完成专利申请及专利费缴存	根据要求统计研究院 SCI、EI 等论文数据并进行科技成果统计及时汇总到院机关
	科研合规管理	学术合规、伦理审查相关政策制度的研究制定、审查开展、音训赋能以及秘书处相关工作	根据制度对研究院内科研合规、伦理审查相关工作进行内部把控、材料把关，参与、组织内部学习
	知识产权申报与管理	知识产权管理制度及管理办法的制定与跟踪实施，专利、软著日常事务，知识产权相关政府资助政策申报与跟踪，合作代理机构遴选监管	知识产权管理制度落实实施、申报流程宣导，协助研究院内教授教师完成相关工作，负责本单位文档保管、数据收集与填报
	横向合作业务相关服务与管理	横向合作规划与政策制定，合作咨询与合同签署，流程疏理优化与风险把控，项目投标与过程跟踪管理，数据动态统计维护与报告出具	横向合作相关政策制度执行落实，协助项目投标、过程管理、课题信息搜集和统计上报工作；负责投标、横向项目的研究院（学部）对相关材料进行把关并及时提交
	机构成立及运行相关服务与管理	机构相关制度办法制定与跟踪实施，机构相关政府资助政策跟踪与申报，机构事务咨询与成立审核，机构相关工作汇报	机构相关制度的落实实施；负责机构成立的研究院（学部）对相关材料进行把关，并及时向院机关提交；协助机构运行信息搜集和统计上报

事项类别	主要职责	院机关	教学科研机构
科研事项	技术转移	技术转移管理制度及办法制定；技术转移业务接洽、流程说明、咨询；科研团队所披露技术的产业化分析；产业和投资机构对接、洽谈、拓展、合作；相关数据动态统计维护；协议签订管理	协助收集本研究院（学部）教授的产业化需求、科研信息和科研成果汇总，协助跟踪和管理技术转移项目；与TTC配合协助本研究院（学部）教授与产业对接，执行相关合同往复
科研条件平台	科研条件平台工作	科研条件平台管理办法制定；科研条件平台信息化系统、组织平台工程师队伍建设；深圳市共享平台维护和数据更新；仪器设备使用登记情况监督检查；协助各研究院搭建"6+1"平台；定期组织考核评估各平台运行工作情况及院聘工程师、平台工程师相关工作完成情况	制定符合各研究院/平台自身情况的管理细则并落实实施；根据各研究院自身情况完成平台搭建；组织各平台内设备开放收费标准论证会；平台内仪器设备使用培训；平台工程师队伍建设及考核工作、各平台运行情况考核评估工作实施
固定资产、软件资产管理	仪器设备、家具、软件资产管理	资产管理相关的法律法规、规章及国际研究生院规定贯彻执行，组织制定资产管理的具体实施办法；落实资产使用、处置等关键环节管控工作；建立健全资产信息管理系统；推动资产使用部门建立岗位责任制，监督检查使用部门或个人资产的管理工作及其使用状况；组织开展资产处置工作；建立健全国际研究生院固定资产清查盘点制度；对资产的丢失、损坏等责任事故提出处理意见	依据国际研究生院资产管理规章制度，做好资产日常管理和使用；配置资产管理员负责本部门资产的管理；按照院内要求，完成新增资产的入账、报账手续，完成本部门资产清查；合规办理在外使用、调拨、交接等事项的手续；定期盘点本部门资产，及时更新系统信息；及时处置已达到使用年限且应当淘汰报废的资产，按照院内规定办理报废手续；掌握仪器设备的分布情况、装备水平、技术状态和使用情况，开展明细账管理工作，做好资产标签粘贴
采购	货物、工程、服务类采购	制定国际研究生院采购管理制度和工作规范并组织培训；组织货物、服务、工程类政府集中采购预算并实施政府采购；院内大金额自行采购组织实施；货物、服务、工程类采购合同模板制定，组织合同签订与履约验收；采购文件、采购结果质疑及合同纠纷处理	按要求编制年度政府集中采购计划、采购需求，与采购部门配合完成政府集中采购、大金额院内采购，按工作规范实施小额采购；负责合同技术内容审核；与采购部门配合完成采购需求、采购结果质疑及合同纠纷处理

续表

事项类别	主要职责	院机关	教学科研机构
安全工作	实验室安全	学院实验室安全架构构建，实验室安全各项管理制度完善，监督研究院/学部制定本单位实验室安全管理制度；实验室安全信息化系统、化学品管理平台建设维护；危险品实验室安全管理事项办事流程制定与落实实施；组织安全培训、宣传；组织实验室安全事故的调查和跟踪处理	根据学院指定的管理制度、流程，依托信息化系统和管理平台开展本单位实验室安全管理工作，组织相关培训，开展宣传、建立档案、定期检查评估

资料来源：《国际研究生院职工队伍建设管理手册》（版权归属怡安翰威特）。

（3）学生与教工工作。院机关与教学科研机构在学生与教工工作方面的内容如表 1-3 所示。

表 1-3 学工办、教工办与研究院工作职责划分与协作

事项类别	主要职责	院机关	教学科研机构
学生工作	学生思政	关注学生思想动态，统筹规划学生思政工作相关安排，制定学院相关指导意见并落实跟进	结合学院规范及指导意见，配合院及辅导员关注学生思想动态；传达落实院里相关的政策通知
	心理健康教育	关注学生心理健康，统筹规划学生心理健康教育工作相关安排；建立健全校院五级危机预防机制并跟进督办落实工作	结合学院规范及指导意见，指导院级辅导员关注学生心理健康，落实五级危机预防机制；传达落实校院相关的政策通知
	学生奖助贷勤补与事务	制定各类学生奖助贷勤补相关政策及标准，对初步名单进行复核公示及发放	协助支持各类奖助学金评定、落实各类事务性工作
	学生就业指导	学院相关就业政策和流程、就业评估制定；职业生涯发展咨询与职业辅导开展；用人单位走访接待、校园招聘统筹组织；学生社会实践统筹管理	协助开展就业引导、职业辅导、职业发展类课程、校园招聘和就业评估等工作；维护研究院教师及校友导师人才库、重点单位资源库；共同建设与专业领域相关的社会实践基地、国际组织实习资源

事项类别	主要职责	院机关	教学科研机构
学生工作	学生活动组织	指导社团和基层团组织建设及日常工作开展；统筹学生骨干培养；学生思想引领、青年信念教育相关工作安排	指导学科人才培养相关的学生社团、基层党团班集体建设以及相关学生组织的活动开展；协助指导所在学科学生骨干培养、开展思想政治引领与理想信念教育
党务工作	组织工作	党委有关会议的通知、记录和存档，党委文件和上级有关文件的收存、传阅、立卷归档；党建评奖评优、党代会工作、党员组织关系管理（主责）；协助基层党支部日常建设和组织生活；指导并协助基层党支部做好积极分子培养和党员发展、教育、管理以及教职工政审（协助指导）	党建评奖评优工作；配合协助基层党支部开展党员材料整理归档、基层党组织日常建设和组织生活、积极分子培养和党员发展教育、教职工政审等工作
	干部工作	协助完成院党政班子换届、党委选举酝酿，院干部调整的推荐、考察、任免，干部教育、培训、考核、管理（主责）	配合协助学院领导及秘书、院机关、基层党支部完成各项干部工作
	统战工作	协助统战部做好无党派人士、民族宗教、港澳台侨、人才代表和政协委员参政议政工作（主责）	协助配合基层党支部、院机关完成统战工作
	理论教育	协助开展教职工的理论学习、思政教育，进行师生舆情信息收集分析和上报（主责）	协助配合基层党支部、院机关完成理论教育工作
权益维护、福利提升、健康管理、退休工作	权益维护、福利提升、健康管理、退休工作	代表和维护教职工的合法权益，参与学校规划，政策制定；负责劳动人事争议调解、女工工作、教职工福利、困难职工慰问、福利平台建设维护、教职工培训发展、医疗资源对接维护、健康知识科普宣传等各项工作的开展	配合协助工会团组、学院领导等开展上述工作

资料来源：《国际研究生院职工队伍建设管理手册》（版权归属怡安翰威特）。

（4）宣传公关与全球事务工作。院机关与教学科研机构在宣传公关与全球事务工作方面的内容如表1-4所示。

表1-4　宣传办、全球事务办与研究院工作职责划分与协作

事项类别	主要职责	院机关	教学科研机构
宣传与公关	采编与媒体运营	意识形态宣传、新闻总体规划和舆情监管；学院级中文宣传内容生产及宣传产品策划生产；传播平台和渠道管理；媒体关系维护拓展	设新闻通讯员和新闻宣传分管领导，根据学院宣传方向，开展研究院级宣传工作，为学院提供素材输入；建设并运维本单位媒体平台；协助学院进行舆情管理等工作
	全球传播	学院全球形象战略规划；学院级英文宣传内容生产及宣传产品策划生产；海外社交媒体账号管理和传播渠道管理服务；海外媒体和涉外媒体关系维护和拓展	根据学院全球传播的方向，开展研究院的全球传播工作，为学院全球传播提供素材；按院新闻宣传规章制度，运维好研究院级的各类英文媒体平台
	校园文化与VI管理	学院VI系统规划、执行和可持续提升；学院办公事务用品、导视系统、文创系统等应用设计与推广；户外宣传管理、校园文化景观与文化空间、文化活动的规划与管理	支持配合学院VI系统进行日常应用和推广；开展研究院层面的文化打造；支持配合学院级文体活动，在研究院层面联动宣传，积极参与活动组织策划
外事工作	国际交流	学院国际交流工作总本原则制定、监督执行、资源支持；国际和港澳台机构交流拓展、来访接待	基于原则，推动研究院内联合学位项目、学生国际化培养项目、交换生、短期拓展及国家公派项目工作
	专家工作	统筹规划长短期外籍专家、港澳台专家及国际会议代表的来华聘请和邀请、来华签证、工作证件办理及接待等工作；外籍专家名誉学位、荣誉职衔组织申报等工作	协助支持院机关开展工作
	出入境事务	归口管理长短期国际和港澳台专家、学生入境事务	暂未涉及
	国际会议	国际会议申报与管理	暂未涉及
	涉外安全管理	与国家及省市有关部门保持密切联系，组织协调院为相关部门应对地区突发情况、应急事件、舆情处理等	暂未涉及

事项类别	主要职责	院机关	教学科研机构
外事工作	港澳台工作	开展港澳台政策研究，规划学院与港澳台地区的交流，拓展学院与港澳台合作；联络接洽港澳台地区院校与学院的参访交流；港澳台合作与交流保密管理工作、与非政府组织合作开展活动报备管理工作，落实涉外意识形态工作相关要求；指导、协助院内其他单位有关港澳台的活动与接待活动	暂未涉及
	国际与港澳台学生工作	学者与学生校园生活服务和管理、文化交流活动、事务咨询、应急处置；学生奖学金事务管理	暂未涉及

资料来源：《国际研究生院职工队伍建设管理手册》（版权归属怡安翰威特）。

（5）党政与人事工作。院机关与教学科研机构在党政与人事工作方面的内容如表1-5所示。

表1-5　党政办、人事办与研究院工作职责划分与协作

事项类别	主要职责	院机关	教学科研机构
人事工作	人才引进	组织各相关单位开展对候选人的学术评价（招聘流程）并上报提交人才引进审批材料；组织各研究院开展人才项目申报、对候选人的审议（学术评议委员会），汇总上报申报材料（提交本部或相关部门审议）	协助研究院负责人制定本单位人才引进计划；配合人事办完成本单位的人才引进手续，跟进和协助人才引进流程、人才引进审批材料、学科推荐材料；按要求开展研究院内人才申报、初审、推荐工作
	教师事务	人事办组织协调各部门开展对候选人的学术评价（含晋升/续聘流程），汇总聘任推荐材料并上报提交；制定教师日常管理与服务、博士后日常管理服务的相关规章制度；组织各研究院开展各奖项申报、对候选人的审议（学术评议委员会），汇总上报申报材料（提交本部或相关部门审议）	协助制定研究院教师聘用计划，协助开展对候选人的学术评价（含晋升/续聘流程）、聘任推荐材料的准备、研究院内教师的入职续聘及离职手续，并依据规章制度，配合人事办进行教师的日常管理及服务；与候选人沟通合同入职时间、工作任务（是用于兼职类合同）等具体事宜；负责拟进站博士后招收过程中的专家组面试工作，组织在站博士后中后期考核专家组面试工作；开展研究院内各奖项的初审推荐工作，配合人事办进行后续学科盖章审批环节

续表

事项类别	主要职责	院机关	教学科研机构
人事工作	职工事务	设岗方案、岗位说明书、招聘启事审核与发布；组织院层面面试和测评；职工的入职、续聘及离职手续办理，职工日常管理、服务，相关规章制度的起草编写；制定、修改、完善考核管理办法，组织年度和聘期考核，整理考核结果	设岗方案、岗位说明书撰写；草拟招聘启事、筛选简历，组织院经费职工部门面试/笔试环节和项目经费职工招聘；配合人事办完成本部门员工入离职手续、年度考核
	薪酬福利	人事办受理	暂无
	教职工发展	人事办制订年度发展工作计划；开展教职工发展研究；组织各类沙龙、培训	提供本单位相关数据
行政	会务接待与联络	开展院级访问、大型会议与活动的组织协调、联络、接待工作，并支持各研究院完成各类活动的开展	作为二级机构的联络人协调安排二级机构领导日常工作日程；负责二级机构会议和活动的组织、协调和实施，做好通知、会议纪要等工作
	公文及档案资料管理	制定院级各类档案管理制度，并跟进档案资料的分类、查阅、保管工作；明确院级公文处理工作规范	协助二级机构领导处理日常行政管理工作，做好文书起草、信息搜集、整理、文档存档及移交档案室等工作
	行政事务类	院机关明确整体行政事务类工作相应政策、规范及流程，并监督落实	完成研究院层行政事务类工作，支持工作开展；二级机构领导交办的其他工作

资料来源：《国际研究生院职工队伍建设管理手册》（版权归属怡安翰威特）。

（6）财务与信息数据服务工作。院机关与教学科研机构有关财务与信息数据服务工作方面的内容如表1-6所示。

表1-6 财务办、信息办与研究院工作职责划分与协作

事项类别	主要职责	院机关	教学科研机构
财务工作	内部控制及财务管理	作为学院内部控制工作牵头组织，编报内部控制报告；建立健全、更新财务管理制度；完善工作流程；统计分析与预测；银行存款管理；及外投资管理；财政、审计、税务等部门沟通报文、接待审计检查；财务信息化规划、需求整理、建设与实施跟进	协助转发财务办各种经费管理、自查等通知到研究院全体教师或经费项目负责人，并协助收集齐表单、数据等给财务办

事项类别	主要职责	院机关	教学科研机构
财务工作	全面预算管理	部门预算编报及调整（含采购）、公开、部门预算执行、财政指标管理；绩效目标编报及监督、评价；内部预算编报、调整、执行、汇报；科研专项经费预算编报及调整审核、使用规范及进度管理、决算审核、专审接待及审核；非科研专项及院拨经费的分配、预算及调整审核、使用规范及进度管理；培训、会议、捐赠等其他经费管理	负责研究院公共类经费预算、绩效目标申报、绩效自评等填报；办理研究院公共类经费申请，以及经费使用情况统计、公开、汇报等
	会计核算及财务报告	处理报销单据及收支会计核算；银行对账、往来账对账与清理、资产账核对、查错调账、结账、年转；编制月度、年度财务报告、编报年度决算及公开、填报其他会计报告；会计档案管理；制定核算制度及规则、项目立项	经办研究院公共类经费的报销、代发等
	资金收付	日常收付款；收费、内部结算	暂无
	税务及票据	税务申报/票据管理；票据开具	暂无
	财务服务	与研究院/学部、培养项目对接，提供全流程专业财务服务	协助财务办组织对研究院师生的工作培训、宣讲、交流等；协助研究院师生对接财务工作；及时反馈研究院对财务工作的需求、意见、建议等
信息化工作	行政工作	统筹并组织开展院级公用软硬件信息系统的建设，维护及所需软硬件的采购与管理；制定并组织落实信息化建设相关标准和制度；提供学院公用软硬件信息系统服务、学院级公用信息化设备的采购维护及支持、院机关办公电脑办公设备运维和使用支持，负责院级视频会议及讲座等活动的信息化支持工作	参与配合院级公用软硬件信息系统建设与使用推广；遵守院信息化建设相关标准和制度，组织开展研究院专用信息系统软硬件系统建设，维护及相关采购与管理；负责研究院师生办公电脑、办公设备、内部视频会议及讲座等活动所需设备等非院级公用设备的采购运维和使用支持

续表

事项类别	主要职责	院机关	教学科研机构
信息化工作	行政工作	承担并组织落实全院信息化保密工作和信息化工作环境的安全保障相关工作；制定并组织落实院信息化安全相关标准和制度；开展信息化技术安全培训	积极配合院信息化保密工作和信息化工作环境的安全保障相关工作；严格遵守并执行院信息化安全相关标准和制度

资料来源：《国际研究生院职工队伍建设管理手册》（版权归属怡安翰威特）。

五、管理办法

（一）触发场景

当出现以下场景时，建议对学院党政机关和教学科研组织架构和部门设置专项审视，如有必要，可在现有基础上进行调整：

组织是战略规划和发展目标的承接，学院战略目标和中长期规划发生变化，现有组织难以承载新的发展目标和重点工作，可考虑设立新的组织。

组织是对流程的支撑，其设置与调整应匹配工作流程，当现有流程发生变化时，应对组织架构和部门设置进行审视。

校本部组织架构和部门设置发生变化时（包括但不限于机构的新设、裁撤、合并、拆分等），深圳国际研究生院应征集并参考校本部对应组织意见，结合学院工作开展的实际情况，自主审视是否进行调整。

当机构规划与职工队伍建设领导小组收到与组织架构与部门设置相关的反馈建议时（包括但不限于部门职责界定不清、相互推诿，相似职能/组织层级过多影响效率等），如有必要，应委托专业职能机构或第三方专业组织对相应部门人员、周边接口部门人员和服务对象群体开展独立调研，根据调研结果审视是否需要变革。

对于短期（时间跨度不超过 2 年）需要攻坚和突破的重点工作，优先采取成立工作组等项目型组织、外聘专家顾问的方式进行承接，严格按照项目制形式进行运作。

（二）变革流程

1. 例行审视

组织设置和变革管理接口组织每年例行开展组织变革审视，时间节点一般为每年学院战略规划和重点工作发布当月。

2. 需求提出

师生员工均可作为需求方反馈问题并提出建议。

3. 需求受理

机构规划与职工队伍建设领导小组根据组织设置基本原则和建议变革场景裁量是否受理需求，如裁定无受理必要，应及时向需求提出方陈述理由并给出合理解释；如受理需求，应及时上报给机构规划与职工队伍建设领导小组会进行审视决策。

4. 决策立项

机构规划与职工队伍建设领导小组会审视相关需求并对是否立项进行组织诊断并决策。

5. 组织诊断

立项后，由机构规划与职工队伍建设领导小组会委托专业职能组织或第三方机构按照专业的工具方法开展独立调研，调研对象取样应覆盖本部门人员50%以上，周边接口部门人员30%以上，服务对象群体10%以上，调研执行人员应详细记录调研要点并及时与调研对象确认，在调研结束后撰写调研报告并反馈给机构规划与职工队伍建设领导小组会，作为决策输入。

6. 外部对标

结合组织诊断发现的问题，院机关可选择委托专业职能组织/外部咨询机构进行外部优秀实践对标，了解世界顶尖院校和国内兄弟院校在类似问题上的优秀实践经验，为决策提供参考。

7. 变革决策

综合上述各项调研输入和专业意见，院机关领导班子对组织变革方向进行研讨并作出决策。

（三）变革原则

不能因人设岗；不能因为财务、费用核算需要而设置组织。

（四）职责权限

院机关人事办公室作为组织设置和变革管理接口组织，负责受理组织变革需求、传达变革需求、开展诊断调研、组织变革研讨、起草变革文件等工作。

机构规划与职工队伍建设领导小组会作为决策组织，对是否立项诊断、组织变革方案的裁定行使决策权。

改革过程中遇到其他未尽事宜，由机构规划与职工队伍建设领导小组会负责协调处理。

第二节　师资管理创新

一、背景

国际研究生院致力于"学科交叉矩阵体系"的探索，围绕核心研究领域，构筑若干基础知识轴心，形成由核心教学科研人员组成的学术共同体。与此同时，将通过"社会－产业－学校"的多元协同，围绕相关战略性新兴产业领域的需求，开展交叉性科学研究和产学研合作，建立国际化的协同创新体系，促进传统的学科门类不断融合，孕育新知识体系和方法论框架，最终产生新兴学科。

国际研究生院以"双一流"建设为目标，选择清华大学具有全球领先水平且与深圳和粤港澳大湾区产业经济和社会发展高度匹配的若干学科，面对经济和社会的快速发展与变革，借势全球创新格局的调整与重构，瞄准新一轮科技革命和产业转型，跨越传统学科界限和产业边界，布局建立世界一流的"6＋1"新学科群。计划经过10年左右的发展，使能源材料、信息科技、医药健康、海洋工程、未来人居和环境生态等主题领域成为具备中国特色、国际一流的新型交叉学科；创新管理主题领域充分实现"协同、支撑、增力"，成为网络化、开放式协同创新的纽带。

为此，国际研究生院需要在全球范围内延揽师资，才能培养出优秀的新兴科学技术领域的产业科学家和创业领军人物，学生质量应该被全世界同行和产业界公认为处于世界前列。

二、与学科目标相适应的教师队伍水平和标准

教师队伍水平是世界一流学科建设的核心要素。国际研究生院在建设初期，将充分借鉴世界顶尖高校规范的教师招聘流程，依靠清华大学和世界知名高校或机构成熟的制度、学术共同体崇高的学术声誉，发挥学术共同体的作用，同时借助国际同行评估，在全球范围内进行高水平师资的甄选和聘用。

在教师聘任标准上，根据各学科发展规律、发展目标和发展现状，制定与之相符合的评价标准，坚持以能力、质量、贡献评价人才，强调学术水平和实际贡献，突出代表性成果在学术评价中的重要性，重视教书育人的投入与成效，同时将对经济社会发展的促进与对解决经济社会发展重大问题的实质性贡献纳入考量。

国际研究生院拟用 5～10 年时间初步建成一支全面覆盖上述交叉学科领域、结构合理均衡的教师队伍，在教学水平、科研水平和教师团队水平上达到世界前列，并具备较大发展潜力，教师聘任比照相关专业国际前 20 名大学水平。再经过 10～15 年的努力，达到世界顶尖大学的水平。

（一）教学水平

教学是教师的第一学术责任。教师要不断创造新知识并及时传授给学生，不仅需要掌握相关学科知识和学科发展脉络，有逻辑地组织和讲授相关材料，激发学生学习的兴趣和热情，而且需要重点培养学生的独立思考能力，引导学生关注发现本门课程与其他课程的关系以及在交叉学科知识体系中的位置，创造一个开放、激励人心、富有创造性的学习环境。

教师的教学水平主要体现在知识的创造和对交叉学科知识体系的构建和传授，包括授课的数量和质量及所培养的学生数量和质量、参与的学生培养工作及取得的效果、学生及同行教师的评价、对于教学思想和方法的创新等。

（二）研究水平

研究是高校教师重要的学术责任。研究可以是对新知识的探索和创造，总结学科发展规律，引领和创造新的学科发展方向；也可以是创造性地运用已有的学科知识、针对重大的社会和产业需求，通过跨传统领域的学科交叉创新，解决共性技术问题或示范性工程问题；还可以是将研究成果推向实际应用，促进经济发展和社会进步。

教师的研究水平主要体现在创建学术流派并形成学术共同体、提出颠覆性技术以及在典型工程系统研制中的首创性等学术贡献。

（三）教师队伍规划

为满足国际研究生院科学研究和学生培养的战略规划，国际研究生院以全职教研系列为教师队伍主体，以其他系列为辅，面向全球选聘具有世界一流学术造诣或学术潜力的教师，规划到 2025 年教研系列规模稳态达到 250 人左右，到 2030 年教研系列规模稳态达到 400 人左右。待发展至一定阶段，国际研究生院再根据实际工作需要，设置一定比例的其他系列。具体规模将根据学科规划以及各交叉学科领域的发展特点和阶段需求另行审定并保持相对平衡发展。2030 年教师队伍规划规模也可根据 2025 年学科发展综合评估情况进行调整。

积极促进教师队伍的多样化，国际研究生院国际教师比例争取达到整体教师队伍的 1/3 左右（其中包含适当比例的非华裔教师），人才引进时严格按此比例控制。

三、教师系列管理

教师应坚持正确政治方向，拥护中国共产党领导，贯彻党的路线方针政策，践行社会主义核心价值观。遵守教师职业道德、法律法规和学校相关制度，积极贯彻清华大学育人理念，爱国奉献、爱岗敬业、为人师表、立德树人、关爱学生，争做"四有"好老师和"四个引路人"，致力于培养中国特色社会主义事业的合格建设者和可靠接班人。外籍教师须遵守中国法律法规和学校相关制度、严守课堂纪律、恪守学术规范。

学术评价应坚持正确导向，克服学术评价中唯论文、唯"帽子"、唯职称、唯学历、唯奖项等倾向，建立重师德师风、重真才实学、重质量贡献的评价导向。尊重学科差异，根据各学科的特点制定相应的学术评价标准。强化学术共同体意识，加强学术共同体建设，提升学术共同体在学术评价活动中的地位和作用。

教研系列是教学和学术研究并重的职务系列，设置教授、副教授、助理教授三个职级，其中副教授包括长聘副教授和准聘副教授两个阶段。

（一）岗位职责

教研系列教师须承担人才培养、科学研究以及社会服务等工作，高质量完成学校院系要求的教学任务，积极参与各种校内服务性工作。

教学工作主要由教研系列教师承担。每位教研系列教师的教学工作量包括课堂教学以及经学校教务部门认定为教学工作的其他课堂教学外教书育人的工作，最低要求为法定总工作量的40%（每周法定工作量为40个小时），其中每学年课堂教学最低要求为96学时。教师用于课堂教学之外的学生教育和学生指导工作，如对学生开放咨询、参与学生组织的活动等的工作量，不应低于总工作量的5%。

教学工作量的减免。经教师本人提出申请，由教学委员会讨论并经国际研究生院院务会议批准，对以下情况可以考虑适当减免教学工作量：①65岁以上在岗的教师；②新入职的第一个聘期的青年教师；③担任党政正职领导职务的教师；④纳入减免教学工作量配额管理的教师；⑤经学校批准的其他情况。

（二）聘任标准

教研系列教师各级职务的聘任标准（包括人才引进和职务晋升）应达到相关学科国际排名前20名大学相应职务教师的平均水平。各级职务教师的聘任标准不低于清华大学相关学科院系教师聘任管理办法中相应职务学术标准的要求。具体要求如下：

助理教授：应有国内外知名高校的学习经历并获得博士学位，原则上博士毕业后还应有在国内外从事相关科研工作2年以上的经历（对于个别申请人，例如毕业于本专业世界排名前列的高校，或师从于领域内顶尖教授，且有突出的研究成果和较好的教学能力者的，经学术指导委员会讨论同意的，可以免去以上要求）。一般须有 2 年或以上国外学习或工作经历，英语的表达与交流能力强，研究方向明确，在本领域主要国际学术期刊或有影响力的学术会议上发表获得学术同行认可的论文，或在国际、国内获得过有一定影响力的学术或科研奖励，或在科研成果产业化方面取得突出成绩，同时，在教学方面具有较大的潜力。

准聘副教授：应有国内外知名高校的学习经历并获得博士学位。递交申请时，申请人应具有国内外知名高校的教职，或曾在科研机构、企业从事过高水平研究工作的经历。一般须有 2 年或以上国外学习或工作经历，英语的表达与交流能力强，研究方向明确，研究成果突出，在本领域主要学术期刊或有影响力的学术会议上发表的论文得到学术同行的广泛认可和较高的评价，或获得过国际、国内有一定影响力的学术或科研奖励，或在科研成果产业化方面取得突出成绩。同时，在教学方面具有较大的潜力。若已是国际研究生院教研系列教师，则应满足教研系列教学工作量和教学质量的要求。

长聘副教授、教授的聘任比照清华大学相关院系教师聘任管理办法中长聘副教授或教授的标准，由国际研究生院学术指导委员会进行评定。

（三）聘任程序

通常包括人才引进程序、职务晋升程序（长聘职务聘任程序）、特殊情况受理程序三类。

1. 人才引进程序

教研系列教师人才引进程序如下：

（1）公开招聘。国际研究生院学术指导委员会根据学院规划的教研系列教师规模数，规划和设置全职教研系列各级岗位的职数，并根据规划发布公开招聘信息。招聘信息中岗位描述应有一定的学科宽度，并尽可能多地将招聘信息在全球范围内送达可能候选人的所在学校或研究机构。

（2）个人申请。申请人需要提供英文的个人简历、代表性论文/著作 3～5 篇、研究和教学工作计划，并提供 3～5 位本领域世界知名专家作为推荐人，由国际研究生院人力资源部门联络，取得推荐信。

（3）资格审查。招聘委员会负责对申请人进行初审，并向教师引进与晋升委员会提交拟面试名单和评审专家小组名单。针对长聘岗位的申请人，由招聘委员会和人力资源部门按照聘任标准进行资格审查。经教师引进与晋升委员会审议，最终确定邀请参加校园面试的申请人名单以及相应的评审专家小组名单。

（4）国际同行评审。准聘岗位的申请，可减免国际评估的环节。长聘岗位的申请，需参照清华大学相关院系的要求进行国际评审。国际同行评审专家名单由申请人提名 10 位、评审专家小组提名 10 位，最终由评审专家小组确定 10 位国际同行评审专家送审。国际同行评审专家需符合清华大学相关院系的要求，应为本领域国际权威学者或产业领袖，其中至少 5 位应与申请人没有直接合作关系。发出邀请后，至少回收 5 封评审意见方为有效（下同）。

（5）面试。评审专家小组负责组织申请人的校园面试。校园面试一般为 1～2 天，原则上在国际研究生院进行。校园面试包含公开学术讲座、一对一面谈、规划报告三个环节，规划报告环节时长 40～60 分钟，内容主要包括教学试讲、主要研究成果与未来研究计划、社会服务情况等。报告后接受评审专家小组成员提问 15～30 分钟。评审专家小组综合国际同行评审情况（长聘岗位）、申请人学术报告情况、科研规划报告以及参与过一对一面谈的教师意见，对申请人能力背景、综合学术水平、教学水平、发展潜力、与学院匹配程度等给出书面报告，评审专家小组成员最后进行讨论和投票，决定是否推荐申请人参加教师引进与晋升委员会评议。

（6）教师引进与晋升委员会评议。各学科的教师引进与晋升委员会针对评审专家小组成员的书面报告和投票结果，结合国际研究生院整体学科发展规划和教师队伍布局，达成一致意见后，提交审查建议意见至学术指导委员会表决。

（7）学术指导委员会评议。国际研究生院学术指导委员会听取教师引进与晋升委员会指定成员对申请人的审查建议报告，经充分讨论后进行投票。

（8）审议批准。学术指导委员会投票结果经国际研究生院院务会议确认后，报学校审批。

2. 职务晋升程序

教研系列教师职务晋升程序（包括长聘职务聘任程序）如下：

（1）个人申请。教师提交长聘岗位申请报告或职称晋升报告。

（2）资格审查。针对每一个长聘或职称晋升申请，由教师引进与晋升委员会指定评审专家小组名单，成立评审专家小组。评审专家小组按照聘任标准进行资格审查。

（3）材料公示。人力资源部门将通过资格审查的申请人的材料在国际研究生院内公示，公示期为 7 个工作日。如有异议，由评审专家小组负责调查核实。

（4）国际同行评审。助理教授晋升准聘副教授可以简化程序，不进行国际同行评审。申请长聘副教授和教授职务必须进行国际同行评审。评审专家小组负责对申请人进行国际同行评审。评审专家小组回收国际同行评审意见后，参照清华大学相关院系的要求，对申请人的学术水平、学术影响力和教学人才培养工作等进行评估，形成评审报告。

（5）教师引进与晋升委员会评议。各学科的教师引进与晋升委员会针对评审专家小组成员的书面报告和投票结果进行讨论，决定是否推荐申请人参加国际研究生院学术指导委员会的讨论。最后结合国际研究生院整体学科发展规划和教师队伍布局，提交审查建议意见至学术指导委员会表决。

（6）国际研究生院学术指导委员会评议。国际研究生院学术指导委员会听取教师引进与晋升委员会的审查建议报告，经充分讨论后进行投票。

（7）审议批准。学术指导委员会投票结果经国际研究生院院务会议确认后，报学校审批。

3. 学术指导委员会议程

学术指导委员会进行闭门会议讨论。各学科教师引进与晋升委员会主席介绍申请人情况，主要介绍内容包括国际同行评审意见、教学情况和评审专家小组推荐意见。学术指导委员会进行充分讨论（每位申请人不少于 20 分钟，建议就申请人的学科方向重要性、个人学术影响力、教育教学、公共服务情况等方面进行讨论）。学术指导委员会经充分讨论后无记名投票，投票分为同意和不同意两类，不设弃权票。

学术指导委员会会议注意事项：

（1）学术指导委员会会议的质量体现了学术共同体文化的建设水平，认真、客观、公正地学术评价是每一位学术指导委员会委员的责任。委员有义务对闭门会议讨论内容保密，一经发现违反，视为师德师风问题，可在学术指导委员会内批评、谴责，直至取消评审资格。

（2）国际研究生院应安排工作人员做学术指导委员会全程会议记录，会议结束后整理会议记录，与申请材料一并上交学校。

4. 特殊情况受理程序

（1）关于教学评估结果异议情况的受理程序。按照规定，对于近一年内教学评估成绩出现一次后 5% 或者近三年内出现两次后 5% 的教师，原则上不可申请职务晋升。申请者如对课程教学评价出现后 5% 有异议，个人可向国际研究生院提交教学档案袋等支撑材料，由国际研究生院教学委员会指定的专家组进行教学工作鉴定，并提交教务处审核通过后，送学校教学委员会专家审议，出示明确的鉴定意见。

（2）关于学术评价特殊情况的受理程序。适用情况：①本人表现优秀，在相关学术研究领域有突出表现，但有个别基本条件条款因不适用而审查无法满足的情况；②准聘职务教师提前申请长聘的情况（早于准聘期结束前 12 个月提出长聘申请的，视为提前申请）；③长聘副教授申请教授，两次申请间隔少于 3 年的情况。

受理上述申请的条件：

对于第一种情况必须有证据表明其基本条件的不适用性，且提供在其他方面确有突出成绩。对于第二、第三种情况，因为缩短了申请人表现考察的时间，增大了判断的难度和风险，申请人须能提供充分证据表现足够的教学研究的能力和水平、在国内外学术界的影响力等，所以申请人在较短的时间内的学术产出须远超正常申请的平均水平，在国际评审时要明确标注该位教师属于提前申请。

受理程序：对于以上三种情况，申请人除提供正常申报材料外，还须向国际研究生院评审专家小组提供其他证明材料；评审专家小组讨论给出明确意见，评审专家小组通过后，须加开一次教师引进与晋升委员会与学术指导委员会会议，由教师引进与晋升委员会达成一致决议后提交建议意见至学术指导委员会，由学术指导委员会无记名投票决定是否同意在不满足条件的情况下进入后续程序，后续按照正常申请程序进行（包括公示、国际评估、投票等程序）。

通过以后，在向学校提交材料中须附加：经学术指导委员会认可可以放宽条款或者可以缩短时间的理由，如在学术上取得的重大贡献的具体内容（建议不超过100字）及与重大贡献直接相关的证明材料，如与同学科国内外同行之间的比较相关的特殊证明材料等。

5. 考核方式

准聘岗位的考核以合同期满考评为主，但每年需提交年度工作报告。合同期满时提交聘期工作总结和续聘申请，由教师引进与晋升委员会指定一位长聘教授为考评小组组长，由其组织考评小组，并形成对该教师的续聘建议并提交国际研究生院教师引进与晋升委员会和学术指导委员会审批。国际研究生院院务会议结合学术指导委员会审批意见和岗位设置情况做出是否续聘的决定。

获得长聘岗位的人员采取阶段性评估（3年一次）和不定期选择性评估（针对3年一次评估中的部分人员，由国际研究生院院务会议提出）相结合的办法，以聘任合同约定为依据，全面评价其教学和科研等工作。考评工作由国际研究生院教师引进与晋升委员会和学术指导委员会负责，国际研究生院院务会议结合学术指导委员会考评结果做出对该教师薪酬和公共资源配置调整的决定。

6. 准聘及长聘制度

（1）聘期管理。准聘岗位聘期包括助理教授和准聘副教授两个阶段，一般不超过6年。长聘申请（无论是否与职务晋升同时提出）只允许一次，应在准聘期结束前6~12个月提出申请以便有充分的时间完成评审程序，原则上不得提前或延后。

早于准聘期结束前12个月提出长聘申请的，视为提前申请。对于提前申请的教师，相当于提出放弃原合同规定的后续准聘期限，原聘用合同截止日期亦随准聘期截止提前，教师本人须签订《聘用合同变更协议》。

准聘期到期时未能获得长聘岗位者不再续签聘用合同，且不得调转其他系列。经协商可签订过渡期合同（最长不超过一年），过渡期用于办理到新工作单位的相关手续及原工作交接，院系不再安排新的工作内容，也不再受理长聘申请，过渡期到期时不再续签聘用合同。获得长聘岗位的教研系列教师可签订无固定期限聘用合同，教师退休按照国家法律规定和学校的相关规定执行。

（2）准聘期聘用合同。对于引进后聘任助理教授岗位的教师，准聘期一般为6年（准聘截止时间：为保证准聘期截止日期与通常的聘用合同截止日期一致，准聘截止时间按照报到之日起加相应准聘年限后顺延至最临近合同截止时间7月31日或1月31日执行），按照每3年为一个聘期签订聘用合同，第一个合同到期进行聘期考核，考核后根据双方意愿决定是否续签第二个聘用合同。对于引进后聘任准聘副教授岗位的教师，和本人协商准聘期限（最长不超过6年），并以此为一个聘期签订聘用合同。对于引进时通过长聘资格评审程序的教师，经与本人协商，既可以直接签订无固定期限聘用合同，也可以先签订一个过渡期聘用合同，到期后如续聘，再签订无固定期限聘用合同。合同中明确对该岗位的教学、科研和预期成果的具体要求，考评指标和方式、年薪和双方义务。

（3）助理教授的职务晋升和长聘申请。助理教授满足副教授申请条件者可申请副教授职务，按职务评审程序进行。助理教授可以同时提出副教授职务和长聘资格的申请，但在执行程序中必须先完成副教授职务聘任，即副教授职务聘任是申请长聘岗位的前提。申请副教授职务不按照名额管理，按照本办法规定的聘任标准和程序进行评审并报学校备案。长聘结果需报学校审批。

（4）副教授的职务晋升。长聘副教授有且只有两次申请晋升教授的机会，原则上两次申请之间需间隔至少3年，两次申请都不成功者，原则上不得再申请教授职务。申请教授职务不按照名额管理，按照本办法规定的聘任标准和程序组织申请和评审，评审结果需报学校审批。准聘副教授可以同时提出长聘资格和教授职务的申请，在这种情况下须按照教授职务聘任程序进行评议。

（5）学校可解除长聘岗位聘用关系的情况。一般情况下，学校不得解除长聘岗位聘用关系，除非遇有教师违反国家法律法规、违反学术道德、违背教师职业道德等行为并造成严重后果，或教师不履行聘用合同规定的要求等情形，学校才可解除长聘岗位聘用关系。

四、薪酬规划方案

教研系列教师实行年薪制，年薪制分为结构型年薪和一揽子型年薪两种模式。教研系列教师的年薪以结构型年薪模式为主，少数特殊人才可实行一揽子年薪模式（即单一固定数量年薪）。结构型年薪由若干部分构成。

基本年薪（A）是年薪的保障部分，主要体现教师的岗位职责和要求，由国际研究生院统一制定分配办法并发放。

奖励年薪（B）是年薪的奖励部分，包含讲席教授津贴、人才计划资助、教学科研奖励和特殊奖励等。

其他收入（C）是教师的额外工作收入，包含科研绩效收入、培训讲课收入以及院内超额工作收入、校内其他单位兼职收入和校外兼职收入等。C部分的收入不超过A部分的1/3。

教师在校内其他单位的兼职收入和校外兼职收入，按照《清华大学教师校内兼职管理规定（试行)》及《清华大学教职工校外兼职活动管理规定》执行。

教师的养老、社保福利按国家和地方相关政策，由国际研究生院在深圳办理。

薪酬调整由国际研究生院教师薪酬委员会提出建议，院务会议审批后执行。

五、组织机构

（一）国际研究生院学术指导委员会（Academic Advisory Committee，AAC）

国际研究生院学术指导委员会由国际研究生院长聘教授组成，涵盖院内各个学科领域，负责学科的发展规划和岗位设置的具体方案、教研系列各级岗位教师的评聘职责。国际研究生院初建阶段，学术指导委员会由清华大学相关院系长聘教授组成。

国际研究生院学术指导委员会进行聘任和提职表决时，出席会议的委员人数均应达到总人数的2/3（含）以上会议有效，候选人获得同意票达到出席人数的2/3（含）以上且超过应到人数的1/2（含）以上视为通过。

（二）国际研究生院教师引进与晋升委员会（Committee of Appointment and Promotion，CAP）

国际研究生院学术指导委员会在各个学科领域下设教师引进与晋升委员会，负责对教职候选人进行深入的评估。在教师招聘和晋升过程中，为国际研究生院学术指导委员会提供详尽的决策建议。各教师引进与晋升委员会的成员由国际研究生院学术指导委员会任命国际研究生院或领域内长聘教授组成，涵盖院内各个学科领域。国际研究生院初建阶段，各教师引进与晋升委员会的成员由清华大学相关院系长聘教授与各世界知名高校领域内愿意参与国际研究生院建设的长聘教授组成，各学科领域的教师引进与晋升委员会不少于4人，世界知名高校相关领域合作代表教师应不少于1/2（包括1/2）。随着国际研究生院的建设与学术共同体的逐步形成，各教师引进与晋升委员会的成员和世界知名高校合作的相关领域代表教师的比例可进行必要的调整。

国际研究生院教师引进与晋升委员会在进行评议时，出席会议的清华大学方与世界知名高校方的委员人数均应达到各自人数的2/3（含）以上会议有效，出席委员达成一致意见后，提交审查建议意见至学术指导委员会投票表决。

（三）招聘委员会（Search Committee）

由国际研究生院教师引进与晋升委员会指定设立招聘委员会。招聘委员会由领域内长聘教授或长聘副教授组成，负责对申请人进行初审，并向教师引进与晋升委员会提交拟面试名单和评审专家小组名单。国际研究生院初建阶段，招聘委员会可与教师引进与晋升委员会保持一致，后续可由教师引进与晋升委员会指定成员。

（四）评审专家小组（Interview Committee）

由国际研究生院或领域内3～5位长聘教授组成评审专家小组，评审专家小组负责组织应聘人的校园面试及教师职务晋升的资格审查。评审专家小组组长原则上应由国际研究生院各学科教师引进与晋升委员会委员担任，国际研究生院初建阶段，可由教师引进与晋升委员会主席指定一位国际研究生院或领域内长聘教授担任。

考虑到目前国际研究生院长聘教授人数较少，同时为适当增加参加决策的人员层面，对于申请助理教授岗位的申请人，评审专家小组可由1～2位长聘教授牵头负责，同时邀请2～3位准聘副教授和长聘副教授作为评审专家小组成员参与面试并投票。

（五）教师薪酬委员会（Committee of Faculty Remuneration，CFR）

国际研究生院学术指导委员会下设教师薪酬委员会，负责制订教师的薪酬方案。教师薪酬委员会由国际研究生院执行院长、党委书记和学术指导委员会指定的教授代表组成，并由国际研究生院财务和人力资源主管院领导共同参与。

（六）国际研究生院院务会议

国际研究生院院务会议由执行院长、党委书记、副院长和副书记组成，负责国际研究生院教师队伍的聘任管理、聘期考核、晋升和长聘、薪酬和公共资源配置调整审定工作。

六、现有教师队伍进入教研系列管理

（1）原清华–伯克利深圳学院教研系列教师在人才引进时已经按照教研系列的标准和程序执行，经国际研究生院学术指导委员会审议确认后直接进入国际研究生院相应岗位。

（2）原清华大学深圳研究生院教师在满足国际研究生院教研系列聘任标准和岗位要求的前提下，需经本人申请，通过教研系列人才引进聘任程序后聘任为国际研究生院教研系列教师；对于未进入国际研究生院教研系列的教师，另行制定过渡办法。

第三节　职工队伍改革

一、　管理二类和事务类职工改革

根据《清华大学关于深化人事制度改革加强职工队伍建设的若干意见》《清华大学关于深化人事制度改革加强职工队伍建设的实施办法》，并结合国际研究生院的使命定位和职工队伍建设目标，对国际研究生院的岗位从所要求的知识技能水平、工作条件、岗位所要解决问题的难度以及工作结果对组织的影响等因素进行岗位评估，分为管理类、专技类、事务类三大类；其中管理类又分为管理一类和管理二类；管理一类是指校（清华大学）管干部，包括：党政一把手，副院长和副书记，其岗位选聘工作由组织部门按照干部选拔任用规定选聘；管理二类是国际研究生院的院管干部，包括院长助理和院机关部处的正副处长，其中院长助理的选聘工作已经由组织部门按照干部选拔任用规定和流程选聘完成不纳入本次职工队伍改革之列。专技类不细分专业类和技术类岗位，专技类采取通过社会化统一考试取得任职资格和院聘任相结合的办法进行聘任。事务类分为事务一类与事务二类，其中事务一类对应行政文秘、人力资源、采购管理、后勤管理、全球事务、党群工会、全球推广与公共关系、学生培养与学生事务、校园基础建设和科研管理相关岗位，事务二类对应后勤与校园服务等相关岗位。纳入本次职工队伍建设的管理二类（不含院长助理），专技类，事务一类和事务二类的改革工作全面启动但按步骤和分批次进行。

国际研究生院自 2020 年 5 月 1 日全面开启职工队伍改革工作，历时 1 年 7 个月，分为三个阶段：第一阶段 2020 年 5 月 1 日到 2020 年 12 月 31 日，完成了学院机关各部处的改革（包括兑现薪资）；第二阶段 2021 年 2 月 28 日到 2021 年 7 月 1 日，完成了院设教学科研机构（研究院和学部）职工队伍的改革（包括兑现薪资）；第三阶段 2021 年 8 月 8 日到 2021 年 12 月 31 日，完成清华大学深圳国际研究生院工程实验技术（专技类）人员的改革。

职工队伍建设的目标是：建设一支有使命感、内驱力、专业能力、职业精神的行政团队，搭建一个能让这支队伍发挥作用和成长发展的组织架构，让师生获得更完善高效的服务体验，用行政支持促进学术卓越。

（一）基本原则

职位管理旨在减少组织层级，提高行政效率，打造高效服务型组织。

职位管理以明确序列划分为基础，以建立专业化能力为原则，进行岗位分类分层，建立职工队伍职业发展双通道，打破专业人才发展"天花板"。

职位管理以科学的理论方法为指导，运用科学工具进行岗位价值评估，使各类岗位价值横向具有一定的可比性，为建立市场化薪酬体系提供支撑。

职位管理应兼顾实操性与前瞻性，既要立足于当前发展阶段与实际需求，也应根据未来战略发展对组织能力建设的要求，识别核心岗位，并在岗位类别划分、岗位设置和岗位层级划分时予以一定倾斜。

职位管理应兼顾规范性与灵活性，职员岗位设置应结合各自在培养规模、发展阶段、人员现状等的差异，在学院岗位体系下，根据核定岗位编制，将各职责进行"搭积木"式差异化设计，以满足研究院自身灵活运营，高效协同的需求。

（二）关键举措

经外部专业咨询机构诊断，当前国际研究生院岗职体系存在三个主要问题。首先，岗位分类缺乏管理序列，且分类较粗，不利于建立职工队伍双通道机制；其次，岗位只划分到序列的颗粒度，没有进一步划分职族与职类，未能凸显职业发展阶段和角色定位特点，不利于未来梳理任职标准，有待进一步优化岗位分类分层问题；再次，实验工程技术类层级较少，仅有三层，可以进一步拓展层级。

基于学院现存问题，参照业界标准流程、工具、方法，学院启动职工队伍岗职体系优化工作，主要分岗位分类、部门职责分解、岗位分析与岗位说明书撰写、岗位评估及人岗匹配五个工作步骤开展，目前已取得阶段性成果，院机关人事办公室协同外部咨询顾问完成203个学院职工岗位的梳理和评估工作，其中院机关岗位155个（未包含管理岗位和事务二类岗位），研究院岗位48个。明确了岗位设置基本流程和工作方法，为之后的岗评工作打下良好基础，为薪酬、绩效模块改革提供有效输入。

（三）岗位设置

1. 岗位分类与岗位序列

学院职工队伍岗位分为管理、专技、事务三大类，五子类。

管理类下分管理一类与管理二类，主要职责为带领团队、协调资源、完成团队或部门目标；管理一类是指校（清华大学）管干部，包括党政一把手，副院长和副书记；管理二类是院管干部，包括院长助理和机关部门的正副处长；专技类不细分专业类和技术类岗位，暂设实验工程技术－实验技术系列、实验工程技术－工程系列、实验工程技术－试验发展系列、财会系列四个系列，每个系列分为初级、中级、高级三层，专技类采取通过社会化统一考试取得任职资格和院聘任相结合的办法进行聘任；事务类分为事务一类与事务二类，其中事务一类对应行政文秘、人力资源、采购管理、后勤管理、全球事务、党群工会、全球推广与公共关系、学生培养与学生事务、校园基础建设和科研管理相关岗位。事务二类对应后勤与校园服务相关岗位。按需设岗，以岗定人，人岗匹配，通过易岗易级的方式实现职业发展。

2. 岗位等级

学院岗位等级划分标准如表1－7所示。

表1－7　学院岗位等级划分标准

层级	职级	知识技能 （知识、管理、人际）	解决问题 （思考限制、挑战）	应负责任 （行动自由度）	任职要求
高级	16～ 17级	在专业技术知识上，是某一专业领域/前沿技术方向的权威专家，在该领域/技术方向上的专业程度处于研究院前5%，且该专业领域/前沿技术方向的研究和应用发展能够惠及学院全员（以上适用于专技类）；在管理的范围上，需要统筹或协调若干本部门子功能或模块的工作；在人际关系技能上，该岗位主要是通过他人来实现主要责任，要求在激发人、影响人以便取得最后成果方面具有高度娴熟的技能	对研究院某一体系的规章制度制定/顶层设计/中长期规划负责，且该体系的工作成果覆盖研究院全员（如培养与学位管理、团委等）	作为某一细分领域负责人和权威专家，协助一层部门负责人开展工作	领域相关专业全日制硕士及以上学位，且相关工作经验8年及以上（专技类要求10年及以上），同等条件下有过高校学生工作经验者优先
中级	14～ 15级	在专业技术知识上，某一专业领域/前沿技术方向的专家，在该领域/技术方向上的专业程度处于研究院前20%，且该专业领域前沿技术方向的研究和应用发展能够惠及学院全员（以上适用于专技类）；管理范围上，对外需要了解其他岗位和部门的工作，对内能够分配工作、安排工作、监督工作的进行并审查结果的适时性和质量；在人际关系技能上，虽然需要在某种程度上激励、影响他人，这种技能对于岗位的产出还不是首要的	协助一层部门负责人开展某一体系的规章制度制定、顶层设计、中长期规划工作；牵头组织某二层组织/一层组织下某一模块的上述工作并负责工作绩效目标、工作计划、预算制定；或是负责二层组织内部关键细分领域/重点人群与教学培养和行政管理工作，进行统筹协调和全过程管理，设计并优化细分领域内流程，协调各类资源，组织本领域工作的例行开展	作为院机关二层部门负责人或一层部门某一模块负责人，向一层部门负责人汇报工作；或是作为二层组织内部关键细分领域/重点人群管理负责人，向二层组织负责人汇报工作（例外：海外招生高级主管）	领域相关专业全日制硕士及以上学位，且相关工作经验5年及以上（专技类要求8年及以上），同等条件下有过高校学生工作经验者优先

层级	职级	知识技能 （知识、管理、人际）	解决问题 （思考限制、挑战）	应负责任 （行动自由度）	任职要求
初级	11～13级	在专业技术知识上，胜任某一专业领域/技术方向/应用系统的日常运营和运维工作，能够在标准化的规章制度和明确的计划范围内开展系统状态监控、巡检、问题定位、测试，并协调技术团队解决问题（以上适用于专技类）；在管理范围上，主要处理本领域具体的手头工作，根据流程和上级的指导开展工作；在人际关系技能上，可能需经常与他人接触，但主要是为了发出和获取信息	负责二层组织内部某一细分领域/服务人群（如全日制博士）的教学培养和行政工作，负责日常工作的例行开展、文字材料的起草和整理汇编或是后勤调度等实操工作；在标准化的规章制度与流程、明确的工作计划的范围内开展工作	向二层部门负责人或者一层部门某一模块负责人汇报工作，在上级领导和中高级职员的指导下开展工作，工作以对内协调为主，不承担对外联络职能，或承担较少	全日制硕士及以上学历，专技类要求5年及以上相关工作经验

资料来源：清华大学深圳国际研究生院。

（四）管理办法

1. 管理机构

学院成立机构规划与职工队伍建设领导小组，主要负责机构规划、院职工队伍整体建设和发展、二级单位设岗方案核准等。

学院成立职工队伍建设小组，负责职工队伍设岗、招聘以及职工评价、发展等。

学院成立职工队伍建设专家小组，负责开展职工队伍建设相关问题的研究，提供理论指导和咨询。

2. 触发场景

设岗方案可根据学院事业发展、职能变化、技能水平提高等实际情况及时做出相匹配的调整。主要包括：

（1）战略规划。因学院战略规划出现调整或组织机构上出现部门新增、整合、删减等，需及时修订设岗方案，与相关职能部门充分讨论后，报学院审批。

（2）架构调整。各部门功能、部门结构有调整的，出现新的持续性岗位调整，如增设、整合、删减等，需与相关职能部门充分讨论后，提交新修订的设岗方案，报学院审批。

（3）例行审视。学院需充分考虑目标规划、事业发展、实际情况等要素，现阶段可每一至两年重新讨论一次设岗方案并按程序报审，在学院发展进入稳态阶段后原则上每3~5年重新讨论一次设岗方案并按程序报审。

3. 工作流程

（1）明确岗位分类方案。职工队伍建设小组审视现有岗位分类方案，如果新增岗位在学院既有价值链和既定框架范围内，则无须调整。

（2）部门职责分解。职位分析是组织架构和部门设置工作的延伸和细化，是学院战略目标的进一步分解和承接。职位分析建立在厘清部门职责的基础上，首先明确部门设置目的，其次将部门设置目的分解为部门核心职能，再次将核心职能分解为核心职责。

1）部门设置目的。简单、准确地描述该部门存在的意义及它对学院及学校的独特贡献。一般遵循"工作依据、工作内容、工作成果"的格式，其中，"工作依据"一般为学校和学院战略规划、中长期发展目标、方针政策、规定指示等，"工作内容"需要包括主要动作和工作对象，"工作成果"描述部门工作开展达到的目的，与"工作依据"相对应，同时可简述对工作对象需求的满足程度和产生的价值。对目的的陈述不包括详细的如何完成结果的过程。例如，人事办公室的部门设置目的可陈述为"根据学院发展战略规划，全面策划和实施学院人力资源发展战略，包括人才招聘、人员发展/培训、绩效考核和薪酬福利工作，以满足学院员工需求，并确保学院的人力资源能够支持学院战略发展的需要，为学院发展提供良好、充足的人才储备"。

当部门设置目的发生变化，一般为以下几种情况：①学院需求的转变。可从"专业化""满足教职工/学生需求""提高效率/建设组织文化"三个角度进行阐述。②部门工作开展目的的转变。例如，人事办公室设置目的由"保证学院人事工作的正常进行"转变为"满足学院员工需求，并确保学院的人力资源能够支持学院战略发展的需要"。③部门角色的转变。例如，由"执行型、事务型、操作型"向"战略决策协助型、主动型"转变，由"管理型"向"服务型"转变。④服务对象需求的转变。例如，从"师资力量的招募和补充"到"各类人才管理机制的构建和组织能力的提升"。

2）部门核心职能。完整准确的部门职能包括以下几个要素：与部门设置目的相匹配、有相应的权限保障职责的实施、与其他部门无重复或矛盾的职责、对于该职能对应的职责有相应的衡量标准。

在梳理部门核心职能时可以通过一些辅助问题来帮助明确部门流程或功能划分。例如，该部门通过开展哪类工作来为教职工/学生/学院增值？该部门通过开展哪类工作支持教学和人才培养上的成功？该部门通过开展哪类工作为其他部门提供支持？该部门必须开展哪类工作来确保符合法律法规的要求？该部门必须开展哪类工作来确保部门能够持续变革来适应不断变化的市场环境？

3）部门核心职责。首先，部门职责分解需将部门职责分解为"部门定位""职责领域"和"职责描述"三个层次，其中，"部门定位"旨在回答此部门为何存在，说明了部门在何条件下履行职责，履行的主要职责及要达成的结果；"职责领域"通常包括通用职责和核心职责，前者包括制度建设、计划制订和部门管理，后者包括各部门专业领域的业务职能；"职责描述"是对各职责领域工作的进一步细化，应当描述出其所对应职责领域的关键内容，每一条职责领域所对应的职责描述建议不超过 5 条。

其次，将部门三级职责匹配至岗位。职责匹配的目的在于明确部门职责在部门内部各岗位的分配，并分析、澄清各项工作执行过程中各相关岗位之间的职责关系，从而使职责划分有助于提高流程效率，分清职责边界，以加强合作，减少误解或扯皮现象。可按照"职责 - 岗位"二维矩阵进行梳理，矩阵的横轴是岗位名称，纵轴是部门的职责，对应于某岗位和某职责的单元格内，描述该岗位所承担的具体职责。样例如图 1 - 7 所示。

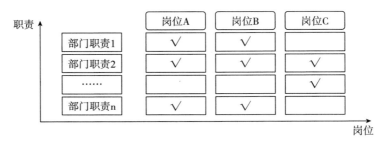

图 1 - 7　"职责 - 岗位"二维矩阵样例

资料来源：清华大学深圳国际研究生院。

最后，部门职责分解的关键产出是部门三级职责分解与岗位职责匹配表，样例如图 1 - 8 所示。

部门职责分解遵循三大原则：

覆盖完整原则——在进行部门职责分解时，必须覆盖全面，保持部门职责的完整，不要遗漏、缺失。

相互独立原则——三级职责分解后的各项职责必须相互独立，避免出现职责内容重叠。

相互关联原则——每一个岗位所承担职责是否具备合理的关联性（避免出现同一岗位交叉覆盖多项二级职责下的部分三级职责）。

部门定位 （一级职责）	核心职责领域 （二级职责）	具体职责描述 （三级职责）	部门负责人	岗位 A1	岗位 A2	岗位 B1	岗位 X

图1－8　部门三级职责分解与岗位职责匹配表样例

资料来源：清华大学深圳国际研究生院。

（3）岗位分析与岗位说明书撰写。岗位说明书是明确岗位设置目的、主要职责和基本任职要求的说明性文件，是最基本的管理工具之一。

岗位说明书是价值评估的起点，令组织中岗位的相对价值更加明确、客观，促使员工与管理人员对于岗位职责与绩效要求取得共识，确保公司战略及目标通过岗位职责予以落实。此外，岗位说明书也是招聘选拔工作的起点。

岗位说明书的撰写遵循三原则：首先，岗位分析针对岗位，而非针对人；其次，岗位分析着重那些应该做的岗位，而非目前正在做的岗位；再次，岗位分析应考虑岗位的职责，而非简单罗列工作任务。

一份标准的岗位说明书包括"岗位基本信息""岗位职责""任职要求"三个部分。其中，"岗位基本信息"包括岗位名称、岗位类别、岗位等级、汇报对象、薪酬及合同类型等；"岗位职责"参照部门职责分解的输出进行填写，一般每一岗位7~8条职责，每一职责所占工作时间至少为5%；"任职要求"一般包括专业、学历、培训经历、资格证书、技能、工作年限等方面的要求。岗位说明书样例如图1－9所示。

（4）岗位评估与岗职架构形成。岗位说明书形成后，岗评主要依据岗位说明书和岗位结构图，选取基准岗位汇报，其他岗位对入法，由清华大学本部专家评议，人事部门和咨询公司根据学院实际情况进行微调，学院职工队伍建设小组审议，高级岗位（岗值大于等于16）还需要报院务会审议通过。由各部门、研究院代表选取基准岗位进行汇报，陈述基准岗位设置目的、汇报关系、业务往来、岗位职责和任职要求及岗位类别、序列、职等建议，岗位专家组依据海氏岗位评估法，结合岗位说明书和陈述、规章制度和管理办法、学院惯例和管理经验展开讨论和集体决策，最终形成对该岗位的评估意见，并将基准岗位之外的其他岗位对入。

岗位名称：	
岗位类别	按岗位要求的职工主要角色分： □事务一类　□专业类　□技术类　□管理二类
	按岗位产生方式的不同分：□持续性岗位　□动态性岗位
岗位系列：	岗位等级：_____级
汇报对象：	
薪酬类型：□绩效工资制　□协议工资制　□年薪制	
合同类型：□聘用合同制　□劳动合同制　□劳务派遣　□劳务协议	

岗位目标

工作职责

重要性	职责描述
核心职责	
次要职责	
其他	领导交办的其他工作内容： 占该岗位总工作量：□5%　□10%　□15%　□20%　□25%　□30%

业务往来

与本职工作有业务往来的院内部门：

与本职工作有业务往来的院外单位或部门：

任职要求（专业、学历、培训经历、资格证书、技能、工作年限及其他）

1.

2.

……

工作场所/设备/出差等其他情况

1. 主要工作场所：□办公室　□户外
   其他：

2. 主要工作设备：□计算机/打印机/扫描机等　□实验仪器设备等
   其他：

3. 出差占比：（1）以月为单位：□<5%　□5%～10%　□10%～20%　□20%～35%　□35%以上
   （2）其他：_____（如周期性或季节性集中出差等情况）

其他需要特殊说明的情况

图 1-9　岗位说明书样例

资料来源：清华大学人事处。

岗评结果先由职工队伍建设专家小组校核，初步调整后报学院职工队伍建设小组会审核，审核通过后，各部门和研究院根据专家组意见对岗位说明书进行修订，人事办负责审核和存档。所有岗位评估工作完成后，整理形成学院岗位职等架构。样例如图1－10所示。

　　（5）人岗匹配。国际研究生院在厘清岗位职责，完成岗责匹配后，依据新的任职要求进行人岗匹配。岗位选聘是推动国家大湾区人才建设战略的要求，是整合国际研究生院与人力资源管理体制机制建设的需要，是为国际研究生院人才培养与人才梯队建设储备人才的需要。改变长期以来单纯的组织任命、组织调动、职工长期不动的现状，为有知识、有能力的专业人员、管理干部，有激情、勇挑重担的年轻人员，提供更多的培养机会和更好的发展平台。同时也增强全员，特别是管理人员的危机感和责任感，促进学院各项业务全面健康发展。

　　首先学院在咨询公司指导下，设计选聘方案。

　　1）设定基本原则。

　　A. 公开、公平、公正原则：学院对所有岗位同时启动内外部公开招聘（中英双语通知），分2批次发布院机关岗位列表、岗位说明书。

　　B. 竞争、择优原则：自愿报名、双向选择（基于工作量考虑，1名参聘者在1轮选拔中最多可选聘2个岗位），个人申请与岗位需要相结合，如无合适的应聘者暂虚位以待。

　　C. 集体决策、按程序任用原则：管理二类正副处岗位的选聘由干部工作小组负责，其他岗位的选聘由职工队伍建设工作小组负责，其中专技类、事务一类高级岗位的拟聘人选需提交机构规划与职工队伍建设领导小组复审。

　　D. 工作稳步推进、注重人文关怀原则，若对所报名岗位没有选聘成功，学院可根据参聘者实际情况进行适当的调配与安排。

　　2）设计选聘流程与时间安排。学院设计岗位选聘共有五大流程，依照岗位的序列划分，管理序列与其他序列的选聘流程不同。

　　A. 选聘动员。以召开动员大会、院内外网通知等方式动员学院全体人员，发布选聘相关信息的公告。其中，管理二类正副处岗位增加了对候选人民主推荐环节。

　　B. 个人申请。学院发布选聘公告，参聘人向干部工作小组或职工队伍建设工作小组提交书面或邮件申请及相关材料。

　　C. 资格审查。管理二类正副处岗位由干部工作小组进行资格审核，听取职工所在部门核心组意见，各部门核心组负责事务一类及专技类岗位资格审查，根据岗位申报情况进行调整沟通。

基于岗位评估的职级	管理类 管理二类	专技类 专业类 A系列	B系列	C系列	事务类 事务一类 D系列	E系列	……	事务二类 J系列	K系列	L系列
	××管理岗			高级-3						
	××管理岗		高级-3	高级-2						
	××管理岗	高级-3	高级-2	高级-1	D系列高级专员	E系列高级专员	××高级专员			
	××管理岗	高级-2	高级-1	中级-3						
		高级-1	中级-3	中级-2						
		中级-3	中级-2	中级-1	D系列中级专员	E系列中级专员	××中级专员			
		中级-2	中级-1	初级-3						
		中级-1	初级-3	初级-2						
		初级-3	初级-2	初级-1	D系列初级专员	F系列初级专员	××初级专员	J系列组长	K系列组长	L系列组长
		初级-2	初级-1					J系列操作员	K系列操作员	L系列操作
		初级-1						J系列操作员	K系列操作员	

注：此处仅为示例，不代表SIGS岗位评估结果；各岗位具体职级在岗位评估工作完成后确定

图1-10 岗位职等架构样例

资料来源：清华大学人事处。

48

D. 汇报答辩。管理二类正副处岗位候选人向院党政领导班子进行汇报答辩；各部门经评议推荐高级岗位候选人1人向院党政领导班子进行汇报答辩；其他岗位由各部门组织汇报（职工队伍建设工作小组派代表列席），确定拟上岗人选。

E. 结果公示与聘任上岗。管理二类正副处岗位实行组织任命，具体流程如下：干部工作小组讨论，院党委研究决定拟聘人选，并公示结果，公示无异议由院党委任命。事务一类及专技类对拟聘人选进行公示，无异议后予以聘任。事务二类岗位由用人部门按照核定岗位和工作需要自主聘用，拟上岗人选报院人事办备案。选聘流程如图1－11所示。

3）明确选聘的资格条件与任职标准。在《机关聘岗工作方案》和对外发布的两批次《岗位说明书》中明确招聘岗位的岗位职责、选聘的资格条件与任职标准。

4）实行人员过渡期管理。对于本轮内部选聘不成功的职工，可再提供一次岗位培训机会；或由所在部门安排过渡期工作，在过渡期内，职工可应聘学院对外招聘的其他岗位。如果职工培训后仍不胜任岗位要求或过渡期结束未应聘成功其他岗位，合同关系或聘用关系则相应终止或解除。

5）确定选聘上岗人员薪酬待遇。明确选聘上岗的职工，其薪酬待遇按照岗位相对应的薪酬制度执行。未选聘上岗的职工，在参加培训期间执行原有待遇政策；承担过渡期工作的，按实际工作情况确定薪酬待遇。

截至2021年6月，国际研究生院已完成正副处24个岗位中21个岗位的聘岗；机关高级岗位除薪酬福利高级主管岗外36个岗位的聘岗；机关其他岗位（不含工勤）103个岗位的聘岗，空缺22个岗位。为保持职工队伍的活力和竞争力，今后所有岗位都应可上可下，能进能出。新任正副处岗位设置一年试用期，高级岗位聘岗满一年后实行重点考核，正副处岗位和高级岗位三年聘期满后安排重新聘岗。

对于空缺岗位，实行对外招聘。各部门将岗位两轮选聘后未聘到合适上岗人员的岗位，作为空缺岗位报院人事办。人事办按照《职工招聘管理办法》，面向社会公开招聘。各部门应从思想道德、能力水平、清华文化认同、行为规范、历史审查等方面严格把关；根据岗位说明书和岗位备案表，筛选符合岗位要求的应聘人员。各部门严格考察应聘人员，专技类高级岗的建议人选，由学院组织专业招聘评议组进行评议，通过后报学院机构规划与职工队伍建设领导小组审批；事务一类高级岗的建议人选报学院机构规划与职工队伍建设领导小组核准；其他岗位人选由各部门按学院职工队伍招聘管理办法确定，并报学院人事办备案。

4. 职员队伍核岗原则

清华大学深圳国际研究生院设置核岗原则和参考规则，各部门、各研究院如

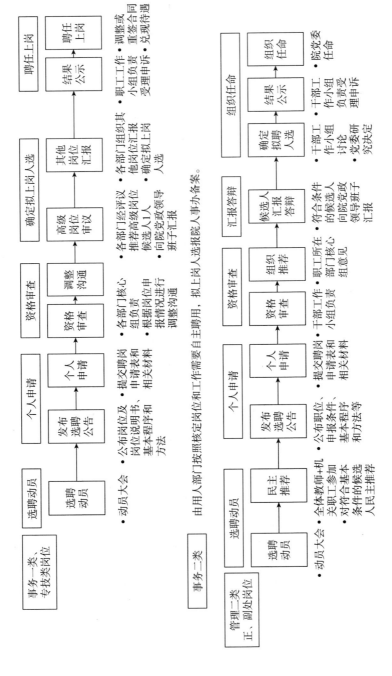

图 1 - 11　学院职工选聘流程

资料来源：清华大学人事处。

需突破以下原则，需撰写岗位申请，说明基本情况，附上必要的举证材料，经本部门、学院领导审批通过后提交至职工队伍建设小组，由职工队伍建设小组上报至院长处进行审批。

（1）核岗原则。职员队伍规划应从严把关，不宜扩张过快，以避免个别岗位工作量不饱满。建立岗位初核参考规则，以解决教学科研机构设岗不均衡的问题。常数岗设置：教师、学生规模较大的研究院4个，规模较小的研究院3个，人文社科部2个；研究院已在岗职员超过常数岗的，在合理范围内予以保留；未达到常数岗的，予以补足。未成立研究院的此次暂不增岗，特殊情况另议。各研究院职员岗位后续可根据学科事业发展、师生规模扩大和职员队伍运行情况做适当调整。

（2）参考规则。院机关党政班子成员和院长助理以外的机关岗位人员数（含院管干部）原则上不超过186人（其中5个管理二类岗位要求必须为教师"双肩挑"）；工勤岗位人员数原则上不超过23人，今后逐步减至15人以下。

教学科研机构的岗位编制设置需基于现有运营情况，如现有教师人数、学生人数等，从而有效支撑研究院。院设职员岗位可分为人才培养与行政综合两类，各自编制分别与学生规模和教师规模挂钩；在院经费的覆盖范围内，研究院职工队伍教学支撑团队与行政支撑团队各自至少配置1名主管，教学支撑岗的配置遵循以下原则：学生规模在300人以内，每100名学生，配置1人，四舍五入；学生规模在300人以上，每200人配置1人，四舍五入；行政支撑岗的配置遵循以下原则：教师规模在12人以上，每10名教师，配置1人，四舍五入；学生规模在300人以上，每200人配置1人，四舍五入。教学秘书、学术秘书岗位的人力预算来自研究院、PI经费，各研究院、PI按需设置，经费自给，报人事办备案。

5. 职责权限

平台工程师设岗工作由科研处主导，其余岗位如无特殊说明，原则上由职工队伍建设小组负责管理。职工队伍建设小组在职位管理方面的主要职责为：

（1）制定学院职位管理原则及框架，形成指导性的制度文件，并提供必要的工具模板进行参考；对相关原则框架和制度文件进行答疑。

（2）指导院机关各部门、各研究院进行职位管理，响应各部门及研究院需求，进行必要的培训赋能，确保职位管理工作稳定有序开展和落实。

（3）管理由于学院的人员调动、任免带来的职位变化，并备案。

（4）维护院机关层级的组织架构图。

（5）改革中未尽事宜，由职工队伍建设小组协调处理。

二、专技类（工程师）职工队伍改革

（一）清华大学工程实验技术队伍的建设思路

实验教学中心和科研条件平台是当代高校的基础组成部分，是双一流大学建设的重要内容。实验技术队伍是实验教学中心和科研条件平台的核心力量，与教师队伍犹如车之两轮、鸟之两翼，是高校教学科研水平核心竞争力。

实验技术队伍配置自 20 世纪 70 年代以来不断有所研究。B. M. Kehm 等针对欧洲大学从新任务和新挑战的角度研究了高校治理问题，对实验技术队伍进行了专门讨论。Cláudia S. Sarrico 等研究了葡萄牙公共管理教育学术职员的质量保证问题。James J. F. Forest 等研究了实验技术队伍的培养和工作状态等问题。Maria de Lourdes Machado – Taylor 等则研究了高校中实验技术队伍的重要作用。这些研究工作从宏观上讨论了高校实验技术队伍建设的方向和约束条件。

实验技术队伍规模方面则有一些模型研究，与之相关的还有护士配置及其他职员配置等，以实验技术队伍和护士配置为主。从规模的角度，需求无非工作量，但度量方式包括间接工作量和直接工作量两个不同的思路，对应的配置模型基本上可以分为比率模型和工作负荷模型两种。

比率模型就是根据生师比等指标确定教师队伍的规模。起初，比率模型结构为线性，主要任务是确定线性系数；之后的实践表明，线性不能准确反映客观情况，又出现了各种非线性结构。如 Fielden J. 等提出了一种目标生师比公式 $Q = 1.18\, t^{0.5} + 5.55$，其中 t 为当前在职学术人员数。此公式表明，学术人员数越大，目标生师比也越大。比率模型结构简单，主要是经验模型，虽然有一些模型结构，但其参数确定缺少直观性。

负荷模型是利用工作量信息来确定教师队伍的规模。负荷模型一般可以分为三类：第一类是基于接触时间的模型，需要考虑不同的接触方式，如讲授、指导、实验室等，接触时间要包括准备、咨询等方面的时间，但不考虑学生数；第二类是基于实际时间的模型，一般要反映工作时间和相关学术责任，不同的教学任务要有详细评估；第三类是关键点模型，对特定行为设置一组关键点，如注册人数乘以系数、接触时间乘以系数等，进而计算工作时间。Birch 等针对具体课程提出了一种计算教师数量的简单方法，$T = (s/g) \times (l/t)$，其中，T 是教师数量，s 表示选课的学生数，g 表示平均每组上课学生数，l 为每组学生平均实际讲授工作量，t 为理论上教师承担的教学工作量。在此基础上，一些学者提出了改进的方法，包括加入了课程准备工作量、课后工作量等因素。Birch 等的模型考虑了课程工作量的细节，但学生分组数量、实际讲授工作量和理论工作量都缺少直接的客观依据。Ball 和 Layard P. 等提出了另外两种规模负荷模型：$N = C_0 +$

$C_1U + C_2P$，其中，N 是教师人数，U、P 分别是每年培养本科生和研究生的全时等价工作量；$N = C_0 + C_1U + C_2P$，其中，C 是总费用，U、P 分别是每年培养本科生和研究生人数。

虽然负荷模型需要考虑的数据多，但这种方法将资源和教学效果联系起来。从各高校目前的工作实际看，学校掌握基础的教学信息和设备信息，是可利用、可信任的数据，这类宏观统计信息能否反映工作负荷、确定实验技术队伍规模是一个基础性的问题。考虑实验教学和科研支撑工作的本质差异，需要分别予以分析和讨论。考虑到利用统计数据获取工作负荷是一个非机理的、数据驱动的方法，可利用相关分析方法讨论与在岗人数最相关的若干因素，进而用多元线性回归方法建立队伍规模模型。

来自国内外高校实验技术队伍的调研结果如下（见表1–8）：

表1–8　国外大学科研平台人员情况

学校	平台	设备数量	人员总数	技术人员	其他人员
斯坦福大学	Nano Shared	57	22	14	8
斯坦福大学	Nano Fab	42	19	15	4
哈佛大学	Nanoscalesys	18	32		
哈佛大学	Bauer	6	10	7	3
剑桥大学	Electron Microscopy	14	3	2	1
犹他大学	Nanofab	13	16	10	6
东京大学	NanoTech	7	12	7	5
加州伯克利大学	Nano Lab	48	24	18	15
麻省理工	Microsys	59	38	23	15
康奈尔大学	Nanoscale	52	27	18	9
伊利诺伊大学香槟分校	材料微观分析平台	29	14	13	1

资料来源：《双一流建设背景下实验技术队伍规模和结构设计方案研究》（清华大学实验室管理处）。

1. 来自国外的调研

斯坦福大学的 Nano Fab（SNF）的工作人员归实验室管理，不属于任何一个院系。SNF 有 19 个全职人员，之所以能够吸引一些高层次的人留在 SNF 工作，主要在于：①稳定的工作机会；②能够有机会指导学生，产生影响；③斯坦福大学的 Tuition 计划（在斯坦福大学工作 5 年以上，学校会负担大部分该员工子女读大学的学费）；④每年大约一半的预算（250 万美元左右）用于实验室人员的工资和福利。

哈佛大学教授与管理人员的配置比例约为 1:5，每位知名教授共配置 5 名行政人员和实验技术人员，培训工作占技术人员工作量的 40%，仪器设备的维护、修理、调试工作占到工作量的 30%~40%，剩余为应用支持，包括开展分析服务、工艺开发及技术研究。技术人员队伍学历结构好、水平高，工作基本稳定。学校吸引技术人员的因素主要是两个方面：从级别晋升上来看，各类人员形成了独立的职称梯队，获得专家头衔的专职人员拥有不亚于教授的收入和地位。从福利待遇上看，哈佛大学允许专职技术人员承担科研项目、享受带薪学术假等额外优厚条件，没有频繁失业的风险，压力较小。

2015 年加州伯克利大学的 Nano Lab 有 24 个全职人员，均属于实验室，而不属于任何一个院系。人员中有 2 个博士，1 个硕士，绝大部分为本科。这里面有12 个设备工程师，6 个工艺工程师，其余为行政人员。劳伦斯国家实验室的首席科学家不是一般的工程师，有使命感，本人也离不开平台，实验室聘用的工作人员有协议年薪作保障，也不要求项目成果，可以安心工作。

表 1-9 是美国、加拿大、日本各一所大学在水利学实验教学方面的情况比较。各学校教学情况不同，但都配备了两位实验技术人员，这应该是一个基础配置。

表 1-9　国外水利学实验教学人员情况

高校	美国加州大学戴维斯分校	加拿大阿尔伯塔大学	日本群马大学
学生人数	100	240	50
教学实验数	9	5	4
实验班人数	20	20	10
实验小组人数	2~4	2~4	2~4
实验学时	18	30	12
队伍人数	2	2	2

资料来源：《双一流建设背景下实验技术队伍规模和结构设计方案研究》（清华大学实验室管理处）。

2. 来自国内的调研

天津大学为构建适应世界一流大学的实验技术人才管理机制，全面实施分类管理，逐步深化以激励为导向的成长发展体系，对实验技术系列队伍进行重新规划，建设以教学平台为基础，以校院两级公共服务平台为核心的实验技术队伍。其岗位分类情况如表 1-10 所示。

表1-10　天津大学实验技术队伍岗位分类

岗位名称	人员范围	岗位职责
实验教学类	各实验教学中心承担实验教学任务人员	应以承担与人才培养相关的实验实践教学任务、实验教改研究为主
公共技术服务类	校院两级公共技术服务平台人员，服务全校多媒体及计算机教学、信息与网络建设人员	侧重仪器分析测试、仪器设备管理利用与功能开发、技术改造，全校多媒体、网络建设维护等方面工作
实验室建设与管理类	学院（所、中心）不从事实验教学或公共技术服务的人员	侧重实验室环安卫建设，实验设备设施的合理规划与布局、仪器设备管理、实验室数据上报等方面工作

资料来源：《双一流建设背景下实验技术队伍规模和结构设计方案研究》（清华大学实验室管理处）。

院级实验技术系列人员总编制：

$$A = A_1 + A_2 + A_3 + A_4$$

其中：A_1 为实验教学编制，$A_1 = k \times (\sum_{i=1}^{n} M_i N_i E_i / C)$。M、N 分别为某个实验课时数和参加学生人数，n 为实验个数，E 为修正量；C = 12960，为每位实验技术人员年工作定额（6 小时 × 4 天 × 36 周 × 15 生 = 12960）；k 为权重系数，根据各学院学科分类不同。

A_2 为实验室管理编制，如表1-11所示，实验室类别不同管理编制也不同。

表1-11　实验室管理编制代码

实验室类别	管理编制代码
国家级	2.0
教育部级	1.0
省级	0.5

资料来源：《双一流建设背景下实验技术队伍规模和结构设计方案研究》（清华大学实验室管理处）。

A_3 为实验教学中心主任编制，A_3 = 实验教学中心个数 × 0.5。

A_4 为公共服务平台编制，根据院级平台和校级平台不同，带编制人数也不同。

东南大学实验技术队伍基本岗位如表1-12所示。

表 1－12   东南大学实验技术队伍基本岗位

序号	岗位名称
1	实验教学主讲教师岗
2	实验教学技术辅助岗（实验指导、随堂辅助、技术准备）
3	学生课外研学指导岗
4	实验技术发展引领岗（研制自制教学科研仪器设备、开放新功能、出台新标准）
5	实验技术测试岗（包含设备维护和资产管理）
6	技术安全与环境保障

资料来源：《双一流建设背景下实验技术队伍规模和结构设计方案研究》（清华大学实验室管理处）。

3. 实验教学中心和科研条件平台的资源三集中原则

实验场所集中、人员管理集中、财务收支集中是实验教学中心和科研条件平台的资源三集中原则，由依托单位直接负责，不与任何研究所、课题组发生管理和薪酬关系。实验教学岗位控制规模原则上按如下规则计算：

（1）岗位年总工作时间为 220 天，计 1760 小时。

（2）岗位实际实验教学工作量为 1120 小时，其余时间为实验教学研究及实验室建设与管理工作量。

（3）实验教学包括实验教学课程和环节教学、指导 SRT、指导课外科技活动、实验室开放课等方面，实际工作量按如下规则认定：

1）注册中心认定的实验教学课程和环节实际教学过程所需学时原则上按照课内外 1∶1 配比计算。

2）指导 SRT 工作量按注册中心认定的学时数计算。

3）指导课外科技活动工作量按校团委认定的学时数计算。

4）实验教学中心组织实验资源，搭建系列实验项目，设置实验室开放课，供学生预约开展实验活动，以管理系统计时为基础，原则上按照课内外 1∶1 配比计算。

（4）由于专业不同导致课程差异大，岗位职责不相容的，按照表 1－13 计算增量。

表 1－13   不同专业增配岗位数计算方法   单位：个

注册中心认定的课程总数 - 基于工作量计算的岗位数 ×6	增配岗位数
3~9	1
10~27	2
28 以上	3

资料来源：《双一流建设背景下实验技术队伍规模和结构设计方案研究》（清华大学实验室管理处）。

实验教学中心应在控制规模范围内设岗，岗位平均实际实验教学工作量应达到1120学时，由于岗位职责不相容不能达到的，应提供实验教学条件和规律方面确实的证据。

科研条件平台岗位控制规模原则上按如下规则计算：

1）岗位年总工作时间为220天，计1760小时。

2）岗位实际实验工作量为1400小时，其余时间为分析测试研究及平台建设与管理工作量。

3）设备实际实验操作时间按设备运行机时×（设备运行人工操作占比＋实验准备人工操作配比＋后处理人工操作配比）计算。其中，设备运行人工操作占比指设备运行期间需要人工操作的时间占运行时间的平均比例；实验准备人工操作配比指实验准备期间需要人工操作的时间与设备运行时间的平均比例；后处理人工操作配比指实验后处理期间需要人工操作的时间与设备运行时间的平均比例。

4）由于存在培训用户操作的情况，每个岗位负责的实际实验工作量以1400小时的2倍，即2800小时设备实际实验操作时间为满工作量。

5）由于设备不同导致实验技术差异大，岗位职责不相容的，按照表1－14计算增量。

表1－14　不同设备增配岗位数计算方法　　　　　　　　单位：个

设备台套数 – 基于实际实验工作量计算岗位数×2	增配岗位数
2～5	1
6～12	2
13以上	3

资料来源：《双一流建设背景下实验技术队伍规模和结构设计方案研究》（清华大学实验室管理处）。

6）岗位基本规模按以上所示计算，院系级平台学校岗位控制规模按50%计算。

科研条件平台应在控制规模范围内设岗，岗位平均设备实际实验操作时间应达到2800小时，由于岗位职责不相容不能达到的，应提供实验设备和技术方面确实的证据。

4. 稳定高水平实验技术队伍的激励机制建设

为了稳定高水平、高素质实验技术队伍，采取了一系列措施，建立了一套较为完整的激励体系。这些措施主要包括：

（1）设立专项研究，增强实验技术队伍的价值感。实验教学资源是人才培养的重要基础条件，为引导和支持实验技术人员开展实验教学和实验技术研究，设立实验室创新基金项目、实验教学优质资源建设项目、实验教学改革项目等专项研究。有了校方的认可和资金支持，实验技术人员可以静下心来开展实验教学研究，可以更好开展科研研究和人才培养，自身的价值也得以充分体现。

（2）开展研修培训，增强实验技术队伍的归属感。实验技术队伍是推进实验技术研发、工艺创新、大型仪器设备功能开发的重要人才，应不断学习交流，以提升自身能力和素质。后续人事部门会考虑建立实验技术骨干海外研修计划、校级平台系列实验技术培训，为实验技术人员学习交流提供平台。

（3）建立荣誉奖励，增强实验技术队伍的荣誉感。实践表明，荣誉奖励是一种非常有效的激励方式。针对实验室人员，可以设立多个荣誉奖，包括实验室建设与管理集体奖、实验室建设与管理个人奖、优秀实验技术人员奖、实验技术成果奖、实验室建设贡献奖和大型仪器设备使用效益奖等奖项。这些奖项是对实验技术人员在本职岗位、实验技术开发和实验室管理等工作成绩的认可，能够进一步发掘实验技术人员的内驱力，自动自发地在本职岗位上建功立业。

本书调研了实验室创新基金项目在提高实验技术人员工作热情和积极性方面的作用机理，结论如下：

（1）提升队伍定位，坚定人员信心。实验室创新基金项目为实验技术人员提供了支持，使其在工作岗位上也可以做研究，彻底打破"重复操作员"的条框。同时涌现出很多技术先进有特色，在实验教学和测试服务中应用效果突出或具有很好应用前景的项目。这些成果是实验技术人员用心开展科学研究的体现，也是对他们能力的肯定，这对坚定其信心、激发工作热情大有助益。

（2）学生直接受益，成就感强。人才培养始终是从事研究生教育高校的核心使命，实验室创新基金项目自设立起就一直秉持向实验教学项目倾斜的原则，由此实验室创新基金涌现了一批被实验教学广泛应用并受到众多研究生好评的成果。教师的天职是培养学生，自己的研究成果能够应用于学生培养并受到学生的欢迎所带来的成就感是其他任何奖励都无法相比的。

（3）资助范围广，人人都有机会。实验室创新基金项目涵盖实验室工作的各个方面，实验教学项目设计、实验技术研究、实验平台搭建、实验设备研制、实验装置改造、实验室管理等，不同工作职责的实验技术人员均可申报。虽然申报项目有技术要求、创新点要求，但其初衷是为了鼓励实验技术人员自觉开发实验技术、实验教学项目，推进实验技术队伍建设设立的，只要在工作中用心、善于总结思考，都有机会申请到资助，这也是能调动积极性、受到欢迎的重要原因。

（4）鼓励配套经费支持，以点带面。实验室创新基金明确在学校资助的基础上，接受社会各界的捐赠和申报人所在研究院（学部）配套经费的支持。实验室创新基金不仅只是为每个入选项目提供几万元或十几万元的资金支持，更重要的是对实验技术人员研究思路和能力的认可和肯定，为他们寻求其他帮助或合作提供"筹码""把手"，很多申请者笑称实验室创新基金给他们提供了"化缘用的钵"。配套经费支持政策打破基金固有经费的限制，多方的经费、资源支持有利于实验室教师静下心来将研究做得更深入、更细致。

（5）实验室创新基金项目持续推进的建议：坚持鼓励为主，兼具技术和创新性要求；进一步加大支持力度，使好的项目尽早受益；支持实验技术人员从事一定的研究工作，为高校稳定实验技术队伍提供参考。

5. 工程实验技术队伍改革思路和体系建设

清华大学工程实验技术队伍岗位分为三个系列，依次为实验技术系列、工程系列和试验发展系列。改革的思路：①根据改革和发展需求，科学设置岗位；②按照岗位要求，实施聘用和评价；③以岗位为核心，建立科学的激励体系；④突出专业化、职业化，设计发展体系。

为此，建立和完善了人力资源管理的四个体系：岗位体系、评价体系、激励体系和发展体系。依据岗位职责要求和履职所需条件对岗位进行分类。建立岗位体系主要包括：岗位设置；设岗方案的管理；岗位描述；岗位聘用等。如表 1 – 15 所示，在人事处制定的薪酬体系基本框架下，确定实验技术队伍薪酬额度方案（见图 1 – 12）：①岗位薪酬额度依据岗位评估确定额度区间，依据岗位资质要求和上岗人员资质能力确定额度点；②薪酬结构分为保障性薪酬（70%）和激励性薪酬（0～30%）；③学校依据岗位评估和团队考核确定薪酬总额度，院系薪酬委员会依据履职情况分配激励性薪酬和奖励薪酬。

表 1 – 15 薪酬体系基本框架

岗位工资	薪级工资	绩效工资					津贴、补贴
		基础性绩效工资			奖励性绩效工资		
体现职工所聘岗位的职责和要求	体现职工的工作表现和资历	岗位津贴	职务津贴	岗位绩效奖	年终综合奖	单项奖	
		主要体现对职工的持续性、稳定性的激励作用			体现阶段性、一次性的激励作用		

资料来源:《双一流建设背景下实验技术队伍规模和结构设计方案研究》（清华大学实验室管理处）。

评价体系：单位考核和个人考核，年度考核和聘期考核。年度考核结果分为：优秀（10%）、良好、合格、不合格（连续两次考核不合格解聘）。聘期考核结果分为合格和不合格。

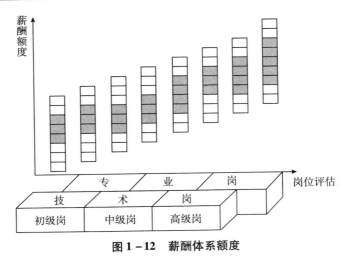

图 1-12　薪酬体系额度

资料来源：《双一流建设背景下实验技术队伍规模和结构设计方案研究》（清华大学实验室管理处）。

发展体系：职位晋升和岗位发展是重要的组成部分。学校以及院系建立培训体系和制度，实现个人发展与学校事业发展相促进。

（二）国际研究生院工程实验技术人员的改革

以上研究主要基于清华大学总部实验技术人员的工作机制和调研结果，不同的高校机制不同，任务定位有差异，工程实验专技人员的改革目标也有所不同，清华大学深圳国际研究生院工程实验技术人员队伍改革方案如下：

1. 改革背景

工程实验技术人才是学校和科研机构人才队伍的重要组成部分，是推动科学技术研究和教学工作，加强科技实践与创新的重要力量。为深入实施清华大学深圳国际研究生院（以下简称 SIGS）职工人事制度改革，进一步完善岗位设置管理制度，促进人力资源的合理配置和专业技术人员结构的不断优化，拓宽工程实验技术人才职业发展通道，激发工程实验技术人才创新创造活力，根据人力资源社会保障部与教育部《关于深化实验技术人才职称制度改革的指导意见（征求意见稿）》精神和清华大学相关人事规定，结合 SIGS 实际情况，制定了相应的管理办法。

2. 岗位设置

工程实验技术岗位是指运用自己所掌握的专业知识、特定技能和操作经验，为学院教学、科研和人才培养工作提供专业支持和技术支撑的岗位。工程实验技术岗位分系列设置，主要设置实验技术系列、工程系列和试验发展系列。

工程实验技术岗位分系列聘用。院经费岗位包括实验技术系列和工程系列，按照"总量控制、按需设岗、公开招聘、择优聘任、严格考核、聘期管理"的原则进行聘用。

在符合学校相关规定的前提下，依据 SIGS 工程实验技术队伍建设的总体规划，在综合分析工作目标、任务和队伍结构等情况的基础上，针对各技术系列的不同特点，分系列研究制定岗位设置方案，确定聘用岗位职数，报院务会批准执行。

（1）实验技术系列：主要为承担实验教学、科研条件平台测试服务或实验室安全技术工作的岗位，如有机化学实验教学、冷冻电镜测试等。根据实验教学和科学研究开发任务需要，具体分析实验技术系列队伍结构进行相关岗位设置。

（2）第六条工程系列：根据大型设备（仪器）的研制、维护和运行，信息系统开发、网络系统运行维护等以及重大科研任务的技术需要，具体分析工程技术系列队伍结构等情况进行相关岗位设置。

（3）试验发展系列：主要为承担研究院或 PI 科研项目研究辅助工作的岗位，如研究院或 PI 自聘的科研助理岗等。

SIGS 工程实验技术人才职称设初级、中级、高级，初级分设员级和助理级。员级、助理级、中级、高级职称名称依次为实验员/技术员、助理实验师/助理工程师、实验师/工程师、高级实验师/高级工程师。学院暂不设正高级实验师/正高级工程师岗位。

SIGS 科研条件支撑平台分为两级。一级平台为服务于全院的院级公共服务平台，二级平台为服务于"6 + 1"学科集群所属各研究院的公共服务平台。这两级平台均执行资源三集中原则：实验场所集中、专业技术人员申报聘用并管理集中、财务收支集中。平台由院科研处直接负责管理，各研究院配合协同管理。

3. 聘用条件

应聘者必须具备的基本条件：遵守《中华人民共和国宪法》和其他法律法规，遵守学校规章制度。热爱本职工作，具有良好的思想品德和职业道德，爱岗敬业，全心全意为教学科研和社会服务。具备履行岗位职责的能力，在工程实验技术岗位一线工作，切实履行岗位职责和义务，并达到考核要求。满足工程实验技术岗位所需要的专业、技能条件和身心健康要求。

工程实验技术岗位相应专业技术职务的基本聘用条件，除必须达到上述基本条件外，还应分别具备以下条件：

（1）实验员/技术员：

1）熟悉并能够运用本专业的基础理论知识和专业技术知识，有一定的实验技能和实践经验，能完成一般性技术工作。

2）承担本单位实验室建设与管理工作，参与本单位团队及学科建设和其他社会服务工作。

3）具有本科及以上学历或学士及以上学位，特别优秀者可放宽至大专学历，在相关专业岗位工作满1年并考核合格。

（2）助理实验师/助理工程师：

1）掌握并能够运用本专业基础理论和专业技术知识，有一定的实验技能和实践经验，能独立完成一般性技术工作。熟练使用与工作相关的仪器设备，能对一般仪器设备的日常故障进行诊断和维修，承担比较复杂仪器设备的技术管理。能够参与实验技术、实验教学或实验管理项目，较好地完成实验任务，撰写实验报告。

2）具有指导和培训实验员的能力。

3）承担本单位实验室建设与管理工作，参与本单位团队及学科建设和其他社会服务工作。

4）具有硕士学位；或具有本科学历或学士学位，在相关专业岗位工作满1年；特别优秀者可放宽至大专学历，取得相关专业岗位员级职称后从事实验岗位工作满2年。

（3）实验师/工程师：

1）熟练掌握并能够灵活运用本专业基础理论知识和专业技术知识，了解本专业新技术、新工艺、新设备、新材料的现状和发展趋势，解决本专业范围内实验技术问题；或参与实验课程教学或指导课程实验，且教学效果良好。

2）参与重要实验项目；或发表相关实验研究或技术论文；或撰写较高水平实验报告；或参与编写实验教材、实验指导书；或负责实验室精密仪器设备的调试、维护和检修等。

3）具有指导和培训助理实验师的能力。

4）承担本单位实验室建设与管理工作，参与本单位团队及学科建设和其他社会服务工作。

5）具有博士学位；或具有硕士学位，从事实验工作满3年；或具有本科学历或学士学位，取得相关专业岗位助理级职称后从事实验工作满4年，特别优秀者可放宽至大专学历。

（4）高级实验师/高级工程师：

1）具有坚定的职业信念，在教学科研支撑、人才培养以及社会服务上做出了重要贡献，具有较强的实验创新能力，取得较突出的实验业绩成果。

2）系统掌握专业基础理论知识和专业技术知识，具有跟踪本专业岗位领域国内外实验技术现状和发展趋势，解决本专业领域的关键性实验技术问题的能力。实验教学人员须系统掌握实验教学课程体系和专业知识，讲授实验教学课程或实际指导实验，教学效果优良。

3）主要参与重要实验项目，或发表较高水平的相关实验研究或技术论文；或掌握大型仪器设备的操作与维护，明确判断仪器设备故障，改进操作方法，解决关键问题；或作为主要成员制定国家、行业或地方标准；或获得重要科技成果奖或教学成果奖；或作为主要参加者出版实验技术相关教材并被若干科研院所或学校使用等。

4）培养本专业岗位中、初级实验技术人才，提高其技术能力和工作水平，指导开展实验与实践。

5）承担本单位实验室建设与管理工作，参与本单位团队及学科建设和其他社会服务工作。

6）具有博士学位，并在实验师/工程师岗位工作满2年；或具有本科及以上学历或学士及以上学位，并在实验师/工程师岗位工作满5年。

7）要求取得相关专业岗位高级职称。

其他应聘的条件，包括工程技术能力和项目、成果，实验技术能力和工作量、成果以及其他方面的要求，根据学科特点和要求研究制定，并公布执行。

4. 聘用组织及聘任流程

（1）符合条件的应聘人员首先应参加对应学科评议组的首轮面试，答辩通过后方可进入工程实验技术岗位专业技术职务聘用委员会评议。

（2）SIGS成立工程实验技术岗位专业技术职务聘用委员会（以下简称"聘用委员会"）。聘用委员会由SIGS相关院领导，相关领域具有实验室管理经验的专家代表，科研处、培养处和人事办相关负责人组成。聘用委员会参照各类岗位的资格条件，根据岗位职责需要，对候选人的道德水平、专业知识、业务能力、工作技能等进行综合考评，并向院务会推荐拟聘人选。

（3）完成获批和公示环节后，SIGS与聘用人员按照有关法律、政策和本规定的要求，在平等自愿、协商一致的基础上，签订书面合同，明确双方权利义务，实行契约管理，合同的签订、变更、解除等事宜按照SIGS相关规定执行。

（4）SIGS制定符合实际的职位结构、晋升标准和晋升程序。SIGS根据不同岗位的要求，编制培训计划，开展分级分类培训，聘用人员应当按照所在岗位的要求，参加岗前培训、在岗培训、转岗培训和为完成特定任务的专项培训。

总之，清华大学深圳国际研究生院由于实验技术队伍改革滞后于机关部处改革和二级教学科研单位的行政人事改革，逐步出现了岗责不清、结构单一、主人翁责任感下降、流动性大等问题，亟须重新规划，变革机制，加强职工队伍建设，但是工程师系列的工作量测算无论在结构上还是数据来源上都非常复杂，因而需要把握测算好颗粒度的精细程度，同时与反馈控制方案结合考虑。

目前，国际研究生院在实验技术队伍改革方面取得的主要成果包括：调研了多所国内外大学科研条件平台和教学实验室的人员配置情况，获得了基本数据，形成了调研报告；调研分析了国际研究生院现有实验技术系列职工的情况，获得了人员分类和履职信息，分析了存在的问题；针对岗位设置原则和方法做了文献调研，基于数据拟合方法提出了实验教学和科研条件岗位规模模型，设计了控制机制；提出一套基于工作量计算的队伍规模测控和结构设计方法，正应用在工程实验技术队伍改革中；设立专项研究、开展研修培训、建立荣誉奖励，增强实验技术队伍的价值感、归属感和荣誉感，以此来稳定高水平实验技术队伍；和人事办共同研究制定工程实验技术队伍改革思路、岗位体系、薪酬体系、评价体系和发展体系。

第四节　业务流程再造

业务流程再造（Business Process Re‐engineering，BPR）是 20 世纪 90 年代由美国 MIT 教授迈克尔·哈默（Michael Hammer）和 CSC 管理顾问公司董事长钱皮（James Champy）提出的，迈克尔·哈默将业务流程再造定义为："对企业业务流程进行根本性的再思考和彻底性的再设计，使企业在成本、质量、服务和速度等衡量企业绩效的关键指标上取得显著性的进展。"其实质是对业务流程进行彻底的再设计，以达到战略目标的重要变革手段。

在国际上面向高等教育领域，对于业务流程进行优化和管理早有非常丰富的实践经验，如：MIT 校长维斯特开展了"再造 MIT"计划，最终实现了每年节省4000 万美元的管理成本，用以提高教学质量，同时也提出要想继续保持 MIT 在学术上的领先地位，必须根据内外环境的变化，不断给自己施压，通过引进和吸收各种管理思想和方法作出相应改变；加州伯克利大学设立专门的 BPM 办公室（Business Process Management Office）负责项目管理、流程改进、指标报告以及组织变革管理等服务，其与校园信息建设相互呼应，共同提升加州伯克利大学的服务水平与行政效率。

清华大学深圳国际研究生院作为清华大学与深圳携手建设的一所以世界一

流为目标的研究生院，面向全球延揽一流师资，面向全球遴选优秀生源，通过高层次的国际合作、高水平的人才培养和高质量的创新实践，对探索创新人才培养方式有着较为迫切的需求。不管是配合清华大学深圳国际研究生院战略发展规划以及"国际化、开放式、创新型"办学理念的落实，学习与借鉴国际标杆院校的最佳实践，诊断自身现状，提升国际化办学水平；发展清华大学深圳国际研究生院"6+1"主题领域，落实创新项目制培养方式，还是解决新形势下疫情防控的要求，通过多种渠道实现业务管理及师生服务逐渐成为常态的问题等，都需要清华大学深圳国际研究生院从组织到流程不断进行自我梳理、优化与迭代。

总之，充分结合世界一流大学业务流程管理的先进经验和最新发展趋势，对现有面向全校学生和教师的业务流程进行梳理、分析和评估。同时，为后续智慧校园提供重要参考，通过对业务流程的梳理，对标国际优秀案例，并配合系统的使用落实，不断优化业务流程，打造教师和学生最直接的良好体验，促进清华大学深圳国际研究生院实现学术卓越是本次业务流程再造的意义。

一、建设目标与价值

（一）切实落实办学理念

首先，SIGS 办学理念需要对现有业务流程进行梳理与优化。其中，"国际化"指的是与国际一流高校和机构开展广泛而深入的合作，着眼全球重大挑战问题的研究，提高学生的全球胜任力；师三组成、培养过程、校园建设、治理体系高度国际化。"开放式"指的是校园开放，资源共享，深度融入城市发展；教学开放，校企共同参与教学和人才培养项目设计，协同发展；组织架构开放，打破院系和学科边界，支持多学科交叉与融合。"创新型"指的是积极探索符合中国实际的世界一流的研究生教育新思路、新机制和新模式，在构建国际化的治理体系和运行机制、探索政产学研互动合作新模式、重塑研究生教育等方面开拓创新。

SLGS 基于对办学理念充分理解的基础上，结合具体业务流程梳理目标进行拆解，对"国际化、开放式、创新型"办学理念的落实体现见图 1-13："国际化"理念落地重点体现在两个方面。一是治理水平国际化，需要学习与借鉴国际化标准及高效学术治理和行政支持体系。二是服务水平国际化，需要优化师生体验，吸纳全球优秀师生。"开放式"理念落地重点体现在两个方面。一是面向校外需要标准化资源管理流程，打通资源平台，促进产学研结合，二是面向校内，需要从师生角度出发，优化部门之间、与大学城的协同与配合。"创新型"理念落地重点体现在两方面。一是注重培养方式创新，需要落实"6+1"主题领域，落实项目制的培养方式，二是要注重管理方式的创新，需配合项目制的培养方式，从"职能型"管理模式向"矩阵式"服务模式转变。

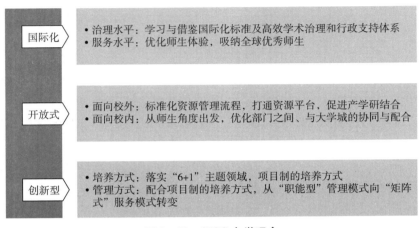

图1-13 SIGS办学理念

资料来源：方略研究院。

(二) 配合智慧校园建设实施

智慧校园的建设和发展是教育领域发展变革的趋势，有利于推动教育信息化的发展，有利于形成灵活多样的教学和学习方式，有利于培养高素质人才，有利于提高办学水平和优化学校管理，智慧校园的建设和发展能够适应新时期网络技术的发展、社会的需要，以及学校管理、教学改革等方面的需要。

流程梳理与优化是智慧校园应用系统建设的重要前提。科学合理的业务流程为后续智慧校园等信息化建设工作提供有效的指导。要分析现有业务部门的业务流程和工作目标，进行业务部门内部以及部门之间的业务流程重组，充分发挥智慧校园优势，有效地利用好资源。智慧校园应用系统是落实业务流程的技术手段，是对业务流程的一种固化、标准化、自动化。

对于SIGS现有的面向师生的复杂的业务流程现状进行梳理，结合国际一流先进管理案例实践经验，从管理视角统筹对现有的业务流程进行科学合理的再规划和再设计，形成相对规整的业务流程描述。在此基础上，通过IT系统的建设，配合对再造的业务流程进行固化落实，提高流程效率，进而为师生提供良好的体验（见图1-14）。

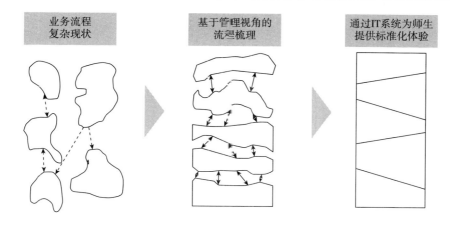

图 1 - 14 流程梳理与优化对于智慧校园应用系统的作用

资料来源：方略研究院。

（三）支持学院管理与服务工作

流程梳理对一个组织目前工作和持续发展都具有重要的意义。首先，对业务流程进行梳理，可以使相关业务人员、IT 人员进行有效沟通，绘制的流程图是沟通载体和工作依据，是快速了解现有业务流程的重要方法；其次，通过对业务流程进行梳理，可以快速识别各团队角色对工作过程理解的冲突、识别理解分歧；再次，对业务流程梳理后制作的业务流程图，是组织的重要资产，防止由于个别员工的离职而导致工作混乱，也是新员工快速了解组织业务的重要资料；最后，业务流程梳理也是组织业务流程持续优化、流程变更的基础和起点。

流程梳理与优化的成果对 SIGS 管理与服务工作整体层面的效用主要体现在：部门内通过对流程进行梳理，并绘制流程图，可以形成对业务更加直观的表达，形成标准化工作流程（SOP），对于部门内部员工培训与组织发展都大有裨益；在部门间目前很多业务流程是跨部门配合的，通过清晰化展示的业务流程图，有助于部门间理解整个流程范围和步骤，方便部门间彼此进行高效协同与配合，降低沟通频次，提高沟通效率；在面向师生群体时工作流程的透明化以及清晰的操作步骤，可以让师生直观地了解全部业务环节和所涉及的业务部门，提高师生的办事效率，减少工作和学习困难，这对于提升师生服务体验具有很重要的作用。

总之，通过对 SIGS 现有面向师生的业务流程进行梳理和优化，有助于形成 SIGS 持续改善的能力，助力 SIGS 未来构建学习型组织。

二、建设内容

（一）重点梳理与优化涉及学生和教师的主要服务领域

面向师生的业务范围，主要包括基于教师和学生全生命周期的服务领域（见图 1－15）。其中，面向学生的主要服务领域或环节包括：招生录取、迎新注册、财务缴费、课程学习、科研实践、胜任力培养、校园生活、职业发展、校友网络、终身学习。面向教师的主要服务领域或环节包括：人才定位、招聘面试、入职流程、合同人事、教学授课、科研论文、公共服务、学生指导、经费报销、考核评价、离职退休。此外，由师生服务中心和 BPM 办公室为师生提供统一的办事服务。整个面向师生的业务流程运作需要财务费控、科研管理、人力资源、学科建设作相关支持。

图 1－15　面向师生全生命周期流程范围示意图

资料来源：方略研究院。

根据学院的实际情况，清华大学深圳国际研究生院教师和学生"入口—过程—出口"全链条的业务流程的范围如下：

面向教师的业务流程包括：招聘、入职、教学教务、科研管理、教师行政/人事、教师发展、信息服务与宣传、采购与资产管理、离职与退休。

面向学生的业务流程包括：招生、入学、教学教务、研工、科研、创新创业、毕业离校、校友、校园生活。

（二）助力SIGS解决面向职员的胜任力培训工作

全球化大背景下，面向解决职员工作内容、方式方法的工作胜任力提升非常必要。通过系列工作坊活动组织，一方面可以帮助职员加深对国际一流高校的理解、拓宽认知、掌握技能技巧、为个人长远发展赋能；另一方面，通过面向职员进行胜任力的专业培训，可以自下而上地为学院的建设提供理念和实践支撑。

工作坊主题的设计注重系统性和灵活性相结合。开展通用工作坊：从价值层面、能力层面、知识层面等层级模块切入，进行理念宣贯，帮助职员形成通用认知，提升教职员工的国际视野。开展主题工作坊：根据职员普遍遇到的具体问题以及反馈的需求，形成特色主题。结合具体业务场景，解决职员实际工作中遇到的具体问题。

此外，工作坊还秉持认知、能力与技能并重的理念。可采用现场交流、实操演练、补充阅读等多种方式进行，便于职员通过系列工作坊的参与，全方位提升工作胜任力，助力落实梳理后的业务流程，优化流程重塑。

（三）建立信息发布与反馈渠道，形成持续优化能力

通过微信号、网站等技术手段，将流程文档更加生动和便捷地展现，便于部门内外的交流与分享；通过该在线平台的建立，支持学生及教师在线查看业务流程、重要事项及问题说明。同时，还可以通过便捷化分享，加强职员内部、跨部门之间的联系、交流与互动。

建立信息通知与重要事件发布推送渠道，支持对于重要事项自动化信息通知与发布功能，便于教职员更加及时地掌握信息。

面向职员，通过在线调查、问卷反馈等手段，采集意见反馈，及时总结业务流程存在的问题，并结合业务实际发生需求情况，制定更加有效的流程，同时对流程进行简化和优化，能够避免工作中的反复，提高流程运转效率形成流程优化的解决方案，不断推动业务流程的持续优化，提升师生满意度。

（四）提供国际一流业务实践案例，构建学习型组织

为职员提供优质的学习资源，并建立学习资源库，按照不同的业务流程的类型，组织学习资料库与知识汇编，提供在线订阅。在线数据订阅可以将数据进行统一的分类汇总，按照一定的机制打包分发给数据订阅者，实现数据共享。数据订阅服务主要包含以下几个关键要素：

数据源：数据源的内容可以是各个业务系统本身的数据，或者是一些第三方系统的数据，如高校场景中的一些资讯、案例等；数据抓取：从数据源实时抓取数据内容，分类存储到数据库；数据订阅：提供第三方订阅调用接口，第三方系统发起调用请求后，数据订阅生成订阅列表和订阅关系，记录第三方的名称、订

阅项、采用的网络链接特征信息等；数据分发：按照一定的规范和标准，处理订阅请求，分发用户订阅的内容。

通过该平台的搭建，充分整合校内优质的学习资源，结合外部资源的整合推荐，汇聚优质的服务内容，为职员推送可供参考和借鉴的优秀案例与最佳实践，帮助职员更好地提升胜任力。案例部分可分为国内案例和国外案例两部分：国内案例主要通过搜集国内优秀的管理服务案例，为职员提供更加符合国内实际情况，面向国内师生需求的最直接的借鉴案例；国外案例则通过从全网搜集或通过深入研究国际一流高校相关案例，为职员提供更广泛的国际领先的实践管理和服务经验参考。

三、梳理与优化的方案

业务是由一个个流程组成的，优化一个组织的业务实际就是对其流程进行不断的优化。如表1－16所示，业务流程所包含的核心要素主要有三方面：一是流程图，便于梳理各环节所对应的职能部门；二是流程标准操作；三是流程绩效。因此，对业务流程进行系统的梳理有几方面的效用：有助于明确权责；对业务进行标准化，便于业务实施与交接（best practice）；可以在已有流程的基础上不断进行迭代和优化。

表1－16　流程核心内容

流程核心内容	流程再造的价值产出
流程图	厘清职责
流程标准操作	知识积累
流程绩效	效率提升、降低风险、产生效益、提升服务

资料来源：方略研究院。

（一）方法论与结构化分析框架

如图1－16所示，业务流程梳理与分析具体包括：①基于学院办学理念，明确师生的服务需求，统筹考虑学院办学理念、优化学院管理体系、提高校园治理水平、整合学校现有资源，等等，在此基础上，匹配面向师生服务的重点需求；②识别师生生命周期全流程，从师生"入口—过程—出口"全链条业务管理及服务视角，识别面向师生的服务领域范围，即所涉及的师生各级业务流程范围；③定义师生流程所依托的服务与管理部门，基于以上业务流程范围，明晰各环节所涉及或依托到的管理与服务部门，即各流程环节由谁管理或负责落实；④差距和机会分析，根据所描述出的流程现状，识别出流程中存在的需要解决或优化的问题或困境；⑤制定变革路线，基于对业务流程现状的描述，以及存在的问题或难点，通过落实办学理念以及借鉴对标国际一流高校实践经验，找到合理的规划路径，最终达成流程优化的目的。

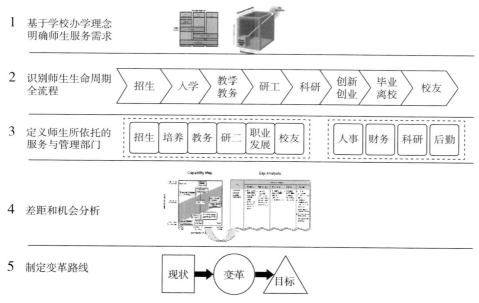

1 基于学校办学理念明确师生服务需求

2 识别师生生命周期全流程

招生 〉 入学 〉 教学教务 〉 研工 〉 科研 〉 创新创业 〉 毕业离校 〉 校友

3 定义师生所依托的服务与管理部门

招生 培养 教务 研二 职业发展 校友 人事 财务 科研 后勤

4 差距和机会分析

5 制定变革路线

现状 → 变革 → 目标

图1-16 业务流程分析框架及逻辑设计

资料来源：方略研究院。

（二）识别业务流程中包含的信息

如图1-17所示，一个完整的业务流程应该包含以下几个方面的信息：①谁：谁在组织中？②什么：他们在做什么？③如何：他们如何工作？如何把所需信息集成起来？如何使这些信息发挥最佳作用？④什么资源：可用的资源有什么？如何进行衡量并建立一个标准？⑤信息技术：需要哪些系统提供配套的支持或服务？

（三）描述业务流程

为清晰地表达业务流程中包含的信息，需要从组织、数据、功能、流程、资源等不同维度来分析、描述梳理各个流程。如图1-18所示，包括以下几方面的描述：功能维度（Functions）：指业务流程执行所涉及的一些功能；数据维度（Data）：是指业务所涉及的需要记录和传递的数据、表单等；组织单元维度（Organizational units）：指对相关流程涉及的现有组织、参与者、角色与职位的梳理；事件维度（Events）：是指数据、功能和组织之间的连接，包括业务触发的顺序等；资源维度（Resources）：是指业务流程启动需要的相关资源；服务/产品维度（Services / Products）：是指业务流程执行过程中，需要提供哪些产品或服务。

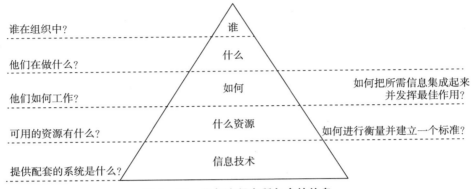

图 1-17　业务流程中所包含的信息

资料来源：方略研究院。

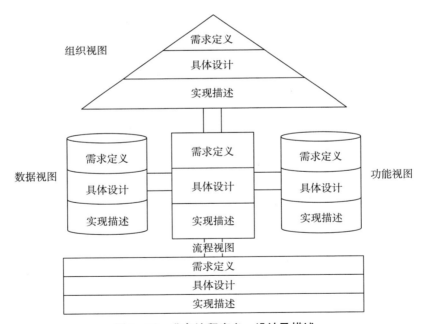

图 1-18　业务流程定义、设计及描述

资料来源：方略研究院。

（四）绘制业务流程图的工具–Visio

Microsoft Office Visio 是由 Microsoft 公司于 1992 年推出的一款基于 Windows 平台的流程图与示意图绘制软件。Visio 画图的步骤主要包括：创建图表；移动形状和调整形状的大小；添加文本；连接形状；设置形状格式；保存和打印图表。

Visio 常用描述业务流程的对象和组件如图 1 – 19 所示。

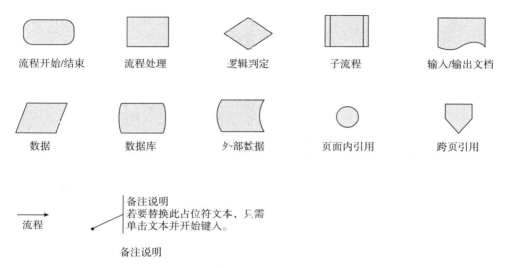

图 1 – 19 Visio 常用描述业务流程的对象和组件

资料来源：方略研究院。

（五）流程优化中的常见调研方法

流程优化中常用的调研方法有：访谈法、跟随观察法、定点观察法、投诉及建议事件分析法、满意度分析法、电话/网络调研问卷法等。具体内容描述如图 1 – 20 所示。

（六）流程优化常见的方法

通过对流程从不同的视角进行改善，达到流程优化的目的。如图 1 – 21 所示，流程优化的方法有很多，常用的方法有：①消除冗余（Elimination）：通过流程梳理，省略或删除一些其中不必要约环节，提高流程效率。该方法常用的工具包括：数据集成，即通过数据集成，减少数据多次采集；流程集成：如打通多个环节的办理流程。②自动化（Automation）：将原来分步骤或单独发生的事件，基于先进的技术或方法，变成自动化处理的一种方式，即某个任务完成后会自动启动下一个任务。如跨部门协同，将分散在各个部门的业务，基于某平台或系统，变成协同化自动管理的方式。③重新分配（Re–Allocation）：通过对现有业务流程及处理部门进行详尽分析，基于业务类型对多个任务进行拆解，并重新进行统一分发及分类处理。该方法常用的工具如通过手机端 App 提供自助办理模式；一站式服务大厅等。④简化（Facilitation）：对程序的改进，除去可取消和合并之外，余下的还可进行必要的简化，这种简化是对工作内容和处理环节本身的简化。通过对技术的方式实现对现有流程的改造，便捷化解决复杂的业务需求。常用的手段如提供一些场景化/个性化的数据，并可以方便提取；基于业务需求自动生成各类数据分析结果及报告，甚至可以实现一些预警功能。

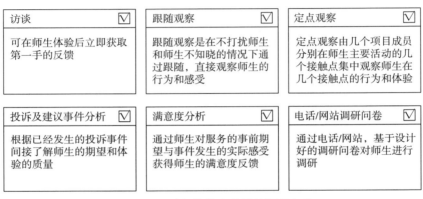

图 1 – 20　流程优化中常用的调研方法

资料来源：方略研究院。

（七）流程再造落实优先级建议

对流程的优化，不论是对流程整体的优化还是对其中部分的改进，如减少环节、改变时序，都是以提高工作质量、提高工作效率、降低成本、降低劳动强度、节约能耗等为目的。流程优化要围绕优化对象计划达到的目标进行，在现有的基础上，提出改进后的实施方案，并对其作出评价，针对评价中发现的问题，再次进行改进，直至满意后开始试行，正式实施。但受限于时间、精力、经费、资源等条件限制，需要从需求的迫切性、投资回报率两个维度，统筹考虑流程优化的优先级。如图 1 – 22 所示，①②代表第一优先级所在区域，此环节需要优化的等级最高，④⑤所在区域次之，以此类推，③所在区域，优先等级最低。

（八）国际研究生院流程再造的详细步骤说明

1. 面向学生的生命周期全流程

面向学生的生命周期全流程包括：招生、入学、教学教务、研工、科研、创新创业、毕业离校、校友、校园生活。通过对 SIGS 具体业务范围进行分析，梳理出面向学生的二级流程清单。

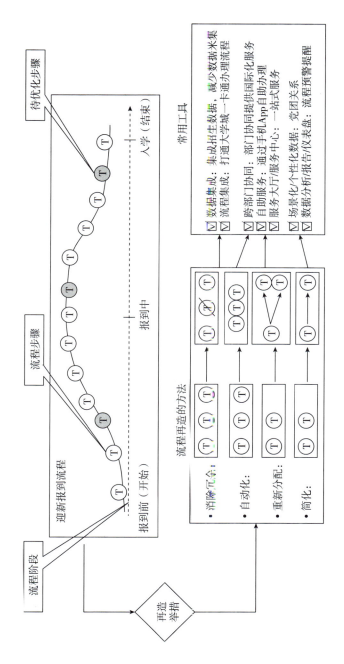

图 1 - 21　流程优化的常见方法

资料来源：方略研究院。

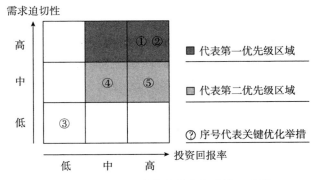

图1-22 流程再造落实优先级建议示意图

资料来源：方略研究院。

- 招生

（1）报考报名：招生计划制订、计划审批、招生信息发布、不同类型考生报名等流程。

（2）材料评审及笔/面试：考生信息收集、材料评审、准考证发放、笔试/面试管理、报名缴费等流程。

（3）录取管理：录取通知书、录取通知书发放、正式录取等流程。

（4）缴费：制定银行卡的办理与激活、线上/线下缴费、异常缴费情况处理等流程。

- 入学

（1）迎新：学生入学物料准备、入学报道、材料提交与审核、宿舍入住等流程。

（2）入学教育：课程/活动安排、考核等流程。

- 教学教务

（1）学籍异动：提出申请、信息审核、通知相关负责人、变更后信息留存等流程。

（2）交换/交流生：签署协议、学生选拔与考核、名单审批、信息留存、缴费、学分互认/成绩等级等流程。

（3）专业方向选择：导师选择、资料填写、审核、导师确定、录入系统等流程。

（4）选课：课程信息发布、选择课程、课程改选等流程。

（5）请假/考勤：提交申请、填写信息、审核、定期数据汇总、异常情况提醒等流程。

（6）考试及缓考：提交申请、审核等流程。

（7）学分互认：提出申请、考察审核、信息留存等流程。

（8）评教：课程结束后对所选课程进行评价，完成问卷等流程。

（9）实习实践：提交意向书、制定负责人、培训、评价、发放补助等流程。

（10）导师双选：导师信息发布、选择导师、导师确认、双选结束管理等流程。

（11）学业风险预警与管理：学生在校异常情况监控、通知相关负责人、学业资源支持、信息留存等流程。

（12）学位授予：提交申请、相关材料的核查与申请、审批、信息录入等流程。

●研工

（1）勤工助学/补助金：相关通知发布、提交申请、审批、发放工资/补助金等流程。

（2）奖学金：提交申请材料、材料审核、确定名单并公示、奖学金发放等流程。

（3）党团活动：活动报名、签到、考勤统计等流程。

（4）党团支部评审：评审办法的确定、发布通知、申报材料的提交与审核、答辩、评定结果上报等流程。

（5）国际胜任力：国际胜任力活动、测评、Workshop、预约管理等流程。

（6）研究生工作组：岗位招募、申请岗位、面试、考评、津贴发放等流程。

（7）学工项目：通知发布、学生报名、活动评审、津贴发放等流程。

（8）职业发展：职业规划课程、职业规划咨询与实践、企业实习信息发布等流程。

（9）心理测评：进行测评、报告反馈、异常结果预警、负责人干预等流程。

（10）心理咨询：预约、来访、心理干预、档案留存、异常情况预警等流程。

（11）公费医疗报销：报销材料准备、审核签字、复核并录入系统、报销转账等流程。

●科研

（1）Annual review：学生提交年度总结报告、导师进行评估、材料留存等流程。

（2）设备预约：提交申请、审批、设备使用、验收、缴费等流程。

●创新创业

（1）创新创业项目：活动通知发布、活动报名、活动参与、路演、评价等流程。

（2）创新创业成果：提交申请、进行审批、提供导师/资金等支持资源、项目追踪与留存等流程。

● 毕业离校

（1）毕业论文：论文选题、开题报告、论文撰写、论文学术不端行为检测、论文盲审、论文修改、论文定稿等流程。

（2）毕业答辩：组织答辩委员会、发布公告、进行答辩、答辩意见整理与提交等流程。

（3）毕业离校：向财务处/图书馆/后勤等部门确定、户籍转出、组织档案及户籍转出、领取毕业证/学位证等流程。

● 校友

（1）校友卡发放：校友卡申请、审批、发放等流程。

（2）校友活动：校友活动组织、活动信息发布、活动报名、资格审核等流程。

（3）校友导师：申请成为导师、核查与审核、审定、双选、确定学生等流程。

（4）校友选课：课程信息发布、报名、审核、成功选课通知、成绩录入等流程。

（5）校友捐赠：提出捐赠意愿、起草捐赠协议、签署协议、开具发票、举行捐赠仪式等流程。

（6）校友服务：提供校友信息传递、相互联络、寻求支持服务流程。

● 校园生活

（1）资产领用及管理：各类资产领用申请、审批、领用、归还等流程。

（2）校园安全管理：消防安全管理、实验室安全管理、宿舍安全管理、车辆进校管理、校外人员进校管理等流程。

（3）信息服务管理：网络服务支持、学生门户管理等服务流程。

2. 面向教师的生命周期全流程

面向教师的生命周期全流程清单包括：招聘、入职、教学教务、科研管理、教师行政/人事、教师发展、信息服务与宣传、采购与资产管理、离职与退休。通过对SIGS具体业务范围进行分析，初步梳理出面向教师的二级流程目录清单。

● 招聘

（1）招募推广宣传：教师招募需求计划、领导审批、信息审核、信息发布、宣传推广等流程。

（2）全球人才定位管理：全球教师人才信息定位、采集、筛选、建库、跟踪等流程。

（3）招聘及简历评审：教师简历的收集、筛选、评审等流程。

（4）面试评审流程：教师面试工作安排、面试管理、领导评审等流程。

（5）录用管理流程：拟录用教师审批、信息发布、录用过程跟踪、正式录用等流程。

●入职

（1）入职流程：教师入职准备、入职报到、体检、资格审查、入职手续、入职培训、签核归档、服务后勤准备等流程。

（2）合同签署流程：合同准备、材料核对、合同签订、合同管理等流程。

●教学教务

（1）招生面试评审流程：招生二作、面试环节、评审等流程。

（2）授课管理：教师对学生的作业、成绩、考勤管理等流程。

（3）教师开课：教师开课计划、申请、审批、开课信息发布等流程。

（4）教师评教管理：教师结课后评教信息审核、评教信息发布、评教通知管理、评教结果管理等流程。

（5）调课申请流程：教师调课需求提交、资料填写、审核、调课结束、调课通知发布等流程。

（6）导师遴选流程：申请人材料提交、初审、材料报送、核查与审核、审定、通知发布等流程。

（7）导师双选流程：导师信息发布、信息审核、名额管理、选择学生、学生确认、双选结束管理等流程。

（8）学生论文指导流程：论文选题、开题报告、论文初稿、论文修改、论文定稿管理等流程。

（9）答辩流程：答辩申请提交、答辩资格审查、答辩导师小组安排、答辩环节设计、答辩评审、答辩结果、答辩材料及数据管理等流程。

（10）考务管理：教师命题、试卷管理、考试安排与监考、评卷、成绩登录与报送等流程。

●科研管理

（1）科研项目管理与服务流程：教师科研项目申请、立项论证、组织实施、检查评估、验收鉴定、成果申报、科技推广、档案入卷等流程。

（2）专利服务流程：专利撰写、专利申请、专利审核、存档与盖章、材料办理、证书发放、成果奖励、专利保护、专利转让等流程。

（3）论文著作管理流程：论文著作信息提交、上传、审核、录入、分类与汇总等流程。

（4）各类教师获奖管理：教师获奖申报、材料审核、审批、获奖评估、类别与等级管理、信息登记与存档等流程。

（5）设备采购流程：采购申报、标准审批、采购价格管理、采购下单、采购后结算等流程。

（6）预算/经费/报销流程：预算/经费/报销的制定与调整、审核及调整审批、费用发起、材料上传、审批、材料审核或驳回、费用结算、存档等流程。

• 教师行政/人事

（1）合同管理及更新流程：教师信息核对、修改与更新、资格审查、考核、审批、聘用或解除聘用等流程。

（2）教师休假管理流程：申请与材料提交、审核与审批、工作安排、工作量核定、续假、旷工、销假等流程。

（3）课酬/劳务管理流程：申请提交、审核与审批、财务管理等流程。

（4）教师福利补助管理流程：福利使用标准、使用申请、材料提交、审批、办理等流程。

（5）日常报销流程：教师日常报销（如差旅、劳务、对公转账、各种福利费用、低值易耗品购置费、专项活动费用等）申请提交、材料提供、审批、财务报销管理、报销完成等流程。

（6）资源预定流程：资源申请提交、资源审批、资源预留、信息回执、资源使用与归还等流程。

（7）教师职业发展规划管理：教师职业发展内容、策略、所需支持、完成期限、预期结果、自我发展状况分析、目标定位与调整、阶段性评估与反馈管理等流程。

（8）出国出境：教师派出计划、申请提交、材料准备、资格审查及审定、协议签订、交纳保证金、政审、护照、签证手续办理、定期汇报、违约、回国事项管理等流程。

• 教师发展

（1）教师职业发展规划管理：教师职业发展内容、策略、所需支持、完成期限、预期结果、自我发展状况分析、目标定位与调整、阶段性评估与反馈管理等流程。

（2）教师创新创业：发布全国各级政府创新创业需求、提供所需支持、对接各级政府等流程。

• 教师评估与考核

（1）教师工作量统计与管理流程：教学任务核对、基础数据录入、教师查看与反馈、工作量核算、汇总与上报、审核、审批、备案管理等流程。

（2）年度述职/Annual Reports：述职计划与安排、述职材料提交、评审专家组织、述职环节、评审、信息记录与存档等流程。

（3）教师评估和考核流程：考评申请、教师工作信息数据采集、自评与互评、考评小组组织与实施、考评结果公布、考评结果运用等流程。

（4）档案袋管理：教师档案袋建立、管理、存储、使用等等流程管理。

● 信息服务

（1）网络/邮箱/OA 账号及服务管理：提交网络/邮箱/OA 账号申请或密保管理申请、审批、服务技术支持、离院注销等流程。

（2）公共机房管理：提交机房使用申请、审批、技术支持等流程。

（3）会议考勤打卡：提交需求、审批、设备及技术支持、人员培训等流程。

（4）短信平台：提交短信平台账号充值或密保管理申请、审批、技术支持、短信充值或密保管理等流程。

（5）域名：受理、审批院二级域名申请、变更和注销等流程。

（6）服务器资源：受理、审批、交付院实验室或部门的服务器资源申请等流程。

（7）数据资源申请：数据库账号、数据读写权限的申请流程。

（8）信息系统需求变更：信息系统需求新增、变更等流程。

（9）技术支持：受理师生在系统使用上遇到的问题，反馈处理结果的流程。

（10）门禁安防/网络等弱电网络工程实施管理：院内门禁安防改造、新增，办公室/实验室装修、改造涉及网络等弱电事项（特别是涉及网络）实施审批流程。

（11）办公室信息点，门禁，安防故障维修：出现故障的一些简单修复可否安排业主直接处理。

● 采购及资产管理

（1）采购流程：采购申报、标准审批、采购过程组织、合同审查、采购验收、资产建账、资产管理等流程。

（2）资产管理流程：资源申请提交、资源审批、资源预留、信息回执、资源使用与归还、捐赠资金的管理与使用等流程。

● 离职及退休

（1）离职管理流程：离职申请提交、负责人审批与签署、解除劳动合同、签字与盖章管理、手续办理等流程。

（2）退休管理流程：退休名单整理与通知、退休材料准备、档案核查、上报审批、工资审批、退休报到、退休证领取、退休手续办理等流程。

（3）返聘管理流程：用人部门申请、条件审核、审批、通知发布等流程。

3. 举办职员胜任力系列工作坊

为了切实贯彻国际研究生院转管理为服务的理念，全面增强职能部门对师生教学、科研和校园生活的服务能力。在业务流程梳理与优化、智慧校园相关信息化系统规划建设的同时，也同样需要从人的角度进行配套的培训和提升，以确保在新的智慧校园系统及业务流程的基础上，学院职能部门能够充分发挥其主观能动性，搭建支持学术卓越的服务体系。

（1）体系化构建工作坊系列主题。基于上述目的，国际研究生院打造职员胜任力相关评价指标体系，并根据三个主要指标分类体系化搭建工作坊的系列课程主题——价值认知系列、能力提升系列、知识分享系列，其中包括通用工作坊和主题工作坊（部分），具体如表 1－17 所示。

表 1－17　工作坊的系列课题主题

指标分类	课程主题
价值	职员胜任力为什么重要；为什么要成为学习型组织
能力	如何借助工具更好地进行工作的目标、规划及路径设定
	如何识别工作中的关键流程并加以优化
	如何借助数据的力量衡量工作效果并提升工作效率
	如何适应国际化的工作情景并提升自己的全球胜任力
	如何和 IT 部门有效地交流
知识	如何将科技与办学更好地结合，助力智慧校园建设
	防患于未然——认知数据风险和信息安全
	如何更有效地收集反馈
	如何进行对标调研

资料来源：方略研究院。

（2）组织实施工作坊详细步骤说明。需求调研：基于最终的培训目的及搭建的职员胜任力指标体系，针对不同的职能部门进行详细的沟通访谈。从而了解每个职能部门对于整个工作坊的主要问题及建议，并针对与其强相关的重点主题收集课程讲解需求及需要重点解决的疑惑和问题，以确保最终的课程主题和内容能切实满足不同职能部门的需求。

课件及资源组织：通过对需求调研结果的整理和总结，确定不同工作坊主题的整体课程设计思路及大纲，明确主要的知识点及讲解方式。通过在不同领域的丰富的研究资源，有针对性地对不同主题的课程内容及课件进行组织。力求每个主题的讲解内容都有相应的学术依据，并能结合海内外优秀案例调研进行分析说明，使主题讲解可信且生动，便于职员的学习及了解。

基于整理制作完成的不同工作坊主题课程内容及课件，召开专门的交流研讨会议。由多个教研员、导师对不同的主题进行交叉研讨，对课程材料进行充分的沟通，从各自不同的角度提出修改建议，并最终由项目负责人确定修改方向，完成修改定稿。

交流、研讨与练习：在每一次工作坊中，除了由导师对主题内容及相关案例进行充分的讲解和说明外，还会组织现场的交流及研讨环节，让大家共同提出问题、解决问题、充分沟通，从而更好地对主题内容进行吸收和掌握。针对部分主题，导师还会设计现场或课后的实操练习，以保证培训主题及内容不是纸上谈兵，可以落到实处，真正地融入到职能部门员工的工作中去。

课后效果反馈：每次工作坊之后会建立导师联系渠道，使参与培训的职员可以方便地与导师进行沟通，反馈练习情况、解答后续疑惑等，使培训不流于形式，而是真正能在后续工作过程中帮助到职能部门。

另外，每次培训之后，会设计专门的课后反馈问卷，由学院协助进行分发及回收，及时收集每一次主题的课后效果反馈。基于个性化的反馈内容会分别进行有针对性的回复，基于普遍性的问题则在后续的工作坊中及时进行调整和补充，从而及时解决大家的问题。

4. 资料与信息收集

通过学院内外部环境分析、访谈、研讨会、用户满意度调查等调研方式，同时结合学院网站及各业务部门岗位职责相关说明情况，了解 SIGS 业务流程现状，收集现有业务流程所涉及的诸如阶段、步骤、职责、数据及文档、部门等各类信息。

5. 现状（As – Is）流程分析

现状流程的分析维度包括：SIGS 业务流程各环节涉及的部门和人员分析；需要的条件/文档/数据以及产出的文档/数据；整个流程中需要涉及的步骤或动作；每一步的顺序和关系情况（且的关系还是或的关系），基于上述情况，把这些信息用"组织视图""数据视图""功能视图"和"流程视图"表达出来（见图 1 – 23），以招生工作为例：

（1）组织视图：现已有哪些组织单元？（如：招生办、教学办等）。

（2）功能视图：需要哪个功能执行？（如：信息录入、证书上传等）。

（3）数据视图：哪些信息是重要的？（如：学生、教师、职员、课程等）。

（4）流程视图：数据、功能和组织视图的连接。

6. 编制现状业务流程图及描述分析文档

业务流程梳理的过程本身就是对业务流程细化、规范化、结构化的过程，通过专业工具进行流程的表达——绘制流程图，编制业务流程描述分析文档；同时，对各类流程进行详细说明，分析与描述各类业务流程。

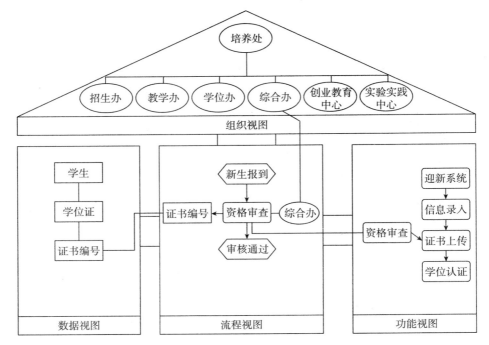

图 1-23　流程的表达与梳理框架

资料来源：方略研究院。

7. 目标（To-Be）流程设计

结合 SIGS 办学理念以及变管理为服务的教育理念，对 SIGS 现有面向全校学生和教师的业务流程进行梳理、分析和评估，准确定位问题，建立清晰的流程目标，确认关键流程，并进一步分析为实现目标可以有什么样的举措和动作。

8. 变革与持续优化方案设计

根据 SIGS 现有面向全校学生和教师的业务流程现状分析结果，制定符合 SIGS 提升师生服务导向的业务流程优化建议，明确改进方向及流程优化设计，确定优化方案并结合智慧校园建设的 IT 技术手段及数据支撑体系，给出层次清晰、结构明确、设置合理、面向实施的业务流程优化建议方案。

四、实施路径和规划

通过对标调研，参考世界一流大学对标案例的先进做法，研究分析世界一流大学以提升用户体验为导向的先进业务流程管理实践案例。结合 SIGS 现有系统情况和实施能力，结合对业务流程现状的分析诊断，以及选定的待优化的业务流程，诊断现有的流程可以优化的空间，并给出从组织架构、人员培训、IT 系统具体变革管理的明确的实施路径规划方案。

（一）实际示例

以教师流程中的采购报销流程优化为例，经过对现有流程进行梳理，发现国际研究生院目前的报销采购过程主要存在三大问题：

1. 牵扯精力较多

有采购需求的教师需要亲自参与采购中的每一个步骤，其中包括繁琐的商务及流程性工作，使教师的每次采购需要持续投入精力，甚至长达数月之久，无法将全部精力投入在科研及学生的培养工作上。

2. 报销流程线下手工操作较多

报销流程具有较多的线下操作步骤，包括票据收集、审核签字、报销单打印递交等，流程步骤繁琐，处理效率低，教职工体验感较差。

3. 差旅预定不方便

差旅预定主要采用教师自行预定差旅所需交通、酒店，事后再凭票据报销的形式，差旅预定没有统一的渠道，过程不规范，预算难控制，体验效果差。

（二）加州伯克利大学采购和报销流程案例

通过对海外知名院校加州伯克利大学进行一系列调研分析之后，本书发现该校师生和职员的采购和报销都可以通过使用一个统一的系统平台来完成。该平台上汇集了各种常用的办公用品、软硬件设备等商品，师生可以按需选择购买。师生购买下单后，平台会根据购买的商品种类、金额等信息进行不同的审批审核，审批通过后，物流、票据、结算等流程自动完成，购买者仅需要验货签收即可，后续财务处理、报销对账等一系列操作也都自动完成，无须师生再额外花费时间处理。

从实际操作体验来看，用户采购下单的步骤相较于国内常使用的京东、淘宝等网络购物的流程要繁琐。但这个采购平台整合了加州伯克利大学校内的资产管理、财务审批、采购后勤一系列审批，对于传统报销系统而言仍简化了许多流程。

（三）实事求是对标国际化

实事求是对标国际化就是在正视学院自身的发展问题的前提下对标国际化，这需要统筹考虑两个层面的问题：一是如何深入与细致地了解海外一流学院的真实案例，确保清华大学深圳国际研究生院能够务实且明确地获得借鉴，而不仅仅是流于形式；二是国际研究生院既要遵循国内、深圳市或校本部的规章制度与业务要求，又要处理无法借鉴的国际案例，如何平衡本土化的规章制度、业务流程与国际化的特殊案例的关系，也是非常值得关注的。

首先是如何务实地借鉴海外一流高校管理与服务的案例的情况。需要做好两个关键工作：一是要有足够的国际化视野，能够获取比较丰富、比较多样化的案例，使研究借鉴工作不是局部或偏颇的，从而使流程的优化设计方案方向的正确性不会出现偏差。二是管理与服务要有足够的深入程度，不能流于形式、浮于表面，从而保证流程或管理制度的优化与设计的细节具有可落地性，确保后续可以务实地推进与落实。

而要做好这两点工作，就要求有两个关键能力：一是比较广泛的海外一流高校的信息获取与资源调研的能力，能够保障获取足够多的信息与案例。二是要保证对选中的院校有非常深入的获取信息的能力，并且能够按照学院自身的要求进行针对性的调研与分析。

经过多次研讨和综合参考大量案例数据库与资料库后，本书梳理了国内外高校业务流程再造方面的情况，总结了相关经验与启示（见表1-18）。

表1-18　国内外案例调研情况

主要案例	主要借鉴与学习价值	经验与启示
UC Berkeley	全方位借鉴与对标，包括业务流程对办学理念支撑、组织治理机制、整体业务流程架构、各部门的职能及流程、IT/数据分析与决策支持	• VCA 如何管理与协同全院提供卓越服务 • 整体流程架构与目录设计 • 业务流程如何体现"服务促进学术卓越" • 大型 IT 项目实施经验借鉴
牛津大学、新南威尔士大学、斯坦福大学	建立良好的数据治理机制，提供学校各类管理与业务流程的提升与优化	• 数据基础设施配套治理机制 • 数据治理对学校各类管理与服务的提升价值
新加坡国立大学	教学教务流程、财务管控流程的借鉴与分析；GDPR 实践与风险剖析	• 教学教务、财务管控流程设计的借鉴 • 如何对国际师生群体隐私保护
九州大学、京都大学	数据科学、AI 技术对在线学习领域的案例剖析	• 在线学习的流程优化方向
上海交通大学安泰经管学院	国内二级院校如何做好项目制管理与服务	• "6+1"学科与项目制的流程框架设计 • 平台化的行政、财务、人事服务流程设计
香港中文大学（深圳）	通过外部数据订阅提升学生全球胜任力	• 学生全球胜任力 • 数据订阅体系
清华体系案例	清华各类业务标准与规范、对国际化的支持、二级院校与学校层面在培养、研工、财务等领域的定位与协同方案、项目制在清华体系的实践	• 与校本部的整体流程架构设计 • 教学教务、研工等流程学院与校本部的协同与配合 • 项目制下各类流程梳理与设计 • 相关 IT 接口与规范

续表

主要案例	主要借鉴与学习价值	经验与启示
国际化软件剖析	Oracle PeopleSoft 高教解决方案、Canvas 在线学习系统、Symplectic Elements	● 海外优秀产品的内置流程与服务管理模式 ● 科研管理系统、人才定位系统

资料来源：方略研究院。

　　其次，另外一个层面的问题，就是需要对国内外案例有足够深入的了解，并且能够与国内、深圳市、校本部的一些管理要求相吻合，从而确保对流程或管理制度的优化与设计的细节的可落地性，可以务实地推进与落实。这就需要有足够的行业经验与洞察力，能够透过现象看本质，并且能够根据清华大学深圳国际研究生院的自身情况，结合海外案例提出解决问题的思路与方法。

　　以前面在学院进行财务工作的调研与分析得到的信息做示例说明。目前清华大学深圳国际研究生院是独立法人，财务管控方面要符合深圳市财政的要求，相关的采购、预算、固资管理、财务审计等也须遵守深圳市财政政策的要求，因此目前在预算控制、收费报销等领域都存在一些影响师生体验、需要优化与提升的瓶颈点。

　　本书尝试研究加州伯克利大学的一些财务采购领域的案例后，发现其内部师生采购业务往往都是通过一个叫"BearBuy"的采购平台来处理的。

　　如果国际研究生院完全照搬 Berkeley 的采购流程，存在的问题就是与深圳市财政政策要求直接冲突，因为深圳市有专门的集中采购网站来做这方面的工作，似乎看上去海外案例对学院没有太多的价值与借鉴意义。

　　但其实不然，如果能够足够深入地研究 Berkeley，可以了解到其采购管理的理念与流程设计是非常领先的，Berkeley 整合了内部的资产管理、财务审批、采购后勤一系列管理环节与审批流程，并且将财务预算管控机制前移到采购环节，从而彻底地削减了师生繁琐的报销、对账的流程，这点非常值得我们学习和借鉴。

　　通过这个案例分析，学习与借鉴 Berkeley 的经验，尽量减免财务审批管控的繁琐，在采购下单的场景就预先内置好所有账务处理、资产入账等一系列财务操作，确保师生无须花时间关注这些"财务专业领域"的工作，甚至在采购过程中关注不到这些环节的存在——最好的用户体验是零体验。

　　这实际上就要求把财务系统按照业务场景拆分成不同的乐高"积木块"，例如"生成会计分录"积木块、"预算余额控制"积木块、"资产设备入账"积木块等，而不同的业务操作流程则是乐高积木的"积木底板"，根据不同的业务需求，插拔不同的积木。这对总体流程设计与管理体系规划能力提出了很高的要求，其背后反映的是财务部门的一种态度——把自己从孤立于业务之外的管理部门，变为了一个个服务型的"积木块"，如果将财务系统真正地嵌入到校园业务流程中，就可以很好地体现财务系统的服务意识，这也是清华国际研究生院设计业务流程与管控体系的核心内容。

（四）借鉴及优化后方案示例

基于案例分析结果，充分贯彻以提升教职工服务体验为中心的流程再造思路，本书梳理出三点突破渠道：尽可能减少需要报销的场景，追求零体验；对于需要报销的场景，尽可能通过外部支持减少教职工所需的操作和时间；通过新兴的技术手段提升处理效率，降低人工成本。

优化后的采购报销流程，需要有配套、统一的采购和服务平台来实现差旅统一预订、统一采购、统一报销、票据合同统一管理等功能。

以学生迎新为例，对国际研究生院的现有流程进行梳理、优化。

1. 现有流程梳理

对现有迎新流程进行梳理，发现目前迎新流程主要存在如下问题：①新生入学手续处理效率较低，由于新生入学手续中涉及大量的线下材料验证、填写、递交的过程，迎新现场处理效率低、耗时长；②迎新工作压力大，由于迎新工作主要集中在新生入学当天，工作时间和人员集中度高、办理压力大、学生体验难保证；③国内和国际学生融合感不足，目前国内和国际学生的迎新工作是在不同时间办理的，这样虽然可以针对国际学生的特定需求个性化处理一些迎新步骤，提升国际学生的体验，但从另一个角度讲也造成了国内和国际学生的融合感不足，难以形成统一的团体感；④服务监控工作不全面，没有有效的服务质量及迎新进度的监控方式，只能通过派遣专人在现场进行实时查看了解。

2. 流程优化思路

通过对上述问题进行分析，以办学理念为最终出发点，得出如图1-24所示的流程优化整体思路，以"加、减、乘、除"的分析方法，切实地从不同角度对整个迎新流程进行再造及优化。

3. 优化后方案

整体的优化后流程如图1-24所示，提升学生服务体验，需要通过满足一些个性化需求来凸显；需要有一些无界限交友体验来丰富校园生活；需要让学生快速了解和融入学校，以此来提高学生归属感；需要简化职员线下工作量、缩短时间和空间距离来提高工作效率。

同时，优化后的流程也需要一个统一规划的线上迎新系统来做支撑，从而将整个迎新流程尽可能地线上化、数字化，提升便捷性及可控性，给学生带来更好的迎新体验。

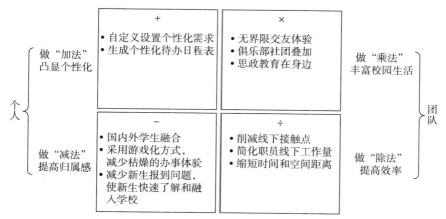

图 1 – 24　流程优化思路

资料来源：方略研究院。

五、建立信息发布与反馈渠道

（一）基本情况描述

（1）建立在线信息发布与反馈平台，通过微信号、网站等技术手段，可以更加生动和便捷地创建和发布流程文档，形成在线流程中心知识库，便于全院教职员及师生快速查询、学习、分享和交流。

（2）支持按组织架构、业务场景、用户角色、项目制管理要求等维度对流程目录进行划分，并建立分组和分级授权模式，确保流程清晰，落实矩阵式管理服务模式。

（3）建立信息通知与重要事件发布推送渠道，提供及时的流程变更在线通知功能，当流程变更后相关人员可以更加及时地接收到消息，掌握最新信息，节约时间和降低沟通成本。

（4）通过在线调查、问卷反馈等手段，采集意见反馈，形成持续优化能力，优化业务流程。

（二）效果示例

业务知识学习资料订阅效果如图 1 – 25 所示。

（1）为教职员和师生提供优质的学习资源，打造学习型组织，促进其对业务知识和技能的学习，可以通过在线测评帮助教职员和师生掌握自身能力和学习情况，并能利用大数据技术，自动为其推送相关的学习资源。

图 1 – 25　订阅效果

资料来源：方略研究院。

（2）建立在线学习互动与交流平台，支持在每个业务流程环节中查看有关的学习资源、培训课程，支持对各类学习活动进行组织发布和在线报名。

（3）按照不同的业务流程的类型，组织学习资料库与知识汇编，并提供在线数据订阅功能，向教职员和师生输送国内外优秀案例与最佳实践，帮助其开拓国际视野，提升国际胜任力。

六、"办学理念 – 业务流程 – 智慧校园"的一体化

由于办学理念更多的是宏观的指导思路与方向，如果理解与分析不到位，很容易在流程梳理工作中只从一些基层的需求与问题切入，解决的往往是工作效率等方面的一些浅层问题，导致办学理念方向性、策略性的偏差。

因此，为解决这个问题，本书从办学理念梳理出一些核心业务，以此作为落实办学理念最重要的抓手与途径（见图 1 – 26）。

面向学生群体：促进研究生人才培养；

面向教师群体：布局与发展"6 + 1"学科领域；

面向职员群体：搭建支持学术卓越的服务体系；

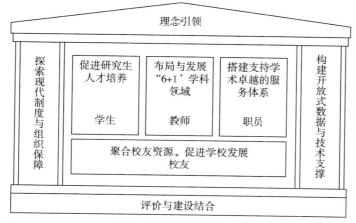

图 1-26 核心业务

资料来源：方略研究院。

面向校友群体：聚合校友资源，促进学校发展；

面向治理体系：探索现代制度与组织保障；

面向 IT 技术配套：构建开放式数据与技术支撑平台。

（一）面向学生落实举措的示例

师生流程梳理主要是面向教师、面向学生群体两个领域的工作。以"面向学生群体 - 促进研究生人才培养"领域为例，进一步尝试细化出关键成功要素（Critical Success Factor），在此基础上，进一步细化出三级落实举措。

这个示例中的关键举措如下（见图 1-27）：

（1）拓展多渠道招生：通过先进的互联网、新媒体、技术手段等方式，整合多种招生资源，全方位、多途径推进招生宣传与推广。

（2）加强国际化宣传：深入落实国际化办学理念，发挥海外平台、技术、人力资源等作用与优势，加强面向海外的宣传力度，汇聚全球优秀人才资源。

（3）提升招生效率及合规性：实现高度业务协作与资源整合，提升招生管理的智能化水平和效率，保证招生工作的先进性、科学性和有效性。

（4）优化培养方案，加强课程与科研培养：支撑培养方案科学设置、诊断、预警，支持各大类专业培养方案的优化与统一管理，提升课程与科研培养水平，提高教学质量。

（5）强化师资建设，完善教育质量保障：通过教师职业发展规划与评价、档案管理、教学评价预警等方式，促进教师提高岗位胜任力，进而提高教学质量；加强实践基地与行业导师建设，深化创新创业教育与项目制学习；通过为学生提供诸如双创活动管理、实习实践管理、行业导师等，丰富创新创业教育与项目制学习。

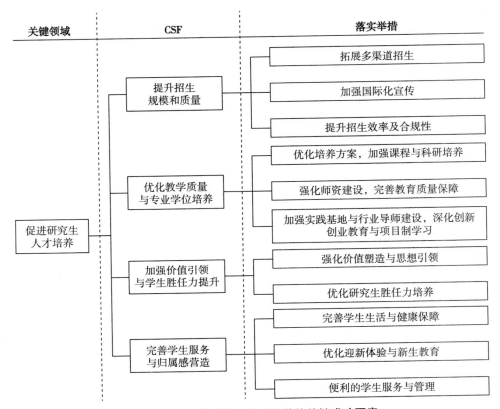

图 1-27　促进研究生人才培养的关键成功要素

资料来源：方略研究院。

（6）价值塑造与思想引领：提供便捷的案例库、知识与信息订阅、活动组织等方式，帮助学生从多层面、多角度充分塑造价值观和思维方式。

优化研究生胜任力培养：提供胜任力课程、测评与数据订阅等服务，全面配合与反映学院培养具备"全球胜任力"的拔尖创新型人才。

（7）完善学生生活与健康保障：利用各种学生多维度数据在线测评、预警、干预功能，为学生生活和健康提供保障。

（8）优化迎新体验与新生教育：以服务的视角，深度优化新进报到流程环节，支持面向新生的多种类服务体验，快速提高新生对学院的归属感。

（9）便利的学生服务与管理：采用高效的事务管理模式，以在线学生门户实现其应用，同时提供学生多维度数据分析，支撑学院各管理职能部门的高效管理和服务。

通过对这些具体的落实举措的理解，可以清晰地看到对各类业务流程与管理体系的具体而明确要求与指导。后续在流程梳理过程中，也会结合目前的各类师生流程，逐条进行流程的研讨与分析，对落实举措如何体现与部署，从而保证能够对整体办学理念响应。

（二）落实举措和智慧校园的无缝链接

流程梳理与智慧校园的建设工作进行配套落实，可以促进"办学理念""流程梳理""IT 建设"三项工作形成良好的响应与互动。

首先，体现在办学理念、学院规划、流程梳理工作对后续智慧校园等信息化建设工作的指导作用。面向学生群体的"促进研究生人才培养"的落实举措如图 1-28 所示。

图 1-28 促进研究生人才培养的落实举措

资料来源：方略研究院。

通过将办学理念拆分成非常明确和具体的落实举措，可指导后续信息化或智慧校园的建设，因此，根据这些具体举措，可进行相关应用系统功能点的设计与规划。总之，通过流程梳理与优化工作，规划与设计出这些功能点，能够更好地指导后续信息化建设工作。

此外，信息技术对业务流程起着非常大的杠杆效应，技术往往是推动业务流程中效率提升、风险降低、质量改善最重要的手段，例如目前行业中常见的移动应用、在线支付、AI 技术，都在教育领域对其业务流程进行了深刻的影响。同时，信息技术又是业务流程最好的固化手段，通过各类 OA 系统、工作流系统，能够对业务流程起到标准化和固化作用。

充分落实好实施方案与数据基础设施的关联关系问题。

流程梳理工作涉及流程建模，一般在流程建模工作中会按照组织、功能、数据、流程等不同维度来描述一个流程。其中"数据"维度的工作与 SIGS 后续数据基础设施有非常大的关联关系。

在流程梳理过程中，针对每个流程的具体环节涉及的数据实体进行梳理，梳理的业务模式如下：

（1）从业务表单、工作表格等原始业务单据进行收集与分析，例如在迎新入学流程需要学生填写的各类信息采集表单、师资招聘环节填写的师资合同等业务表单和文档。

（2）在流程的不同环节、不同流程之间分析这些业务表单、工作表格是否会复用，不同环节、流程对相关信息的使用与数据读写逻辑。

（3）由于流程梳理与优化工作，直接会影响后续学院智慧校园各类 IT 应用系统的建设工作，因此，对于流程中涉及的各类数据的分析尤其重要，需将各类业务单据进行抽象与设计，并进行逻辑数据模型的设计工作，例如会将前面的业务单据抽象设计成"学生信息""教师合同"等不同的数据实体。

如图 1 - 29 所示，清华大学深圳国际研究生院的数据基础设施设计了 30 个主数据的主题。

因此，通过业务流程梳理，将流程涉及的数据实体，与 SIGS 总体的主数据进行比较与分析，如果是主数据涵盖的数据实体，则会在业务流程梳理项目中，明确要求其数据标准与规范，这样可以有效地避免数据孤岛与数据不一致的情况发生。

其次，在流程梳理过程中，还需分析具体流程对主数据体系的操作与读写关系。通过对流程涉及的实体的操作分析，可以有效了解数据的处理逻辑和权限，从而避免数据的管理与维护重复冲突的情况发生，而如上这些内容是业务流程梳理工作对数据基础设施系统建设重要性的体现，也是"办学理念 – 业务流程 – 智慧校园"相互有机融合的一体化建设过程。

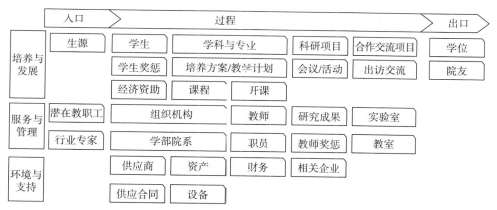

图 1-29 主数据主题

资料来源：方略研究院。

国际研究生院注重以人为本的思想，真正地服务高校师生，经过重塑组织架构、创新性全球延揽师资、加强职工队伍建设和业务流程再造后，转变了行政管理理念，强化了行政人员的服务意识，这不仅符合长远发展的理念，更能够提升师生对行政管理的满意度。人性化的行政管理会使全院师生对学习、工作都更加充满热情，关心全院师生的内心需求，积极组织这方面的活动，让师生在学习、工作、生活方面都可以积极向上，健康发展，营造和谐的工作、学习、生活的氛围。

建立符合国际研究生院自身特色的行政管理体制后，还需要对管理手段进行完善创新。当前信息技术发展得越来越快，管理手段也需要不断创新和完善，办公系统也需要不断更新与维护。除了信息化软件的使用，行政管理人员（职工）更需要不断地更新思想观念，打破原有陈旧思想，勇于创新与改革，充分调动积极性与创新性。通过建立民主化、全球化、专业化的行政管理体系，不断挖掘全院教职工的潜质，实现每个任职人员的自身价值。2020年6月开始的职工队伍改革从招聘新的教辅人员和鼓励职工在不同机关部处流动，甚至鼓励院设教学科研机构的行政教学助理流动到院机关，进一步改善行政管理结构，吸纳年轻的高素质人才，并且对新入职的教辅人员进行定期的专业技能培训，使他们可以尽早掌握分内工作，防止工作断层的出现。新入职人员的年轻化、高素质化，可以形成稳定的高校行政管理队伍，新鲜血液的加入也可以使行政管理人员拥有更强的创新能力和改革动力。

总之，高校的行政管理需要不断创新和改革，与时俱进，才能为高校提供可持续发展的动力和活力。

第二章 内外部的互联互通是高校协调发展的基础

第一节 内部教学平台（高水平教学实验室）的规划

在新的历史时期，国家部署推进粤港澳大湾区建设，推动形成全面开放新格局。大湾区要"打造教育和人才高地"，"建设国际教育示范区，引进世界知名大学和特色学院，推进世界一流大学和一流学科建设"。深圳确立了建设创新引领型全球城市、大湾区国际科技创新中心、全球新兴科技与产业创新发展高地和策源地，并加快发展战略性新兴产业的发展目标。

为服务国家需求、助力区域发展，在清华大学深圳研究生院和清华－伯克利深圳学院的办学基础上，深圳市与清华大学进一步深度合作，发挥清华大学办学资源优势和深圳市科技与产业创新优势，2018 年 11 月 6 日，教育部批复成立清华大学深圳国际研究生院（简称国际研究生院）。

经过近几年的发展，国际研究生院各项工作有序推进，目前已形成了"一院三区"的整体空间布局。学科布局方面，国际研究生院立足新时代，按照创新、协调、绿色、开放、共享的发展理念，布局清华大学一流的工科学科并辅以创新管理，形成了"6＋1"主题领域的一流学科群。国际研究生院自办学至今，未从政府申请过教学实验室建设设备购置资金。目前实验课程主要是由科研条件支撑，但现有的实验场地、课时数、设备数均无法支撑现有的教学实验规划。

在此基础上，国际研究生院拟按学科领域规划建设一批打破院系和学科边界，支持多学科交叉与融合，同时注重科研与教学相融合的"科学研究型教学、工程实践型教学和设计型教学"的高水平教学实验室。所建成的教学实验室将服务于国际研究生院 2020 年以后招生的电子与通信工程、计算机技术等共计 23 个人才培养项目以及未来计划开设的人才培养项目。

一、项目背景及必要性

（一）项目背景

1. 粤港澳大湾区积极打造教育和人才高地，推动建立国家教育示范区

在新的历史时期，国家部署推进粤港澳大湾区建设，推动形成全面开放新格局。2019 年 2 月 18 日，中共中央、国务院印发了《粤港澳大湾区发展规划纲要》（以下简称《纲要》）。《纲要》提出，打造教育和人才高地。一是推动教育合作发展，支持大湾区建设国际教育示范区，引进世界知名大学和特色学院，推进世界一流大学和一流学科建设。二是建设人才高地，支持珠三角九市借鉴港澳吸引国际高端人才的经验和做法，创造更具吸引力的引进人才环境，实行更积极、更开放、更有效的人才引进政策，加快建设粤港澳人才合作示范区。

2020 年 12 月，教育部、广东省人民政府联合印发《推进粤港澳大湾区高等教育合作发展规划》（以下简称《规划》），提出持续推进高等教育合作发展，《规划》明确，到 2035 年，粤港澳大湾区将建成若干所世界一流水平的高校，产出一批对世界科技发展和人类文明进步有重要影响的原创性科学成果，成为世界高等教育合作发展和创新发展先进典范。

粤港澳大湾区是国家重大战略，在未来全球竞争格局中占据战略制高点。推动粤港澳大湾区教育互联互通、协同发展，力图构建大湾区教育"同心圆"，打造大湾区教育合作"共同体"，对粤港澳大湾区教育向更高质量、更有效率、更加公平、更可持续方向发展有极大的促进作用。

教育是发展的基石，具有基础性、长远性意义。然而粤港澳大湾区与世界一流湾区相比，高等教育发展水平差距仍然较为明显，高校数量整体偏少，缺乏一流的研究型大学。无论是整体高校数量还是国际知名高校，或是普通高校的区域结构都存在较大发展空间。深圳市地处粤港澳大湾区的核心区域，对整个湾区的经济、社会、科技、文化等方面的发展具有推动作用。面对粤港澳大湾区建设发展的新的重大历史机遇，深圳市围绕打造世界前列、全国一流、示范引领的现代化教育目标，培育提升科技教育文化中心功能，利用粤港澳大湾区的区位优势和资源优势，按照高效率、高标准、高品位的要求加快实现教育现代化。

2. 深圳大力推动高等教育高质量发展，建设中国特色社会主义先行示范区

党和国家作出兴办经济特区重大战略部署以来，深圳经济特区作为我国改革开放的重要窗口，各项事业取得显著成绩，深圳的进一步发展成为社会关注重点。2019 年 8 月 9 日，中共中央国务院发布《关于支持深圳建设中国特色社会主义先行示范区的意见》（以下简称《意见》），深圳被赋予新的使命，树立率先

建成国家创新型城市的新目标、新定位，建设成为高质量发展高地、法治城市示范、城市文明典范、民生幸福标杆、可持续发展先锋示范区，发挥社会主义先行者的优势和示范引领作用。

在建设中国特色社会主义先行示范区的过程中，深圳具备较多有利、优越的条件，但同时也面临一些问题，尤其是高等教育和基础研究能力不足这一关键短板。一流的创新能力必须有一流的大学和基础研究做支撑，深圳高等教育发展基础较为单薄、水平不高、规模偏小，基础研究能力不足，高等教育领域短板较为明显。《意见》提出，深圳要率先形成共建共治共享共同富裕的民生发展格局，其中要充分落实高等学校办学自主权，加快创建一流大学和一流学科。

当今社会，高等教育发挥着越来越重要的作用，大力发展高等教育成为提升国家和城市竞争力的重要举措。深圳要实现从"深圳速度"向"深圳质量"转变，更要快速发展高等教育，打造具有深圳特色的开放式、国际化高等教育体系。引进知名高校来深办学无疑是深圳高等教育发展的创新之路。高校建设作为深圳建设中国特色社会主义先行示范区的重点内容，也将进一步促进深圳高质量发展，持续提升城市竞争力。

3. 深圳助推国际研究生院按照世界一流研究生院标准建设

2015年10月，国务院印发《统筹推进世界一流大学和一流学科建设总体方案》（以下简称《方案》）。《方案》明确，建设世界一流大学和一流学科，是党中央、国务院作出的重大战略决策，对于提升我国教育发展水平、增强国家核心竞争力、奠定长远发展基础，具有十分重要的意义。

2019年8月，《关于支持深圳建设中国特色社会主义先行示范区的意见》对深圳教育事业提出了发展的期望与方向，明确深圳未来要成为高质量发展高地，支持深圳在教育体制改革方面先行先试，充分落实高等学校办学自主权，加快创建一流大学和一流学科。

2020年12月，《中共深圳市委关于制定深圳市国民经济和社会发展第十四个五年规划和二〇三五年远景目标的建议》提出，"十四五"时期深圳要建设高质量教育体系。推进高等教育特色化、内涵式发展，构建与城市发展相匹配的高等教育体系。

深圳市教育事业发展历史短、速度快，短短四十年，教育规模和质量双双得到快速提升，实现了由农村教育向现代化城市教育的跨越式发展。然而，高等教育的发展却相对缓慢，高校数量少、体系不完善、人才培养层次偏低、高校服务能力不足等问题困扰着深圳的可持续发展，也无法满足深圳市民对优质高等教育资源的需求。

为此，深圳一直在奋起直追，不遗余力弥补高等教育短板。近年来，深圳提出了针对高等教育全面发展建设目标，将建立"国际化、开放式、创新型"高等教育体系，建设成为南方重要的高等教育中心。近年来，深圳逐步确立了建设创新引领型全球城市、大湾区国际科技创新中心、全球新兴科技与产业创新发展高地和策源地，并加快发展战略性新兴产业的发展目标。

为贯彻国家关于创新驱动发展战略和建设高水平大学的部署，推动深圳市实现现代化国际化创新型城市建设目标，2016 年 11 月 4 日，清华大学与深圳市人民政府签署协议，共建清华大学深圳国际研究生院。2018 年 12 月 1 日，市校签署全面战略合作框架协议，开启新篇章。根据教育部批复，国际研究生院将充分利用深圳的区位优势和科技创新理念，不断提高人才培养质量和科学研究水平，为深化高等教育改革、服务国家和地区经济社会发展做出更大贡献。

4. 国际研究生院办学有序推进，阶段性成果显著

国际研究生院是在清华大学深圳研究生院和清华 – 伯克利深圳学院的基础上拓展建立的。2001 年创建的清华大学深圳研究生院在探索高等教育改革、服务地方经济与社会发展方面做出了许多积极的贡献；2014 年设立的清华 – 伯克利深圳学院在高水平深度国际合作办学方面探索了有益的经验，为国际研究生院的创建和发展奠定了有力的基础。国际研究生院具体发展历程、建设情况如下：

（1）发展历程。

2016 年 11 月 4 日，清华大学与深圳市人民政府签署协议，共建清华大学深圳国际研究生院。

2018 年 11 月 6 日，教育部批复成立清华大学深圳国际研究生院，并赋予国际研究生院充分利用深圳的区位优势和科技创新理念，不断提高人才培养质量和科学研究水平，为深化高等教育改革、服务国家和地区经济社会发展做出更大贡献的使命。

2018 年 12 月 1 日，市校签署全面战略合作框架协议，开启新篇章。

2019 年 3 月 29 日，清华大学深圳国际研究生院正式揭牌。

经过近几年的发展，国际研究生院各项工作有序推进，学科布局已经形成，建设特色学科和发展学科特色的思路进一步明确，一批实体实验室初具规模，成为具有科研创新和教学培养双重功能的基地，已具备承担国家重要科研项目的能力。

（2）建设情况。国际研究生院位于南山区西丽湖国际科教城中部，校园占地面积约 50 公顷，由大学城西院区（已建成，原清华大学深圳研究生院院区）、西丽湖院区（规划建设中，原西丽湖度假村及周边区域）和大学城东院区（规划建设中，大学城体育场东侧）组成了"一院三区"的整体空间布局，并共享深圳大学城公共配套设施及生态绿地。

（二）项目必要性

1. 项目实施是落实大湾区建设教育人才高地规划的重要举措

《粤港澳大湾区发展规划纲要》充分体现了教育在大湾区建设中的重要作用。提出支持大湾区建设国际教育示范区，推进世界一流大学和一流学科建设，打造人才高地，提升大湾区国际竞争力。建设世界一流湾区，经济、科技的发展要达到世界一流水平，必须有一流的高等教育支撑。

清华大学在深圳办学二十年，围绕深圳市社会经济发展和科技产业创新的需求，不断探索异地办学的道路，各项事业取得快速发展。国际研究生院是清华在深办学二十年的新起点，立足新时代，将深入贯彻实施学校全球战略，充分发挥国际化办学资源优势，并结合深圳市以及粤港澳大湾区科技和产业创新优势，探索高水平开放式国际化办学的新机制，主动服务于深圳市、粤港澳大湾区的可持续发展，助力大湾区早日成为教育人才高地，提升大湾区国际竞争力。

高水平教学实验室项目的实施，能加快落实深圳市、清华大学合作办学，加快高等人才的引进，通过本项目建设不仅能为深圳市高等教育体系补齐短板，更是为深圳市基础、创新、重点产业输送大量优质人才，促进深圳市各学科领域的教育、学术及文化交流和合作，促进中国高等教育体制改革，推动深圳市高等教育特色化和国际化建设进程。因此，项目实施是为加快推进国际研究生院建设与发展的具体实施工作，属于落实大湾区建设教育人才高地规划的重要举措。

2. 项目实施是建设中国特色社会主义先行示范区的内在需要

高等教育是教育事业的龙头，是科技第一生产力和人才第一资源的重要结合点。纵览世界创新版图上的创新高地，多与高水平大学的支撑紧密相连。高水平大学的科技巨擘、基础研究，是创新能力生生不息的智力之源。深圳高等教育的发展直接影响着深圳未来发展后劲和原始创新能力。发展高等教育是深圳实施创新驱动发展战略、不断增强创新优势、建成现代化国际化创新型城市的动力源泉。

根据中共中央国务院《关于支持深圳建设中国特色社会主义先行示范区的意见》文件精神，充分落实高等学校办学自主权，加快创建一流大学和一流学科成为深圳建设发展的重点内容。2019 年 9 月，深圳市委、市政府印发《关于推进教育高质量发展的意见》，全面部署落实教育优先发展战略，提出大力推进教育高质量发展，打造与城市地位相匹配、中国一流、世界先进的现代教育，加快建设"双一流"高校，打造开放式创新型的一流高等教育高地，为深圳建设中国特色社会主义先行示范区、努力创建社会主义现代化强国的城市范例提供有力支撑。

作为深圳高等教育的重要组成部分，国际研究生院以清华大学一批优势工程学科为基础，融合清华－伯克利深圳学院和深圳研究生院的特色学科和前沿领域，形成了"6＋1"交叉学科体系，兼顾了清华大学的发展战略和深圳市的产业需求，为深圳产业转型提供动力，成为支撑引领广东经济社会发展、辐射亚太地区的高层次创新人才重要培养基地，这将在深圳建设中国特色社会主义先行示范区的道路上起到不可或缺的重要作用。

因此，加快建设国际研究生院教学配套设施，购置满足高水平教学需求的设备，尽快投入使用，对集聚创新人才，推动各领域学科建设，加快引进高端人才具有积极意义，是贯彻落实"双区驱动"战略，提升高等教育国际竞争力的基本要求。

3. 项目实施是深圳助推国际研究生院建成世界一流研究生院的内在要求

《统筹推进世界一流大学和一流学科建设实施办法》等一系列政策文件深入系统地描绘了我国高等教育未来发展的蓝图，对加快推进高等教育发展发挥了引领作用，也为国际研究生院"双一流"建设提供了有力支持。

2018 年 11 月 6 日，教育部批复成立清华大学深圳国际研究生院，并赋予国际研究生院充分利用深圳的区位优势和科技创新理念，不断提高人才培养质量和科学研究水平，为深化高等教育改革、服务国家和地区经济社会发展做出更大贡献的使命。

教学场地的建设以及满足高水平教学需求的设备购置是实现办学最基础的两大硬件元素。为配合建设进度，尽快落实国际研究生院的基本办学条件，促进国际研究生院尽快建成世界一流研究生院，购置满足高水平教学需求的设备成为工作重点。因此项目实施是符合深圳助推国际研究生院建成世界一流研究生院的内在要求。

4. 项目实施是搭建国际研究生院高水平教学实验平台、满足学院人才培养的迫切要求

高校教学实验室建设是与人才培养项目建设、课程建设紧密相关的重要基础建设之一，是开展人才培养、科学研究的重要基地。根据国际研究生院的相关规划，学院拟按学科领域规划建设一批打破院系和学科边界，支持多学科交叉与融合的"科学研究型教学、工程实践型教学和设计型教学"的高水平教学实验室。

教学实验室建成后，将服务于学院 2020 年以后招生的电子与通信工程、计算机技术、大数据工程、人工智能、互动媒体设计与技术、生物医学工程、仪器仪表工程、智能制造、功能材料与器件、环境工程、电气工程、制药工程、化学生物学、海洋技术与工程、海洋能源工程、物流工程与管理、集成电路与设计、医院管理、互联网＋创新设计、BIO3 生命技术、未来人居设计、艺术硕士、金融硕士共计 23 个人才培养项目以及未来计划开设的人才培养项目的实验教学工

作和科学研究工作，预计每年服务约400门课程近7000课时的实验教学工作。

基于此，及时完善教学实验室设备显得尤为紧迫，是国际研究生院顺利开展教学工作的必然要求。为满足学院"6＋1"主题领域的总体发展规划，搭建良好的教学实验平台，满足高水平人才培养的教学实验需求，需要依据平台规划配套相应的教学实验设备。

二、院区的建设进度

根据国际研究生院办学工作的实际需要，并结合已落实用地及周边可拓展用地的情况，按照"一院三区"进行空间布局规划，即大学城西院区（暂定名，为现大学城清华园区）、西丽湖院区（暂定名）和大学城东院区（暂定名，包括一期及周边可拓展用地）。

清华大学深圳国际研究生院（一期）校园选址于深圳市大学城东院区，紧邻丽水路，占地面积约2.3公顷，建筑面积约15.6万平方米（计容面积12.5万平方米，地下室面积3.1万平方米），是一座集教学、科研、居住等多功能的高容积率立体校园。

一期项目于2017年启动立项工作，2018年2月完成可行性研究批复并移交市工务署，并于同月确定由中国工程院崔愷院士主创建筑方案。项目为深圳市市场化代建试点项目，通过公开招标确定由华润（深圳）有限公司负责代建工作。在工程进度方面，目前已完成场地平整工作以及约70%的工程桩施工工作。

在市政府、市教育局、市规划和自然资源局、南山管理局、南山区政府、区重点办、区教育局等市区各级部门的大力支持下，国际研究生院（二期）西丽湖度假村地块、同富裕地块选址已基本落实。

（一）招生计划与进度

国际研究生院将按照学校发展战略和研究生教育的总体要求，立足深圳市和大湾区，以全球视野，开展研究生教育的深度国际合作，建立符合国际教育发展趋势和中国特别是深圳创新发展特色的研究生招生和培养的完整体系。国际研究生院将以全日制研究生教育为主，非全日制教育和非学位培训为辅。2020年底，全日制在校研究生达4085人，通过重构人才培养项目，稳步扩大招生规模，到2025年，全日制在校研究生达5000人（其中博士研究生20%以上，10%海外学生），其中材料科学学科领域约800人、信息科技学科领域约1500人、医药健康学科领域约750人、海洋工程学科领域约600人、未来人居学科领域约300人、环境生态学科领域约750人、创新管理学科领域约300人。

（二）已建成教学实验室和设备购置情况

国际研究生院自2001年办学开始至今，未从深圳市政府申请过教学实验室建设设备购置资金。目前实验课程主要是由科研条件支撑，每年支撑约100门实验课程，1200个实验学时，实验场地、课时数、设备数均无法支撑现有的教学实验规划。

教学实验室建设主要围绕学院的六大学科领域进行，根据各学科领域的人才培养需求，设计完备、先进的课程体系和实验平台，以满足实验教学和学生课题研究的需求为原则，配备适合的仪器设备和场地。

三、需求分析和教学平台的建设

清华大学在深圳办学二十年，围绕深圳市社会经济发展和科技产业创新的需求，不断探索异地办学的道路，各项事业取得快速发展。国际研究生院是清华在深办学二十年的新起点，立足新时代，将深入贯彻实施学校全球战略，充分发挥国际化办学资源优势，并结合深圳市以及粤港澳大湾区科技和产业创新优势，探索高水平开放式国际化办学的新机制，主动服务于深圳市、粤港澳大湾区、整个中国乃至全球的可持续发展。

国际研究生院将充分发挥国际办学资源优势、深圳市以及粤港澳大湾区科技、产业创新优势，积极探索现代大学治理制度、高水平开放式国际化办学的新机制，建立以国际化创新人才培养为驱动力的创新生态系统。在人才培养方面，国际研究生院将重塑专业学位教育，实现学术博士教育和专业学位教育并重，成为服务社会、引领发展的国际一流人才培养基地。在科学研究方面，将建立学科交叉融合发展新机制，致力于全球重大挑战问题和国家与地方战略需求的研究，成为具有良好学术生态的国际创新研究中心。

（一）总体目标和业务范围

国际研究生院以世界一流学科群建设为目标，选择具有全球领先水平，又与深圳和大湾区产业经济和社会发展高度契合的若干学科，面对经济和社会的快速发展与变革，借势全球创新格局的调整与重构，瞄准新一轮科技革命和产业转型，跨越传统学科界限和产业边界，完成以工科为核心的"6＋1"一流学科群的布局和建设，包括材料科学、信息科技、医药健康、海洋工程、未来人居、环境生态以及创新管理。

国际研究生院还进行与高等教育和科学研究相关的活动，包括开展与国内外大学及科研院所的学术合作与文化交流，促进产学研发展，开展符合国家地方法律法规许可的与教育科研有关的其他活动。

（二）学科领域与教学实验室设置

依据学校一流大学建设方案，结合深圳市和粤港澳大湾区的特色，国际研究生院将在前沿创新研究、应用基础研究、学科交叉融合方面着力，努力推动应用型科技人才培养和重大技术突破，强化学科建设及人才培养服务国家经济建设的能力。

国际研究生院将围绕材料科学、信息科技、医药健康、海洋工程、未来人居、环境生态等主题领域进行布局，通过学科交叉融合和统筹规划建设，促进重大科研创新合作和人才培养合作，形成跨界协同创新的发展态势，服务于粤港澳大湾区的科技创新和国家整体战略。

1. 未来人居学科领域

未来人居学科领域主要有城市交通物流、未来人居设计两个培养方向，课程体系中的大部分课程均需依靠拟建的未来城市交通物流教学实验室和未来人居设计教学实验室来实现正常的教学及研究活动。

（1）城市交通物流方向。城市交通物流方向主要培养物流工程与管理和交通工程专业的研究生。该学科方向的课程体系以交通工程、物流工程、供应链管理、生产管理等专业课程为核心，以高级运筹学、应用统计学、随机系统建模与分析等理论课程为基础，同时辅以物流信息技术、系统仿真、物流地理信息系统等信息技术课程，形成了数理基础、专业知识、信息技术融会贯通的全面课程体系。在人才培养中践行"知行合一"的教育理念，注重实验教学和实践教学，培养学生掌握基础理论、前沿技术和创新思维的能力。

课程围绕智慧订单履约、城市配送、社区无人配送、智能网联车混合交通流仿真、新能源交通物流设施管理、智慧供应链等领域开设教学实验课程或实验模块。实验平台包括智能硬件系统、算法设计与演算平台、系统仿真平台、多人演练平台等。到2025年，预计共开设15～20个实验课或实验模块，每年总实验学时数达180学时以上。课程体系中的大部分课程均需依靠未来城市交通物流教学实验室来实现正常的教学及研究活动。

（2）未来人居设计方向。未来人居设计方向以系列"设计实验专题"为主干，同时设置理论系列课程及技术系列课程作为主干课程的支撑，从而形成以设计实验为核心、以理论为指导、以技术为手段的课程体系。系列设计专题课程包括了2个"设计专题"课及"最终设计专题"，前者根据设计专题内容还设置了相关的辅助课，如调查、培训、交流、讨论、讲座、评图等，后者相当于毕业设计，包括设计专题及相关论文两部分；技术系列课程包括数字建造技术、智慧城市技术、绿色建筑技术等6门课程；理论系列课有中国建筑史、未来人居理论、数字建筑理论、绿色建筑理论、智慧城市理论等10门课程。

课程围绕三维打印与智能建造、数控建造、智慧城市、建筑性能、数字规划与设计等领域开设教学实验课或实验模块。实验类型包括基础性实验、认知性实验、综合性和探索性实验。到2025年，预计共开设13～15个实验课或实验模块，每年总实验学时数达 500 学时以上。课程体系中的大部分课程均需依靠未来人居设计教学实验室来实现正常的教学及研究活动。

2. 医药健康学科领域

医药健康学科领域坚持前沿导向、需求牵引、工程科学支撑、多学科交叉，培养高水平学术、创新创业和管理型领军人才。教学体系设置将以设计思维和问题导向为出发点，重构培养过程，采用汇聚交融科学、技术、工程、人文、管理等多学科于一体的创新培养模式，注重应用知识和技术为人类生命健康问题提供解决方案和原型产品，成规模成建制地为大湾区产业经济发展提供高层次创新和创业型复合式专业人才。针对研究生专业背景和学习经历差异性较大的特点，以解决医疗设备和生物医药研发问题为导向，创新能力培养为目标，关键技术类课程和实验类课程教学采用"基础性实验＋挑战性实验"（DIY）的模式，在基本操作全流程学习的基础上开展前沿性、自主性和挑战性创新实验设计，注重学生医疗设备和生物医药研发基本技能培养，注重学生创新创业能力和团队合作精神培养；充分体现学科交叉，以解决实际问题为导向，为学生进行设计思维和解决实际问题的创新能力训练提供基础性和挑战性平台。

医药健康学科领域技术类和实验类课程体系围绕生物医学影像、高端数字信号处理、生物微创治疗、医疗器械实践创新、药物的人工智能设计、生物制药创新设计、药剂工程、疫苗工程、生物制药工艺学等领域开设教学实验课或实验模块。实验类型包括基础性、综合性和挑战性实验。到 2025 年，预计共开设 30 ～ 40 个实验课或实验模块，每年总实验学时数约 900 学时，同时将承担国际化联合培养项目及部分学生的创新创业实践环节。精准诊疗创新技术教学实验室和生物制药工程创新教学实验室在功能上互补。课程体系中的大部分课程均需依靠拟建的精准诊疗创新技术教学实验室和生物制药工程创新教学实验室来实现正常的教学及研究活动。

3. 海洋工程学科领域

海洋工程学科领域主要有海洋工程与技术、海洋能源工程两个培养方向，课程体系中的大部分课程均需依靠拟建的海洋技术与工程教学实验室和海洋能源工程教学实验室来实现正常的教学及研究活动。

（1）海洋工程与技术方向。海洋工程与技术方向将以海洋结构工程动力学、海洋生化研究以及海洋观测技术为主要方向设计一系列实验课程，实现缩尺比海洋工程结构动力学试验、海洋生物生态实验室内研究至海上原位试验和原位观测的全链条、多方位海洋工程与技术方向研究生的高水平培养。海洋工程结构动力学教学方面，设计以海洋工程水池、大型消声水池、内波水池以及振动台为基础，融合工程试验母船的实海试验的动力学跨尺度教学实验体系。海洋生物生态学教学研究方面，设计以水质抽样分析、生物样本检测、生态环境调查、实海生物环境观察为模块的一系列海洋生化类实验课程。物理海洋和海上观测方向，依托学院已有的海洋工程试验母船和拟购置的完备的海洋物理、化学和动力学环境观测试验仪器，主要开展以物理海洋学、海洋地质、海洋声学、海洋光学等领域的教学。

实验课程的设置关注从实验室缩尺比动力模拟、实验室海洋生物化学实验、水质监测到实海全尺寸试验、海上观测的全链条。面向海洋工程与技术专业的研究生，一方面加深其有关波浪理论、浮体运动、物理海洋、海洋生物生态等基础理论课程的理解，另一方面也培养学生实际动手完成研究类型试验的能力。为研究生后续展开更为深入的研究，以及从事与海洋科研有关的工作奠定基础。到2025年，海洋工程与技术专业方向计划开设约11个专门实验类课程或者课程类试验模块，总实验教学时数超过300学时/学年，所涵盖的课程包括海洋工程与技术海上实习、流体荷载水池试验模块、地震工程学试验模组等。课程体系中的大部分课程均需依靠海洋技术与工程教学实验室来实现正常的教学及研究活动。

（2）海洋能源工程方向。海洋能源工程方向围绕海洋新能源的产生、输运及利用主题，建设理论教学及验证、先进技术教学、开放性探索试验的课程体系。本课程教学体系与培养方案相关的12门课程一体化衔接，服务课程模块设计，以实验教学平台形式整合课程资源和教学软硬件资源，同时积极探索开放性试验方式，为培养综合型、创新型人才服务。课程体系围绕高压放电现象、电能产生与输运、综合微网、能源装备可靠性等领域开设教学实验课程。实验类型包含理论验证型、先进技术认知、综合性设计试验和开放探索试验。到2025年，预计开设10个以上实验课程，每年总实验学时数超过200学时。课程体系中的大部分课程均需依靠海洋能源工程教学实验室来实现正常的教学及研究活动。

4. 信息科技学科领域

信息科技学科领域将发挥清华大学多学科交叉优势，利用粤港澳大湾区雄厚的电子产业基础和配套优势，整合学院信息技术相关学科的师资团队、课程教学、实践实训、创新创业等人才培养资源，围绕电子技术、智能感知与制造、智能机器人、人工智能与大数据等领域建立基础理论与核心技术的教学与研究体系，支持基础教学和应用拓展能力的培养，活跃并鼓励创新性应用的产生，形成自己的特色。以建设国际领先的信息技术实验室为目标，为深圳市、全国乃至世界培养顶尖的信息技术产业和科研领军人才，并形成国内及国际高校的典型示范。

信息科技学科领域课程围绕电子、计算机、微电子、人工智能、大数据、互动媒体设计与技术、材料设计与计算、互联网与创新设计等信息领域开设教学课程和实验模块。课程类型主要由专业理论基础课程、实用技术课程、专业实践课程以及公共课程组成。

信息科技学科领域主要有电子技术、智能感知与制造、智能机器人和人工智能与大数据四个培养方向。信息科技学科领域课程体系中的大部分课程均需依靠电子技术教学实验室、智能感知与制造教学实验室、智能机器人教学实验室和人工智能与大数据教学实验室来实现正常的教学及研究活动。

（1）电子技术方向。电子技术方向将打破学科界限，以目标驱动为原则，以实验方法为主导，以课程内容为主线，重组实验教学体系，强调其自身的系统性。建立一套完整的用于教学培训的数字化解决方案，从方法学源头到应用的全流程模拟，在电子技术领域做成特色综合性学科课程，持续地培养高端信息技术产业人才。

在电子技术方向将开展各方面实验，如物联网互操作实验、集成电路设计制造、嵌入式编程训练实验、智能硬件实验、数字电路设计实验、动态图像目标识别与检测实验、半导体测试实验等。融合各工程领域并交叉应用各类尖端制造技术。同时，实验室对电子、微电子、精仪、自动化、计算机、材料、海洋和生物医学等学科的发展都具有重要的支撑和牵动作用，通过提供功能强大的工具和手段促进各个学科的进步和发展。

电子技术方向以实践教学为主线，兼顾或能延展到支持全院不同学科的科研成果展示与学生创新创业实践。课程以实际操作实验为主线，以仿真模拟为辅助开展其他实验内容。其中实验教学内容的安排和设计将注重理论和实践相结合，实验类型多样，包含演示型实验、综合型实验和设计创新型实验等。教学方式具体包括课堂讲授、多媒体演示、数值计算、仪器操作、实际现场观测等，通过多样形式促进学生对相关学科知识的掌握和理解，锻炼学生独立自主实践能力。学生以个人或者团队协作方式完成实验项目，经过老师引导，通过现场动手实践和综合性实验，加强对前期各项专业理论知识和方法的综合应用，掌握实验方法技能。将各个实验结果和分析环节与科学问题和内容结合起来，在实际应用中，完成整个教学环节。

计划支持全院每年超过 1500 名研究生选课，每学年将开设不少于 743 个实验学时的实验课程，实验教学平台每学年课外使用时间约 10000 人·时。每学年为集成电路与系统、集成电路工程专业研究生提供 IC 课程设计实践环境，支持不少于每人 240 机时的实践授课，合计超过 20000 机时实验课需求。课程体系中的大部分课程均需依靠电子技术教学实验室来实现正常的教学及研究活动。

（2）智能感知与制造方向。制造业是现代国家的命脉，是物质财富的根本来源。《中国制造 2025》以推进智能制造为主攻方向，以加快新一代信息技术与制造业深度融合为主线，以满足经济社会发展和国防建设对重大技术装备的需求为目标，其主要特征是信息技术与制造技术的深度融合，以实现制造业的数字化、网络化和智能化，加速推进制造业转型，实现中国制造由大变强的战略任务。智能感知与制造学科方向是制造技术与信息技术的深度融合，涉及机械和仪器两大学科，并与自动化、计算机、电子、材料等学科交叉，因此，课程体系也将围绕机械学科和仪器学科的核心课程进行建设，并涵盖智能制造的各个交叉学科，建立了包括计量技术、核心零部件、超快测量、微纳传感、光谱与偏振检测、照明与显示、成像与存储、超精密制造、智能制造数字化车间、生物制造工程技术、柔性制造单元、柔性装配单元、数字孪生智能产线 13 个教学系统，开设了 40 多门专业课程，建立从基础知识到前沿技术的完整的课程体系。

智能制造的特征在于实时感知、优化决策、动态执行三个方面。智能制造需要大量的数据支持，通过利用高效、标准的方法实时进行信息采集、自动识别，并将信息传输到分析决策系统。通过面向产品全生命周期的海量异构信息的挖掘提炼、计算分析、推理预测，形成优化制造过程的决策指令。最后根据决策指令，通过执行系统控制制造过程的状态，实现稳定、安全的运行和动态调整。智能制造的基础是生产基础自动化系统，主要包括生产现场设备及其控制系统，其中生产现场设备主要包括传感器、智能仪表、PLC、机器人、机床、检测设备、物流设备等，控制系统主要包括适用于流程制造的过程控制系统，适用于离散制造的单元控制系统和适用于运动控制的数据采集与监控系统。为此，在专业课程中设置相应的实验，对实时感知、优化决策、动态执行三个方面以及智能制造生产现场设备的原理和应用进行全覆盖。课程体系中的大部分课程均需依靠智能感知与制造教学实验室来实现正常的教学及研究活动。

（3）智能机器人方向。智能机器人方向秉承理论与技术并重的教学理念，同时设置理论系列课程及技术系列课程作为主干课程的支撑，从而形成以理论为指导、以技术为手段的课程体系。理论系列课有"机器人学导论""机器人与仿生学""智能机器人基础""空间机器人技术""机器人建模与控制""智能机器人前沿与应用""数字图像处理""模式识别""飞行控制系统""动态系统的故障诊断与容错控制""多传感器融合理论及其应用""统计信号处理""机器人心理学""人工智能伦理"14 门课程；技术系列课程包括"机器人系统与制作""智能机器人设计与实践""机器人现场编程""数字图像处理实践专题""计算机网络与多媒体技术实验与设计""悟空 Android 开发课程"6 门课程。

课程体系将以智能机器人技术为核心，通过集聚国内外创新资源，聚焦服务机器人、工业机器人、特种机器人以及无人驾驶系统等领域，开展智能机器人实验教学，攻关人工智能与机器人的基础研究、应用研究及产业化方面存在的卡脖子问题，旨在培养具有全球竞争力的机器人领军人才。实验室采用开放管理模式，为学生进行课外研究、科技创新和自主创业提供充足的资源条件。课程围绕计算机视觉、运动控制、力触觉感知、机械臂抓取、导航决策、群体机器人、人机交互等领域开设教学实验课或实验模块。实验类型包括基础性实验、认知性实验、综合性和探索性实验。到 2025 年，预计共开设 25～30 个实验课或实验模块，每年总实验学时数达 500 学时以上。课程体系中的大部分课程均需依靠智能机器人教学实验室来实现正常的教学及研究活动。

（4）人工智能与大数据方向。人工智能与大数据方向致力于与相关学科的交叉融合中形成"人工智能＋X"复合专业培养新模式，并使人工智能成为一种通识教育形式，渗透到其他学科知识技术教育中去，促进各传统学科产生新的学科发展增长点。目标是为世界培养系统掌握智能方法和智能信息处理技术，能够实施信息获取、传输、处理、优化、控制工程，具备在相应领域从事智能技术与工程的科研、开发、管理工作的能力，具有宽口径知识和较强适应能力及现代科学创新意识的高端技术人才。

人工智能与大数据方向以系列"人工智能与大数据实验专题"为主干，同时设置理论系列课程及技术系列课程作为主干课程的支撑，从而形成以设计实验为核心、以理论为指导、以技术为手段的课程体系。将建立数据采集平台、数据存储与计算平台、图像视频数据处理平台、语音信号处理平台、自然语言处理平台、数据可视化平台等支撑学院人工智能、大数据、互动媒体设计与技术、材料设计与计算、互联网与创新设计、生物信息等人才培养项目的基础理论与核心技术教学与研究，支持基础教学和应用拓展能力的培养，活跃并鼓励创新性应用的产生，建立定制化、可重构的教学平台。实验类型包括基础性实验、认知性实验、综合性和探索性实验。到 2025 年，预计共开设 80～100 个实验课或实验模块，每年总实验学时数达 1500 学时以上。课程体系中的大部分课程均需依靠人工智能与大数据教学实验室来实现正常的教学及研究活动。

5. 环境生态学科领域

环境生态学科领域以国家生态文明和人类命运共同体建设需求为导向，立足于国际环境与生态学科前沿，面向深圳市和大湾区高质量发展面临的新环境问题，以培养高层次环境与生态保护人才为核心，围绕环境科学与工程专业学术博士项目和工程博士项目、环境工程专业硕士项目、清华大学－京都大学环境学科双硕士研究生学位项目、清华大学－汉若威大学环境工程双硕士学位项目、绿色环境基础设施专业硕士学位项目等项目的人才培养需求，以课组和模块化形式，开设环境数学、水处理过程化学、现代环境生物学等基础理论课程，高等水处理工程、现代环保设备等专业基础课程，以及环境与市政工程实践与案例分析等工程案例分析课程。同时，面向一带一路沿线国家等地的留学生培养重要需求，开设论文实验实践训练课程，为研究生提供教学实验训练。

课程面向多学科交叉需求，围绕水循环与水污染防治、大气污染与防治、固体废物污染控制与资源化、土壤与地下水污染防治、水陆生态系统观测与保护、复合污染物与生态效应评价、全球气候变化模拟与保护等领域开设教学实验项目。实验类型包括基础性实验、认知性实验、综合性和探索性实验，同时将设置高阶实验课，面向社会需求，培育创新创业的种子。预计共开设19个实验项目，总实验学时数达625学时以上。课程体系中的大部分课程均需依靠环境生态教学实验室和环境工程教学实验室来实现正常的教学及研究活动。

6. 材料科学学科领域

材料科学学科领域教学课程体系将重点建设材料设计与计算、先进能源材料与器件、低维材料与器件、信息功能材料与器件、生物医用材料与器件五个方向，打造材料科学与工程领域的人才培养和科研中心，建成国际一流的新材料研究型和产业型人才培养基地，为国家战略性新材料的发展提供多学科交叉融合的人才支撑，并实现新材料高技术成果转移转化。以"材料与器件"（Materials and Devices）为主干，以材料科学基本知识构架体系（无机材料、有机材料、金属材料及复合材料）为根基，以材料及器件研发的要素为主线，旨在打造成为一个材料科学领域国际一流的研究生教学课程体系。围绕材料学科五个主要发展方向，依据材料与器件的设计、制备、组装及性能表征分析四个维度，开设约30门教学课程相关的80个以上教学实验。教学课程体系建设包括：公共必修课程、专业学科重点课程以及专业选修课程；课程整体分为两大体系：认知型基础课程和实践性探索课程。认知型基础课程又可细分为通识型常识课程和专业培养基础课程，旨在培养学生的基本知识体系和素养，如"材料热力学""能源转化与能量存储：材料与器件""电化学原理与应用""新型炭材料""固态离子学""Surface and Interface of Materials"等；实践性探索课程又可细分为实践性感知课程和探索性开发课程，如"材料分析与表征""金属材料的先进制备技术""现代分析仪器在材料科学中的应用""透射电子显微实验""电子器件与封装""材料的性能选择与设计"等，通过实践和探索课程培养学生工程实践开发能力，并更好地运用到探索性和创新性工程实践开发过程中，提升我国在能源材料和器件中的创新和集成开发水平。同时还设置了包括实验竞赛、个性化实验、暑期实习、工程实践、培训与讲座等各类专题项目。

做好"6＋1"主题领域的需求分析是国际研究生院搭建高水平教学实验平台，满足学院人才培养的迫切要求，通过及时配置相关设备，建设各类高水平教学实验室，为尽快开展高水平教学实验提供必要条件，为国际研究生院尽快建成世界一流研究生院的目标奠定坚实基础。

第二节　外部信息工作和公文流转

一、党政办的信息工作

（一）党务口的信息报送

1. 信息报送的内容和频次

国际研究生院党务工作外部公文的信息报送主要涉及两块：其一是南山区委信息科和市委信息处对接，不定期报送信息；其二在学校 info 七日信息汇总栏目报送学院重点动态。

给南山区委及市委报送信息一般是由区委或者市委提供选题，国际研究生院发动相关学科老师撰写信息或调研论文并上报相应联系人，还包括院内的重大工作进展及老师想向上级反馈意见建议、参政议政信息等的上报，一般半个月有一篇信息上报。如果信息被采纳，市委信息科会下发采用信息通知。

在学校 info 七日信息汇总是直接在校 info 相关栏目上传信息，由学校信息部门进行审核。发布信息的频次固定在一司 3~4 篇，根据学院发布重要工作动态的频次而定。

2. 信息报送对学院发展和建设的意义

向南山区委信息科及市委信息处报送信息，一是完成上级部门对学院的信息报送指标；二是通过大量的信息报送，支持市委及区委的信息工作，同时有利于增进学院在市、区的影响力，更好地为各级领导决策和科学处置提供支持和服务，同时也让相关部门了解学院重要工作进展情况；三是通过信息报送渠道向上级部门及时反映学院亟待解决的问题及需上级支持的内容；四是信息如被采纳，对学院及负责信息撰写的老师均有正向作用。

学校 info 七日信息汇总则主要让学交领导及各上级部门了解学院最新工作动态和重要工作进展，给他们的决策提供参考和帮助，也能通过这个栏目更好地向学校及兄弟单位宣传学院情况，成为展示学院特色工作的一个窗口。

（二）政务口的信息工作

政务口负责的信息方面工作主要有信息报送、数据统计、信息公开、年鉴编纂等。

1. 信息报送工作

信息报送工作主要是向市教育局、其他相关委办局以及校本部报送信息，包括学院基本情况、各类信息统计、专项工作开展情况、意见建议、工作总结、工作计划等。

工作频次依据具体工作要求和工作进展情况而定。有明确时间要求的，严格按照时间要求进行信息报送。常规性的信息报送，如工作总结、工作计划等，一般每年报送两次；非常规性的信息报送，按照时间要求报送，如集中推动疫苗接种工作期间，每天报送疫苗接种信息等。

2. 数据统计工作

数据统计工作主要是收集汇总学院相关基础数据，包括师生数据、科研数据、经费数据、获奖数据、合作项目数据等，并根据要求完成相关数据的统计上报。

工作频次：常规性的数据统计，每年至少开展一次；非常规性的数据统计，按照时间要求开展。

3. 信息公开工作

信息公开工作主要是将学院章程和各项规章制度、院务会决策事项、学院重点工作进展情况等，通过公示、院务公告、工作简报等形式，在学院门户网站进行公开。

工作频次：学院章程和各项规章制度的公开工作，依据具体工作进展情况而定；院务公告一般为每周一期；工作简报一般为每月一期，依据学院重要工作动态情况而定。

4. 年鉴编纂工作

年鉴工作主要是编纂学院年鉴，并按照要求参与编纂市教育局《深圳教育年鉴》、市史志办公室《深圳年鉴》以及校本部年鉴等，工作频次一般为每年一次。

政务口的这些信息工作对学院发展建设的作用和意义如下：配合上级单位和其他相关单位完成工作，为工作的推进开展提供支持、建议和决策参考等；向上级单位和其他相关单位反映需要指导和支持的事项，为学院的发展建设凝聚力量；掌握学院发展的动态信息，为学院的决策及其他工作的开展提供数据支撑和参考；向学院师生及时公开学院决策事项和重点工作进展情况等，汇聚发展共识；记载和总结学院每年度发展情况，留存历史资料；展示和宣传学院办学思路、工作成果、有益经验等。

二、政务口的公文流转

另外，政务口还负责政务公文的办理，包括收文办理、发文办理、整理归档等。

（一）收文办理工作

公文来源单位主要有：①广东省政府及相关部门（包括省政府办公厅、省教育厅、省疫情防控指挥办、省安委办、省消安委、省应急管理厅等）。②深圳市政府及相关部门（包括市政府办公厅、市教育局、市财政局、市发改委、市科创委、市疫情防控指挥办、市机关事务管理局、市政数局、市统计局、市规自局、市人社局、市安委办、市扶贫协作和合作交流办、市大数据资源管理中心、市政府采购中心等）。③南山区政府及相关部门（包括区教育局、区发改局等）。④深圳大学城、桃源街道办、校本部等。

工作频次为平均每个工作日约 3.6 条（以 2019 年 4 月 13 日至 7 月 13 日这三个月的信息接收数据为参考，共接收 229 条，按工作日 64 天计算，平均每个工作日约 3.6 条）。

对学院发展建设的作用和意义：及时了解和学习掌握国家的相关方针政策、指导意见、工作要求等，对于有序推进学院工作的开展具有重要的指导意义。

（二）发文办理工作

公文发往单位主要有：①广东省政府及相关部门（包括省教育厅等）。②深圳市政府及相关部门（包括市教育局、市财政局、市发改委、市科创委、市政数局、市建筑工务署、市扶贫协作和合作交流办等）。③南山区政府及相关部门（包括区教育局等）。④深圳大学城、桃源街道办、校本部等。

工作频次：依据具体工作要求和工作进展情况而定。

对学院发展建设的作用和意义：一是配合上级单位和其他相关单位完成工作，为工作的推进开展提供支持、建议和决策参考等；二是及时反映学院工作进展情况，以及需要上级单位和其他相关单位指导和支持的事项，为学院的发展建设凝聚力量；三是展示和宣传学院的办学思路、工作成果和有益经验等。

总之，高校作为教育共同体，一方面要通过内部教学平台（高水平教学实验室）的规划和实施，实现高校内部跨学科的资源整合、数据流通和信息共享；另一方面还涉及外部信息的互联互通，包括高校与上级主管部门之间的纵向信息共享以及高校和其他兄弟高校之间的信息共享和数据交换。

第三章　生态型和智慧化是
高校绿色发展的未来

第一节　生态型校园的建设

生态型校园就是运用生态学的基本原理与方法规划、设计、建设、管理及运行的人与自然关系和谐，各物种布局、结构合理且自然环境优良，物质、能力、信息高效利用且对环境友好的集学习、工作、活动、休闲功能于一体的人工生态系统，清华大学深圳国际研究生院一期（清华－伯克利深圳学院）校园的建设就是参照了这个原则。

一、总体设计原则

传承与延续两校精神，体现深圳特色。清华－伯克利深圳学院是由清华大学和加州伯克利大学在深圳市支持下创办的国内领先的办学机构，校园的设计形式和建筑风格要对清华大学与加州伯克利大学有一定的传承，要能够体现深圳开放、包容、理性、创新的城市特色。

营造轻松的国际交流氛围。实施书院式管理，期望为教授和学生营造随时随地、轻松愉悦的交流氛围。设计过程中，因地制宜设计各类交流场所，创造轻松舒适的建筑空间，搭建师生思想碰撞的平台。

柔性设计科研空间版块。清华－伯克利深圳学院自 2015 年创办至今，一直保持着高速的发展，研究方向不断拓展和丰富，高水平的科研团队持续引进，由此会造成空间的功能需求随之发生变化。因此，在设计上要对将来可能的变化做充分的考虑，预留充足的柔性和适应性；同时，对于运营成本较高的空间（如洁净间等），实行模块化设计，可以根据需要分阶段投入使用，避免造成资源以及运营成本的浪费。

打造高效的公共科研平台。清华－伯克利深圳学院旨在打造华南地区乃至国内领先的公共科研平台，为区域内高校以及高新科技企业提供基础及应用性科研服务。基于平台的公共服务属性，须进行有针对性的设计，在保障运行安全和秩序的前提下，提升服务的便捷性。

优化布局，整合功能，保障安静的学习和生活空间。在地块内既有"公共科研平台""轻松的国际交流氛围"这种开放程度较高的功能空间，同时又要为学生提供一个相对封闭的、安静的学习和生活环境。设计过程须结合地块具体情况，整合功能需求，优化布局，规划人、车、物流线路，做好合理布局和功能分区。

二、总体规划和具体实施方案

（一）总体规划

根据各类用房的面积指标以及功能的相关性，初步梳理为五个功能版块：行政教学综合版块（版块一），科研版块（版块二），公寓版块（版块三），户外空间、架空连廊及地下用房版块（版块四）以及灵活布置空间（版块五）。其中，版块一至版块三希望能够保持相对独立性（底部裙楼可以连接）；版块四根据设计师结合设计方案进行布局；版块五中的17－20子项为灵活空间，每一项可以根据建筑师对于功能相关性的理解和建筑设计的需要，和版块一至版块三中的任意版块统筹考虑，第20项教学实验室及实训室的面积指标，如有需要，可做进一步拆分并分置于不同的版块中。

各版块面积的初始指标如表3－1所示，在后续的实际空间分配过程中会根据国际研究生院的总体布局和"十四五"规划进行实事求是的调整。

表3－1　各类功能用房面积及版块整合

序号	名称	建筑规模（平方米）	备注
	总计	156287.5	
	功能版块一、行政教学综合版块	11238.5	
1	教学用房	3520	
2	阅览交流空间（图书馆）	3184.5	
3	校行政办公用房	2574	行政办公用房＋院系及教室办公用房
4	报告厅	660	对应可研会堂
5	各类后勤用房（一）	1300	可研后勤用房分解面积指标

续表

序号	名称	建筑规模 （平方米）	备注
	功能版块二、科研版块	65547	
6	专职科研用房	43300	
7	国家或省部级重点实验平台（筹）	22000	
8	各类后勤用房（二）	247	可研后勤用房分解面积指标
	功能版块三、公寓版块	29853	
9	学生宿舍（包括留学生宿舍）	23732	
10	教工单身宿舍（公寓）	696	
11	外籍教师生活服务用房	3925	
12	各类后勤用房（三）	1500	可研后勤用房分解面积指标
	功能版块四、户外空间、架空连廊及地下用房版块	38000	
13	地下车库	22528	
14	地下设备用房	7472	
15	架空层	3327	
16	连廊	4673	
	功能版块五、灵活布置空间	11649	
17	师生活动用房	649	
18	"两湾五创直通车"国际化开放创新中心	1200	
19	食堂	2404	
20	教学实验室及实训室	7396	

备注：①后勤及附属用房面积根据实际需要分解到行政教学综合版块、科研版块和公寓版块之中。②后续功能版块级单体设计章节中，各版块面积做整合考虑，分项面积可能会与可研中申报的面积有微小差异。

资料来源：清华大学深圳国际研究生院。

（二）具体实施方案

1. 行政教学综合版块

（1）教学用房设计要求。

● 教室规模以30座、60座两种为主，配置可以灵活移动且自由组合的桌椅。设置少量规模为100座和160座的中型阶梯教室，阶梯教室内采用 U 型桌椅布局，可用于举办小型学术论坛，中型阶梯教室可拓展为24小时自修室，配置独立的空调。教室层高根据使用要求确定，原则上完成面标高不低于3.5米（见表3-2）。

表3－2 行政教学综合版块用房需求

房间（空间）名称	单个房间/空间室内面积（平方米）	数量（间）	该类型房间/空间室内面积小计（平方米）	是否有特殊要求
教学用房				
小型多媒体讨论室（30个座位以下）	60	6	360	需要安装远程同步教学、摄录设备、监控设备
小型多媒体课室（60个座位以下）	120	4	480	需要安装远程同步教学、摄录设备、监控设备
U型多媒体教室（60个座位以下）	160	2	320	需要安装远程同步教学、摄录设备、监控设备
U型多媒体课室（100个座位）	200	1	200	需要安装远程同步教学、摄录设备、监控设备
U型多媒体课室（160个座位以上）	300	1	300	需要安装远程同步教学、摄录设备、监控设备
教师休息室	35	5	175	
师生活动室	60	5	300	
多媒体管理办公室	100	1	100	
教室管理员值班室	40	1	40	
试卷保密室	40	1	40	
储藏室	70	1	70	
茶水间	20	3	60	
阅览交流用房				
专业阅览室	1000	1	1000	
公共交流与展示空间	800	1	800	
创新交流空间（10人）	30	4	120	提供全媒体环境
创新交流空间（20人）	50	2	100	提供全媒体环境
行政办公用房				
院领导办公室	18	6	108	
主任办公室	12	10	120	
小型会议室	60	3	180	
网真会议室	60	1	60	
职员办公室	40	8	320	
职员办公室	80	8	640	

续表

房间（空间）名称	单个房间/空间室内面积（平方米）	数量（间）	该类型房间/空间室内面积小计（平方米）	是否有特殊要求
行政办公用房				
职员办公室	120	4	480	
茶水间	20	3	60	
小型洽谈室	10	10	100	
文印室	30	1	30	
门卫及监控用房	42	1	42	
档案室	60	3	180	
国际学术报告厅				
国际学术报告厅	520	1	520	可召开大型国际学术会议；实现同声传译
行政教学综合版块室内面积	7305			
行政教学综合版块建筑面积（K=0.65）	11238			

资料来源：清华大学深圳国际研究生院。

- 符合现代化和信息化管理的需要，满足数字化和信息化教学功能需求，配置投影显示设备、计算机、电子白板、音视频设备、网络设备、中控讲台、集成控制系统等数字化多媒体设备。教学用房配置智能化集成监控管理系统，可以对教室设备运行情况进行远程操作。
- 教室符合《国家教育考试考场标准化考场》网络视频监控系统建设标准。
- 教室设置在较低楼层（六层以下），可以步行通达。楼梯和各楼层走廊合理设计，保证承受足够的通行流量，便于师生同行以及疏散组织。
- 教学楼层强化公共空间的设计，创造人们能够停留、聚集、交流的空间。
- 楼层电梯厅设置信息发布设备，可以显示当天的各教室课程安排。
- 对于一些灵活布局及可移动桌椅的教室，每一面墙体都设置白板，便于讨论交流。
- 每层楼配置适量的厕所，保证教学需要；每层楼设置开水间，可提供冷热水。

（2）阅览交流空间设计要求。

● 设置专业阅览室，对专业阅览室进行灵活设计，在考虑工作流程的科学、合理的前提下，要尽可能为读者提供轻松、舒适的阅读环境。

● 专业阅览室采用建筑智能化系统，实现建筑物运行、管理、安全防护以及信息服务方面的智能化；设置适量计算机，以便读者信息查询。

● 在公共区域设置前台一处，可以为阅读者提供咖啡和茶水（付费服务）。

● 设置一处公共交流及展示空间，可用于学院各类知识成果的宣传展示；配置灵活舒适的桌椅，日常供学生交流讨论；配置多媒体系统，有需要时可以举办小型读书会及学生小型创业交流活动（可考虑采用大楼梯阶梯的形式，既连通上下楼层，又可以提供聚集和交流的空间）。

● 设置创新交流空间，每个封闭空间可分别容纳 10 人和 20 人，提供全媒体环境，可用于小规模学术以及工作交流。

● 整个阅览交流空间不需要设置大规模的馆藏图书，共享大学城图书的馆藏图书，强调阅览与交流功能，弱化图书储存功能。设计时应考虑通风、消防、采光等方面。

（3）行政办公用房。

● 办公建筑应根据使用要求，结合实际情况选择合理的开间和进深，易于根据使用需求进行灵活布局或者空间改造。

● 各楼层、各相对独立工作区划分应科学、合理。其中党政办公室可与接待室、会议室安排在同一楼层，教学类办公室设置在低楼层。

● 办公用房面积应符合《党政机关办公室用房建设标准》的相关要求。

● 各楼层设置茶水间（含开水机、冰箱、微波炉等生活设施），每层楼设置 1 间标准 16 人会议室，设置若干小间公共会客室。

● 办公室内设置足够的文件储存空间。各楼层设置一处档案储存空间。

（4）国际学术报告厅（主礼堂）。国际学术报告厅兼做学院的主礼堂，采用古典风格，能够体现较强的仪式感，有两校的标识位于醒目的位置。国际学术报告厅（主礼堂）能够同时容纳 500 人开会，信息化设备配置满足召开大型国际会议的条件，具备良好的网络条件，可以与加州伯克利大学实现远程连接。

（5）各类后勤用房。根据需要，由设计团队进行配置。

2. 科研版块

本版块将可研报告中的国家（省部级）重点实验平台和专职科研用房面积进行整合考虑。整合后的面积，依据管理权限以及功能定位的差异，分为院级公共实验平台用房和中心及实验室功能用房两大部分。

（1）院级公共实验平台用房。如表 3-3 所示，院级公共实验平台主要包括院管大型设备间和共享型的基础研究平台，院级平台除满足学院相关实验室的使用需求外，同时面向社会开放（付费使用）。院级公共实验平台优先安排在科研楼裙楼低楼层，既便于大型设备的搬运，也方便外来办事人员来访使用。院级平台设置相对独立的电梯，刷卡乘坐电梯。一楼设置前台，外来办事人员以及参观人员登记后，领用临时出入卡。

表3-3 院级公共实验平台用房需求

房间（空间）名称	单个房间/空间室内面积（平方米）	数量（间）	该类型房间/空间室内面积小计（平方米）	是否有特殊要求
PI办公室	24	10	240	
工程师办公室	80	3	240	
会议室	60	3	180	
样品准备间	50	7	350	
新材料加工与制备洁净间	1750	1	1750	千级洁净间，局部为百级
微纳加工平台	1800	1	1800	
生物检测平台	1000	1	1000	
大型仪器设备间	50	25	1250	
大型仪器设备间	50	5	250	电磁屏蔽，低振动
大型仪器设备间	100	11	1100	
大型仪器设备间	100	5	500	电磁屏蔽，低振动
大型仪器设备间	200	5	1000	
大型仪器设备间	200	2	400	净高6米
中心公共用房（仓储区）	50	3	150	
茶水间	10	4	40	
科技成果展示空间	400	1	400	
交流等候区	200	3	600	
房间内面积合计			11250	
建筑面积合计（K=0.7）			16100	

资料来源：清华大学深圳国际研究生院。

（2）中心及实验室功能用房。如表3-4所示，中心及实验室功能用房依托三个中心对实验室进行管理，在空间设计时，要保证实验室有较高的灵活性以及可拓展性，保障新团队进驻后，现有实验室通过快速改造即可满足不同团队的使用需求。

表 3 - 4   中心及实验室功能用房需求

房间（空间）名称	单个房间/空间室内面积（平方米）	数量（间）	该类型房间/空间室内面积小计（平方米）	是否有特殊要求
PI 办公室	24	100	2400	
访问学者办公室	24	16	384	
秘书及工程师办公室	60	25	1500	
学生卡座区（开放空间）	350	20	7000	
会议室	60	10	600	
谈论交流区	60	20	1200	
中心公共用房（仓储区）	50	3	150	
茶水间	10	20	200	
中心及实验室行政类用房室内面积合计			13434	
环境科学与新能源技术研究中心实验用房需求			9280	
数据科学与信息技术研究中心实验用房需求			7660	
精准医学与公共健康研究中心实验用房需求			4240	
中心及实验室室内用房合计			36014	
中心及实验室用房建筑面积（K = 0.7）			49448	

备注：中心及实验室用房详细列表见附件。

资料来源：清华大学深圳国际研究生院。

中心及实验室楼层优先采用标准楼层布局。根据实验室进驻的节奏，不同楼层可以分批次启动使用，避免造成的能耗以及管理成本的浪费。标准布局可分两种：一种楼层均匀分布实验室以及各类行政用房（此类布局空间为基础面积，支撑实验室常规教学科研工作的开展）；另一种是楼层以实验室为主，配置少量必要的行政用房（此类为拓展面积，由各实验室根据科研任务动态申请，并以科研经费支付相关的面积调节费用和运营费用）。

同类特殊物理条件（例如洁净室、生物实验室、化学实验室、重荷载楼层、特殊空调需求、特殊层高需求）的实验室设计中尽量实现模块化（既有组合，又有分割，可以根据需求分批次投入运营，控制运营成本，避免资源浪费），物理空间集中规划、使用上共享。

实验室采用大开间；设置半高透明玻璃活观察窗。学生办公区设置为开放型空间，中心级实验室功能用房版块空间内，提供不少于 1000 个学生卡座；相同研究方向的学生卡座和教师办公室尽量集中规划。在楼层适当设置讨论交流区等公共空间，强化公共空间的设计，创造人们能够停留、聚集、交流的空间。每两层楼设置一间会议室，用于开展小型学术讨论。每层楼规划一间小型茶水间，配置冰箱以及微波炉。每层楼电梯出口设置楼层门禁，须刷卡才能进入。

（3）标准实验室设计要求。除有特殊要求的实验室以外，其他实验室暂按照标准实验室进行设计（施工图设计过程中，会根据实验室需求进一步明确，特殊实验室的数量和种类会进一步增加）。标准实验室建设应满足层高、载重、给排水、通风、电气、消防等要求，具体要求如下：

- 非洁净区完成面标高不得小于 3 米，洁净区完成面标高不得小于 2.7 米。
- 载重的要求应根据使用单位的实际调研及房间分配的楼层确定，但设计单位应根据各实验室的需求给出初步方案；有特殊层高和承重要求的实验室布置在底层或者低楼层。
- 给排水应考虑到实验室纯水需求，结合实验室的需求，建设相应的纯水系统。
- 电气配置应满足实验室的用电需求，且为今后的拓展预留足够的空间。还应考虑断电后的设备续航问题，保证部分精密仪器，避免实验成果及仪器设备因断电造成损失。
- 消防应结合使用功能及设备摆放进行设计，原则上，洁净区及贵重仪器、设备及元器件等摆放的区域必须使用气体灭火系统。
- 排风方面，应考虑到不同类型废气的排放，如酸性、碱性废气排放，有机有毒废气的排放；对有毒气体进行必要的处理后再排放至室外空间。
- 废水处理方面，对于废水量较小的设备，利用废液桶进行采集；对于废水量较大的特殊实验空间，设置专门的废水采集和回收装置。
- 特殊气体方面，设置特气间并对实验室用气进行集中管理。实验室用气中含有易燃易爆气体，需做好安全防护措施，设计特气消防及安全监控系统。
- 计算机类实验室需考虑温湿度、不间断供电、电磁屏蔽等问题，对于部分重量较大的计算机服务器等设备，在空间布局时，可考虑与地下设备用房进行整合使用。
- 材料加工及生物类常规实验室满足常规的 wet lab 建设标准，并按照每 100 平方米不少于 5 个通风柜排风预留。

3. 公寓版块

如表 3 - 5 所示，公寓版块用户需求如下：

- 宿舍整体应有良好的朝向，保证足够的日照及通风。
- 宿舍按两大类，五种户型划分：外籍专家公寓（一房一厅 55 平方米、两房一厅 75 平方米、三房一厅 90 平方米）、学生公寓（单人间 24 平方米、双人间 30 平方米）。教职工单身宿舍和后勤人员宿舍参照学生宿舍进行设计。

表3-5 公寓版块用房需求

房间（空间）名称	单个房间/空间建筑面积（平方米）	数量（间）	该类型房间/空间建筑面积小计（平方米）	是否有特殊要求
外专公寓（一房一厅）	55	15	825	
外专公寓（两房一厅）	75	20	1500	
外专公寓（三房一厅）	90	15	1350	
硕士生公寓（双人间）	30	300	9000	
博士生公寓（单人间）	24	500	12000	
教职工单身宿舍	30	20	600	
后勤人员宿舍	30	20	600	
楼层小型交流区	50	20	1000	每一层或者两层设置一个
洗衣干衣房	200	2	400	
健身区	300	2	600	
研讨室	80	8	640	
清吧	500	1	500	
公共烹饪间	300	1	300	
其他后勤设施配套			538	
面积合计			29853	

资料来源：清华大学深圳国际研究生院。

● 外籍专家公寓与学生公寓有一定的隔离，保证隐私和安静，适合家庭居住。单身教师公寓和员工公寓可以和学生混排，营造师生同吃同住、同研修的书院气氛。后勤服务人员宿舍与教师及学生宿舍之间有一定的区隔。

● 学生宿舍强化空间共享，在每个楼层创造便利的小型交流空间，配置电视机、沙发、圆桌、咖啡机等简易家具；公寓区低楼层设置有休闲区、健身区、研讨区、视听区、舞蹈室、洗衣干衣房、清吧、公共烹饪间等公用设施；每栋楼设置一间值班室。

● 校园网接入每一间宿舍，教师及专家公寓预留电话线。

● 每间宿舍洗手间均使用抽水马桶。

● 每间学生公寓设置阳台及卫生间。原则上，学生公寓不接入市政燃气。

4. 户外空间、架空连廊及地下用房版块

如表3-6所示，架空连廊及地下用房版块用房需求如下：

● 主广场-大堂一线的设计要有学院派风格、要足够大气，确保足够开阔的空间感和视野。大堂-广场互相借景，浑然一体，本区域有空间能够容纳300人合影。

表 3-6　架空连廊及地下用房版块用房需求

序号	功能用房	建筑面积（平方米）	备注
一	架空层及连廊	8000	
二	地下用房	30000	
1	机动车位	21000	600 个机动车位
2	自行车位	1528	764 个自行车位
3	制冷机房	700	
4	消防水泵房	600	
5	生活水泵房	200	
6	中水处理机房	300	
7	热水机房	300	
8	校园总数据机房	600	
9	校园总备灾机房	600	
10	主配电与分配电室	800	
11	冷冻机房变配电室面积	500	
12	柴油发电机房	200	
13	消防控制室	272	
14	后勤物业管理用房	1400	
15	废水处理机房	200	
16	纯水站	250	
17	工艺冷却水循环机房	250	
18	空压机房	200	
19	非工艺的燃气表间	60	
20	电信机房	40	

资料来源：清华大学深圳国际研究生院。

● 园区设计一体化，通过连廊等的设计实现园区内任意两点 10 分钟内"无汗"可达，对于室外空间的通风设备及措施等做相应的考虑。

● 地下室建筑面积为 30000 平方米，需至少满足 600 个机动车位、700 辆自行车位的使用需求；地下一层尽可能地利用户外自然光源，保持相对明亮的氛围和环境。

● 自行车和机动车分区域管理，使用不同的进出口。

● 地下设备用房及人防的使用要求，按照国家规范及深圳市人防办的要求执行。

5. 灵活布置空间

本部分空间依据设计师对功能版块关系的理解，以及设计的需要，可以与前面几个空间版块灵活组合。

（1）师生活动用房。师生活动用房根据设计的空间布局需要，规划在行政教学综合版块或者公寓版块。师生活动用房设置舞蹈室1间，视听室1间（见表3-7）。

表3-7　师生活动用房需求

序号	功能用房	室内面积（平方米）	备注
一	舞蹈室	120	
二	视听室	200	
师生用房室内面积		420	
师生用房建筑面积（K=0.65）		649	

资料来源：清华大学深圳国际研究生院。

（2）"两湾五创直通车"国际开放创新中心（简称创新中心）。创新中心主要用于支持学院师生创业项目的孵化，可规划在行政教学综合版块或者科研版块（见表3-8）。

表3-8　创新中心用房需求

序号	功能用房	单个房间/空间室内面积（平方米）	数量（间）	该类型房间/空间室内面积小计（平方米）	备注
一	综合事务区	60	1	60	
二	会谈区	20	3	60	
三	开放办公区	300	2	600	
四	会议室	1	60	60	
师生用房室内面积				780	
师生用房建筑面积（K=0.65）				1200	

资料来源：清华大学深圳国际研究生院。

（3）食堂。食堂位置须相对独立，入口位于低楼层或者项目裙楼，2~3层布局，以便不同功能版块有一个空间区分。针对留学生设置一些独立档口或者西式餐厅，小型西式餐厅可与户外空间联通（一层地面或者天台），并设置一定数量的户外座椅等；对于因信仰的特殊饮食习惯，在空间上给予单独的考虑（见表3-9）。

表3-9　食堂用房需求

序号	功能用房	单个房间/空间室内面积（平方米）	数量（间）	该类型房间/空间室内面积小计（平方米）	备注
一	公共就餐区	1000	1	1000	
二	单独就餐间	40	4	160	四间单独就餐间可以连通使用
三	西餐厅	200	1	200	
四	清真餐厅	200	1	200	
五	备餐区	120	1	120	
食堂用房室内面积				1680	
食堂用房建筑面积（K=0.7）				2404	

资料来源：清华大学深圳国际研究生院。

（4）教学实验用房及实训室。教学实验用房及实训室空间主要用于配合实验教学工作，对于实验环境的要求相对较为宽松，由设计师根据设计需要，布置在行政教学综合版块或者科研版块（可以整体布置于一个版块内，也可以拆分布置于两个版块中）。其中的教学实验室，按照常规实验室的基础条件进行建设；教学实验室以外用房，可参照行政教学用房基础条件进行建设（见表3-10）。

表3-10　教学实验用房及实训室用房需求

序号	功能用房	单个房间/空间建筑面积（平方米）	数量（间）	该类型房间/空间建筑面积小计（平方米）	备注
一	教学实验室	280	10	2800	
二	语言学习室	200	2	400	
三	计算机房	200	2	400	
四	开放办公区	200	1	200	
五	讲学厅（约120人）	200	2	400	多功能厅（阶梯）
六	讲学厅（约240人）	400	1	400	多功能厅（阶梯）
七	展厅	360	1	360	
八	其他配套用房	210	1	210	
教学实验室室内面积				5177	
教学实验室建筑面积（K=0.7）				7396	

资料来源：清华大学深圳国际研究生院。

　　总之，清华大学国际校园一期充分利用规划条件要求的100米限高，科研、教学、宿舍均设计为高层建筑，院落半围合布局形式，较好地规划裙楼空间，同时充分利用北侧山体用地，使得土地利月最大化，将会打造成深圳乃至华南地区集约型高校的典范；充分利用北侧山体景观与大学城整体绿带，通过景观广场的串联与引入，将大学城景观与用地内的庭院景观串接为一个整体，提升整个基地的景观品质和面积。设置屋顶绿化和庭院，增加了基地的绿化面积，同时又给教学科研创造了更多的景观房间；在校区各个主要区域创造空间的特色和可识别性，为将来吸引社会捐助预留可承载的空间和条件；严格贯彻执行国家有关法令法规、标准规范，注重增加绿色、环保、消防、节能、安全和卫生设施的设计；将互联网、物联网、云计算、大数据等新兴技术，应用在学校的教学、管理、科研和生活等活动中，力图打造一个技术领先、绿色节能、以人为本的生态型校园和智慧化校园。

第二节　校园的智慧化和信息化发展

一、智能化应用系统

按照"互联网＋智慧校园"建设的总体目标和应用功能的需求，国际校园一期的智能化应用系统会为即将到来的后信息化时代做好准备，为将来纯数字化应用打下良好的硬件基础，考虑到今后各系统的发展方向，学院的各个系统均采用 TCP/IP 通信方式，数据传输利用综合布线系统实现，对网络用户进行 VLAN 划分（教学网、办公网、专用网等）及有效的安全管理或者为保证安全起见设备均物理分开，包括智能卡应用系统和物业管理系统两个部分。

（一）智能卡应用系统

系统采用 TCP/IP 通信方式，数据传输利用综合布线系统实现。系统包括消费管理、门禁管理、考勤管理等子系统。各子系统有各自的数据区和密码及相应的管理软件，可以独立统计和核算。同时又和校园内其他管理系统相集成。

在相关管理部门设置管理主机，作为智能卡应用发卡和管理的中心机构，进行工作人员的个人资料录入、更改、保存、删减以及发卡和授权工作，同时作为智能卡应用的集成系统，将各个子系统进行联网整合，实现资源共享，协同运行，充分实现局域网的功能，有效地管理卡片的使用并保证安全。具体应用功能及范围如下：

（1）学生管理：注册系统、注销、成绩单。

（2）身份认证：图书馆、信息中心、教室、实验室。

（3）交费：学费、上机、医疗、三表、热水、浴室。

（4）用餐：餐厅、咖啡室、快餐店。

（5）购物：自选商场、零售商店、教材部。

（6）娱乐：俱乐部、文体用房。

（7）金融：存款、取款、汇款。

（8）网上交易：Internet 上网费、电话费、网上购物。

（9）门禁管理：主要包括研究室、实验室、重要机房门禁管理，明确记录每次打卡开门情况，联网时回传主机。

（10）考勤管理：在学院相应位置安装考勤读卡器，对学院老师和员工进行有效的考勤管理。

（二）物业管理系统

根据运营管理方式建设物业管理系统的组成模块。物业管理系统由经营管理、物业管理、物业行政办公等组成，基本功能模块应包括文档资料管理、会议管理、车辆管理、通知公告管理、空间管理、能源管理、电缆通信管理、器材管理、人员管理、数据采集报表、综合信息查询等。物业管理系统应与校园一体化信息办公系统协同统一，避免重复建设，纳入一体化信息办公系统中统一考虑。本次设计提出相应的功能要求，后续由校方物业管理部门、信息管理部门和应用服务供应商根据要求进行模块软件的采购配置。

二、智能化集成系统

（一）目的

全面实现对信息网络系统、建筑管理系统（建筑设备管理系统、智能照明控制系统、综合安全防范系统、智能卡应用系统、火灾自动报警系统等）的综合管理。将整个校区监控及管理所需要的重要信息进行综合处理，生成校区运行管理所需要的综合数据库，从而对所有全局事件进行集中管理，为建设"互联网＋智慧校园"提供数据支撑。

（二）功能要求

（1）自动显示大楼内机电设备（除消防系统）的运行状态和故障报警，主要机电设备的启停运行记录。机电设备主要包括：空调设备、冷源设备、给排水设备、变配电设备、照明设备、电梯等。对所获取的参数进行分析、整理和判断。提供节能和优化的控制方案、对所有建筑设备的运行进行统计报表。

（2）与通信系统的集成。提供整个网络系统构成、数据流分析和网络管理等的图文信息。

（3）与办公自动化系统的集成。对所有物业的文档资料进行管理；对建筑设备的维修和保养进行管理；可进行相关信息的查询；对客户需求与消费服务进行管理。

（4）与安防系统的集成。对视频监控系统摄像机位置、地址信息、切换主机的工作状态及所需实时图像信息的显示和记录等；对安防报警系统的入侵报警信息、报警信息地址的显示和记录等；对电子巡查系统、巡查路线设置等进行管理和查询。

（5）与智能卡应用系统的集成。对出入口控制管理系统，读卡机的控制状态，各管制门平面位置、开启和关闭状态，刷卡进出记录进行管理。对车库管理系统，任意时间段的车位情况分析、车流量、收费管理、闸门挡杆状态、季月卡的有效性、报警信息等进行管理和查询。

（6）与火灾自动报警系统的集成。对此系统只监不控，但可根据所获得的参数联动其他子系统。

三、信息设施系统

信息设施系统包括：信息接入系统；用户电话交换系统；布线系统；有线电视系统；信息网络系统；校园广播系统；会议系统；信息导引及发布系统；室内移动通信信号覆盖系统和无线对讲系统。

（一）信息接入系统

根据智慧校园建设需求，将运营商网络（移动、联通、电信、有线电视）和专用通信网引入校园内，为智慧校园的建设提供基础网络支撑。

（二）用户电话交换系统

本项目采用 IP 电话系统，IP 电话交换机设置在学院信息中心数据机房，初步估计电话点的数量为 800 个，考虑以后预留，建议系统内线初装设计容量为 1200 门，IP 电话交换机中继线数量、申请直线电话线路路数由通信运营商根据业主实际需求确定。

IP 电话交换机支持 H.323、SIP 标准协议，支持电信模拟和 E1 线路接入方式，采用模块设计，可根据系统规模进行扩展。

（三）布线系统

布线系统建设是校园网络的基础，是校园智能化系统的基础。综合布线系统要为语音通信、计算机网络、多媒体教学、远程教学、安防监控、校园一卡通等提供通信路由。设计采用更合理、更优化、弹性强、稳定性和扩展性好的结构化布线系统，系统根据需求分为校园网、物联网和物业运维网三部分，为三套独立布线系统。

结构化布线系统共分为七个子系统：工作区子系统、配线子系统、干线子系统、建筑群子系统、设备间子系统、进线间子系统、管理系统。结构化布线系统采用物理星形拓扑结构，任何一个子系统可以独立地进入机构化布线系统，改变任何一个子系统时，都不会影响其他子系统。本设计布线系统中铜缆布线系统为E级（六类，250MHz）。

数据主配线架位于校区数据机房内，各楼数据分配线架与主配线架之间通过万兆单模光缆进行连通。每层楼设置一个电信间（弱电间），各楼层数据配线架均安装于电信间内。

1. 工作区子系统

工作区子系统是插座到用户终端的区域。把所有的数据接口、语音接口等采用标准化、模块化插座（T568A，T568B）设在每个信息接口处；在工作区，采用六类非屏蔽（屏蔽）信息模块，方便使用，更能适应网络接口 RJ45 的应用。面板采用双口信息面板与单口信息面板。

2. 配线子系统

配线子系统由工作区的信息插座模块、信息插座模块至电信间配线设备（FD）的配线电缆和光缆、电信间的配线设备及设备缆线和跳线等组成。电信间内楼层配线架（FD），是各楼层的布线分支管理机构，连接主干电缆、光缆及水平电缆的配线。分别管理各自楼层的水平电缆及上连主干电缆、光缆的配线。

本工程水平线缆采用六类非屏蔽（屏蔽）线缆，线缆内采用十字隔离骨架结构，其带宽为 250MHz，链路可支持 10Mbps、100Mbps、155Mbps 等六类标准。连接垂直光缆的光纤配线架应采用 19 英寸标准光纤机架。要求机柜内安装整洁，应配置必要的跳线管理单元。

3. 干线子系统

干线子系统由设备间至电信间的干线电缆和光缆，以及安装在设备间的建筑物配线设备及设备缆线和跳线组成。各楼层上连至本座网络机房的数据主干均采用 6/12 芯室内单模光纤。

4. 设备间子系统

设备间是大楼办公网络公用的通信设备场所，如主配线架、数字交换机、计算机主机、信息网络设备的场所。设备间通过中央主配线架把这些设备接入到综合布线系统中，通过主配线架、水平系统到达工作区系统，从而到达与末端设备连接的目的。

5. 电信间

电信间系统是管理水平子系统到工作区系统各信息点连接的互换与跳接管理，同时连接主干子系统所传输数据的硬件传输介质，主要由六类 24 口配线架、机柜、SWITCH、六类跳接线等组成。

6. 管理

管理是针对设备间、电信间和工作区的配线设备、缆线等设施，按一定的模式进行标识和记录的规定；内容包括管理方式、标识、色标、连接等。

7. 进线间子系统

进线间是建筑物外部通信和信息管线的入口部位，并可作为入口设施的安装场地。进线间入户的管孔数不少于12孔。

8. 点位设置原则

教室内：每个教室内4个双口信息插座（内含一个语音点和一个数据点）；每个教室内预留1个光纤插座。

实验楼：每实验室内4个双口信息插座，或者预留CP箱（12个双口信息点）；每个实验室预留1个光纤插座；在大型电镜等有辐射或电磁干扰要求的区域，使用屏蔽线缆及模块。

管理室：每8平方米1个双口信息插座，每10平方米预留1个光纤插座。

教学区、宿舍楼公共区域宜设置信息云终端；具有扫描支付、充值缴费、信息查询等功能。

大会议室：每间预留CP箱（12个双口信息点）；每间会议室预留1个光纤插座。

小会议室：每间预留2个双口信息插座；每间会议室预留1个光纤插座。

室外通过智能路灯架设无线AP的形式，实现校园户外开放空间的无线网络全覆盖。

建筑内设无线网络接入点，实现建筑内无线网络全覆盖。

公寓：各房间预留1个双口信息插座，客厅预留1个光纤插座。

研究室内：每8平方米1个双口信息插座；每个研究室预留1个光纤插座。

（四）有线电视系统

系统采用光纤到末端，核心及终端设备由当地运营商提供，提前做好点位设计及管线预留。设置原则如下：①为满足教学楼内的多媒体教学的需要，每个教室内设置一个电视点；②餐厅、咖啡厅、健身房、快餐、休息室、公寓等区域设置电视点；③每个领导办公室内设置一个电视点、会议室设置一个电视点。

（五）信息网络系统

信息网络系统含校园网、物联网和物业运维网，三套网络彼此独立运行，可在核心层进行数据交换。所有网络设备由甲方信息化部门单列采购。

1. 校园网

校园网包括有线网和无线网两个部分，校园网采用接入、汇聚、核心三层网络架构，核心交换机位于信息中心数据机房，汇聚交换机位于各楼一层弱电间，接入交换机位于楼层弱电间。无线网由无线接入点、无线网络控制器组成，所有AP实现集中配置，统一无线网络管理和无线网络安全控制。

2. 物联网

物联网用于学院各种物联网设备的数据传输交换、大数据分析等。采用接入、核心二层网络架构，核心交换机位于信息中心数据机房，接入交换机位于楼层弱电间。

3. 物业运维网

物业运维网承载着安全技术防范系统、建筑设备管理系统、智能化集成等系统。物业运维网络采用"核心＋接入"的二层结构，物业运维网采用万兆核心、千兆接入的带宽设计，其中48口核心交换机安装于一层消防安防控制室，24口POE接入交换机安装于楼层弱电间内。

（六）校园广播系统

1. 系统设计

校园广播系统采用IP数字广播系统架构，以满足学院的不同业务需求，设置一间广播总控室（一般设在学院宣传部）及多个广播对讲呼叫话筒的结构形式，主要包括以下部分：

（1）广播总控室：设有广播系统控制中心、音源设备、紧急呼叫话筒、播音话筒、调音台等设备，向所有广播分区提供音源，检测广播设备的运行状态并记录有关数据。向所有区域发出相关指令及语言广播信息。

（2）广播对讲呼叫话筒：在图书馆、宿舍楼传达室、餐厅等设置对讲呼叫话筒，根据业务需求发布相应语音广播信息。

（3）IP网络适配器（带功放）及扬声器：负责向公共区域进行广播。

（4）IP网络音箱：在教室内设置IP网络音箱进行分区广播。

（5）广播总控室与各终端间的音频、数据与控制通信由局域网完成。

2. 系统功能

该系统提供背景音乐广播、业务寻呼广播、自动定时校园广播。本工程校园广播和消防紧急广播为独立两套系统。该系统需要实现以下目标：

（1）日常广播功能。平时播放校园新闻、行政通知等；在校园休闲景观区、草坪、道路旁等处平时播放校园新闻、行政通知和背景音乐等；定时播放学院的日常广播（如上下课铃声、保健操等）。

（2）紧急广播功能。在发生消防报警或紧急广播时，受消防强切信号控制，不再进行广播。

（七）会议系统

包括学术报告厅、远程视频会议室、会议室等房间，可根据场所的大小、人员数量和使用功能的不同，进行不同设备功能组合配置，以满足其不同的使用需求。

（八）信息引导及发布系统

随着信息化的发展，电子公告及信息查询系统在校园中也逐渐兴起，是学院对外展示与交流的一个平台。

1. 多媒体查询终端

在学院主入口大厅设置多块立式多媒体查询终端，实现信息查询引导等功能，查询内容除了学院的相关信息外，还可包括公交、铁路、公路、轮船、航空航班的信息查询，以及其他各种公共信息的查询等。在教室门口设置嵌入式多媒体查询终端，显示课程信息、教师信息等。

2. 信息发布屏

在各楼的主出入口设置大型 LED 显示屏，与学院管理信息服务系统相联网，提供学院服务指引、形象推广、平面介绍、租用手续指引、天气报告、学院通知、公告等信息。在园区路灯上设置小型信息发布屏，并能与监控系统、校园广播系统、无线 WIFI 系统等无缝对接。在会议室门口、咖啡室、餐厅、快餐厅设置嵌入式信息发布一体机。

3. 系统架构

系统服务器安装在信息中心数据机房，系统采用 B/S 架构，根据不同权限登录系统进行信息发布。

（九）室内移动通信覆盖系统

室内移动通信覆盖系统由移动公司投资建设，学院仅作主干管路及配合土建、电气做移动通信机房位置、面积、电源的预留设计。

（十）无线对讲系统

无线对讲系统应能够满足对讲机在楼宇中 95% 以上面积的正常通话（包括地上地下）。在正常和特殊情况下（如出现火灾、断电、事故等）能使用对讲机系统，达到楼内正常的通信需求。

本系统控制设备设在安防控制室内，为保障对讲信号在楼内的无障碍通信，在各楼公共区域及空旷处设置信号接收发射单元；主机支持不少于四个通信信道。

四、建筑设备监控系统

（一）系统构成

建筑设备监控系统采用三级网络结构的控制方式，由上位计算机、网络控制器、直接数字控制器、通信网络、传感器、执行器及控制软件等组成。主要监控内容包括：中央冷冻系统、换热站、空调机组、新风机组、送排风系统、给排水系统、变配电监控系统、智能照明控制系统、地下车库 CO 检测、人员密集区域二氧化碳、PM2.5 监测、生物化学类实验室的控制源/危险源监测等。其中中央冷冻系统、锅炉房、供水系统、变配电监控系统、智能照明控制系统自成系统，BAS 系统预留其接口。

建筑设备监控系统的中央监控设备设在安防控制室内，由物业管理人员对机电设备进行监视和控制；BA 系统具备设备的手/自动状态监视，启停控制，运行状态显示，故障报警，温湿度监测、控制等相关的各种逻辑控制关系等功能。

消防专用设备：消火栓泵、喷洒泵、消防稳压泵、排烟风机、加压风机、消防电梯等不进入建筑设备监控系统。

平时正常使用，而在火灾发生时又转成消防用途的设备，如排风兼排烟风机、送风兼补风风机等设备，平时由建筑设备监控系统进行控制，当火灾时则由消防系统进行控制，而且消防系统具有控制的优先权。

现场控制器 DDC 采用 LonWorks/BACnet 等协议总线方式传输，所有 DDC 均可联网运行，DDC 控制箱的电源引自就近强电控制箱。

（二）功能要求

1. 冷冻机房控制系统

冷冻机房控制系统监控自成系统，信号上传，建筑设备管理系统只监不控，应具有下列功能：按照空调专业的工艺要求，对制冷机组、冷冻泵、冷却泵、冷却塔、阀门、风冷热泵、板式换热器等进行自动监控，使设备的动作实现自动、手动功能，符合顺序启停的要求，监测设备的运行状态，故障报警。根据当地的气候情况，按照空调设计参数对设备运行参数进行设定。

上传信号主要包括制冷系统的运行状态显示、故障报警、启停程序配置、机组台数或群控控制、机组运行均衡控制及能耗累计。冷冻水供、回水温度、压力与回水流量、压力监测、冷冻和冷却泵及冷却塔风机的状态显示、过载报警、冷冻和冷却水进出口温度监测等。

2. 热回收新风机组

热回收新风机组应具有下列功能：①送风机启、停控制，状态显示，故障报警和手/自动转换开关状态以及风机压差检测信号；②送风温度测量；③过滤器淤塞报警和低温报警；④根据送风温度调节冷、热水阀开度；⑤新风阀门控制；⑥风机、风门、调节阀之间的联锁控制；⑦排风机启、停控制，状态显示，故障报警和手/自动转换开关状态以及风机压差检测信号；⑧转轮启、停控制，状态显示，故障报警和手/自动转换开关状态。

3. 新风机组

新风机组应具有下列功能：①送风机启、停控制，状态显示，故障报警和手

/自动转换开关状态以及风机压差检测信号；②送风温度测量；③过滤器淤塞报警和低温报警；④根据送风温度调节冷、热水阀开度；⑤新风阀门控制；⑥风机、风门、调节阀之间的联锁控制。

4. 空调机组

空调机组应具有下列功能：①送风机启、停控制，状态显示，故障报警和手/自动转换开关状态以及风机压差检测信号；②送风温度测量；③过滤器淤塞报警和低温报警；④根据送风温度调节冷、热水阀开度；⑤回风温度检测；⑥新风、回风阀门调节；⑦风机、风门、调节阀之间的联锁控制；⑧回风机启、停控制，状态显示，故障报警和手/自动转换开关状态以及风机压差检测信号。

5. 送/排风系统

送/排风系统应具有下列功能：①控制送/排风机的启停；②监视送/排风机的运行状态；③监视送/排风机的故障报警；④监测送排风机的手/自动转换开关状态；⑤在地下车库设置 CO 检测点。

6. 排水系统

排水系统应具有下列功能：①监测污水池的溢流及超低液位报警；②监测潜污泵的运行状态；③监测潜污泵的故障报警。

此外，在楼内公共区域设置 CO_2 探测器和 PM2.5 气体探测器，监测空气质量，与新风机组和空调机组实现联动；对公共区域风机盘管电源进行集中控制，节能管理。

变配电系统的监控自成系统，信号上传，建筑设备监控系统只监不控。变配电站上传信号主要包括：供配电系统的中压开关与主要低压开关的状态监视及故障报警；中压与低压主母排的电压、电流及功率因数测量；电能计量；变压器温度监测及超温报警；备用及应急电源的手/自动状态、电压、电流及频率监测；主回路及重要回路的谐波监测与记录等。生活水系统的监控自成系统，信号上传，建筑设备监控系统只监不控。智能照明控制系统自成系统，信号上传，建筑设备监控系统只监不控。

五、建筑能效管理系统

（一）系统概述

能效管理系统可以提供线上、线下多种充值和查询方式，充值结果直接下发至智能表。这是一套以计量为基础，收费、管理为核心的系统。本项目对学院各区域（宿舍、公寓、实验室、商店、餐饮等）进行分别计量，计量内容包括：电、水、燃气、热水、空调，同时对各个总表进行计量。

（二）系统设计

系统的通信采用 RS485 标准工业总线。系统由三层结构组成：①上层：装有计费软件的中央管理层，主要由计费电脑工作站、计费仪和系统软件构成。②中央层：系统扩展层，主要由各种通信管理器构成。③底层：数据采集层，主要由采集器和仪表组成，用于采集各区域冷热水表、电表等数据。

（三）系统功能

1. 数据采集

除了上述电量计量系统外，建筑能效管理系统同时可以集成其他能源数据，通过 TCP/IP 通信协议进行直接通信。

2. 报警和事件

系统应可以对导致设备故障和停机的潜在故障发出报警信息。用户可以设置在电能质量事件发生、功率越限或设备状态变化时触发报警。

3. 手动和自动控制

通过监控画面的触发按钮进行快速的人为控制，来操作远程的断路器，继电保护和其他配电设备。

（四）实时监视

从本地工作站或其他工作站浏览数据中心内一个或多个建筑楼体的重要线路的运行状况。显示实时的功率、电能测量、历史趋势、数据记录、报警状态、设备状态（开/断、温度、压力等），进行控制和分析。

（五）趋势分析

系统通过系统软件绘制单个或多个参数的趋势图，对数据进行简单的图形化分析。可以对任何测量参数绘制趋势图：电压、电流、功率因数、需量、预测需量、电能、谐波、温度等。通过用电曲线图可以显示需量的峰值情况，发现危险的负荷趋势或系统的剩余容量。可以将不同监测点的负荷曲线进行汇总或比较系统各设备的其他参数。追踪每个建筑、每条线路、每个生产流程所需消耗的电力成本。

六、安全技术防范系统

（一）概述

安全技术防范系统各子系统均采用数字系统，利用 TCP/IP 协议经专网（运维网）传输数据，消防安防控制室设在首层，向上与信息中心通信。

（二）安全防范综合管理系统

在安防总控中心内设置安全防范综合管理系统。利用统一的安防专网和管理软件将监控中心设备与安防各子系统设备联网，实现由监控中心对安防各子系统的自动化管理与监控。当安全管理系统发生故障时，不影响各子系统的独立运行。

（三）视频安防监控系统

实现重点区域全覆盖、系统采用人脸识别技术，具有黑白名单功能，做到人员轨迹查询。

由于校内人员众多，还有来自校外的不安全因素，需要对校内的正常秩序进行有效的监督和控制。综合以上特点，应该从校园周界、主要出入口、公共区域、楼宇外部及内部重点部位着手，建立一套针对性强，行之有效的安防体系。

1. 系统管理

视频监控系统设计为数字化视频监控系统，此系统是一套基于 C/S 结构的大型网络视频安防监控系统。系统采用统一管理的方式，在消防安防控制室设置园区总控中心，各单体建筑、园区及周界视频信号上传至总控室，在总控室实现对所有视频画面的监视及管理。在各楼值班室/传达室设置监控显示屏，显示本区域内的监控画面。视频监控网络存储服务器设置与学院信息中心数据机房。

2. 系统组成

设计采用网络视频安防监控系统，TCP/IP 通信方式经专网传输数据。系统由 IP 摄像机＋安防专网传输＋网络存储服务器＋IP 管理平台（包括操作、管理等）＋解码器＋电视墙显示的分布式网络视频监控管理系统组成，完成图像采集、传输、管理、存储、显示、回放等完整的视频监控功能。

3. 系统功能需求分析

安全保卫：需在涉密项目区、有重要贵重仪器的实验室、有毒有害药品储藏室、重要档案室、停车场、大厅、走廊、电梯、重要出入口、内部通道、楼梯口、财务室、重要机房、各个消费点收银处等进行全天候监控录像，以满足安保需求。

教学监控：及时了解教室内教学情况，教室摄像机可兼作考试监考以及教务管理使用，根据需要可在教务处设置监视终端。

视频分析：监控系统具有视频分析功能，能对人员聚集、意外事件等非正常情况实现报警。

人脸识别：具有黑白名单功能，实现人员轨迹追踪、行为分析等。

远程监控：在大教室、阶梯教室、多功能大厅以及少数几个教室进行监控录像，将教室的图像信号通过 Internet 在网络上发送，远程可通过 Internet 观看学员的教学环境和实时教学情况，一方面为远程教学打下基础，另一方面也起到宣传学院形象的作用。

4. 系统功能性要求

（1）系统的易管理性。系统的管理层次清晰明确，便于系统管理员进行管理。系统的日常配置和操作通过工作站来完成，视频存储功能由磁盘阵列存储服务器来完成。主要设备的参数，如 IP 摄像机、视频解码器等，均可以结合权限管理进行远程统一配置、调整、修改。系统具有有效的带宽管理能力，可以根据使用需要，灵活地进行带宽管理。系统同时支持控制键盘操作和计算机界面操作，通过键盘可方便进行摄像机切换/控制，录像回放/查询等功能。系统能对所有摄像机的图像进行存储和显示时进行字符叠加，便于将来的查询和数据管理，叠加的字符包括：年、月、日、小时、分、秒、摄像机编号以及位置信息等字符。

（2）系统的兼容性。系统内不同设备之间应具有良好的兼容性；主要设备在后期使用中升级后，应具有良好的向下兼容性；产品应与其他符合国际标准的设备之间具备良好的兼容性，如控制软件与 PTZ 摄像机的 PTZ 协议兼容等。

5. 系统的可扩展性

增加摄像机数量、工作站数量、存储容量等设备，系统均能很好地支持，并在增加过程中，不影响现有系统的运行。

6. 系统的安全可靠性

系统中的关键设备，如网络存储服务器等均支持 RAID 备份功能，确保故障后的数据和任务备份切换操作；提供各主要设备完整的安全管理机制，通过密钥、密码等方式，进行操作权限（前端优先、用户优先等）、优先级等权限认证和管理；系统应能保证每天正常工作 24 小时，每年运转 365 天，所有设备具有高度的可靠性和优良的性能。

7. 现场摄像机的设置原则

现场数据采集设备采用网络彩色半球摄像机、网络日夜型枪式摄像机、网络彩色快球摄像机、电梯轿厢专用模拟摄像机 + 编码器等，这些设备通过 IP 地址进行识别，直接输出数字视频数据，上传给系统。

（1）网络彩色半球摄像机：在各教室、各楼层通道、楼梯、电梯前室、主要出入口处设置摄像机，全天 24 小时摄像机一直处于工作状态。

（2）网络日夜型枪式摄像机：在地下车库处、无吊顶处设置，全天监测人员的进出情况。

（3）网络彩色快球摄像机：在大堂等处设置，全天监测进出人员情况。

（4）人脸识别专用摄像机：在学院的主出入口、各楼主出入口、宿舍出入口设置。

（5）带红外补偿室外网络彩色快球摄像机：在建筑外墙设置，监视建筑外门窗。

（6）重点区域加装拾音器。

（四）入侵报警系统

入侵报警系统主要设备包括：报警主机、防区模块、双鉴探测器、报警按钮、声光报警器、泄露电缆等。

为了保证学院的财务室、院长办公室、书记办公室、档案室、重要资料室、重要仓库、重要机房、实验室等重要场所的安全，在这些房间安装红外双鉴探测器，防止无关人员闯入，确保重要档案和资料、贵重设备的安全。

双鉴探测器能够实现180度监测，并可根据实际需要进行布、撤防。当在布防状态下，有人进入房间，在值班室的报警主机上将会发出警报。提醒值班人员有异常情况出现，并可查询到是哪个房间发出警报，使重要房间的安全得到保障。

此外，还需在残疾人卫生间、母婴爱心室设置报警按钮及声光报警器，在消防安防控制室设置声光报警器。

（五）电子巡查系统

在校园内采用离线式电子巡查系统。在主要通道及安防巡逻路由处设置巡更点，使保安人员根据设定路线在校园内巡逻时，巡更路线和时间可在系统主机上方便更改和设定，以确保校园安全。可多班次、多线路、多方向地交叉管理，记录清楚、准确无误。可自动生成分类报表并打印，可对失盗、失职进行分析；电脑关机状态下，各检测点读写器照常工作，所有记录均自动存储于读写器内，便于管理人员查询阅读。系统对时间、线路和次数均有要求，通过发生器对巡查员身份、编码等读写记录。电子巡查员按规定的时间、线路巡视一次，监控主机均有所记录，并视为完成一次巡查工作。

（六）出入口控制系统

1. 系统概述

校园的出入口控制系统采用联网型控制系统，其服务器设置在信息中心数据机房。出入口控制系统主要对以下位置设置门禁系统：教室、重要机房（消防安防监控室、变配电机房、网络机房等）、财务室、重要办公室、档案室、资料室、实验室、楼顶疏散楼梯门。

2. 系统功能

进出区域人员的权限：对每个区域设置谁能进出，谁不能进出。

进出区域时间的权限：对所需区域设置允许进出时间段。有特殊要求时，需经过批准，特殊处理。

卡的权限可以根据需要由管理中心进行设定，合法用户可随时更新卡的信息，可设置持卡人拥有不同的权限，不同权限的人可进入的区域不同，也可以指定不同权限进入各个门的时效。

七、机房工程系统

（一）系统概述

机房工程主要包括但不限于：机房规划、机房装修、弱电设备用电分配、

UPS、机房内弱电线槽线管、电视墙、操作台、各弱电系统所使用标准机柜以及防雷接地等。这些机房为：汇聚机房、弱电间；进线间、有线电视机房、运营商机房、安防控制室。

机房按照《数据中心设计规范》GB50174－2017 中 C 级机房标准建设。

（二）机房装修要求

机房必须达到防尘、防震、屏蔽、防静电、空调送回风、防漏水设施、隔热、保温、防火等重点目的及水准。具体环境指标如下：

（1）噪声：在系统停机条件下，在主操作台位置测量应小于 65db（A）。

（2）电磁干扰：无线电干扰场强，在频率为 0.15～1000MHz 时，不应大于 126db；磁场干扰环境场强不应大于 800A/m。

（3）静电：地面、吊顶及工作台面的静电泄露电阻，应符合现行国家标准《计算机机房用活动地板技术条件》的规定；绝缘体的静电电位不应大于 1kV。

（4）接地电阻：联合接地电阻 < 1Ω。

（5）计算机系统直流工作接地应按计算机系统具体要求确定。

（三）机房配电

机房内 UPS 容量应根据实际设备数量及容量确定，并预留 20% 容量。

电子信息设备专用配电箱（柜）应配备浪涌保护器（SPD）。当输出端中性线与 PE 线之间的电位差不能满足电子信息设备使用要求时，应配备隔离变压器。

机房内采用的线缆，敷设在封闭式金属线槽中或者梯形桥架中，所有线缆必须进行捆扎和标示。

（四）机房空调

预留机房空调安装位置。

（五）防雷接地

室外引入的各系统线缆，在其接入设备前安装浪涌保护器。室内重要设备如服务器、交换机、监控主机等要进行防雷保护。UPS 主机前、后端安装浪涌保护器。

机房采用联合接地，设置等电位铜排，并单独连接到大楼基础接地体。

第四章　研究生教育国际化是
高校开放发展的标志

　　研究生教育是衡量各国国际竞争力的重要指标，是国家创新体系中知识创新系统的核心，代表一国学术研究的最高水准。研究生教育是高等教育的最高阶段，肩负着为国家培养高层次创新型人才的重任，历来为各国政府所重视。国外一流大学早已形成竞争力强大的、成熟的研究生教育体系，国际化是研究生教育的主要特征。美国大学逐渐在整体上超越欧洲大学，关键就在于实施了研究生教育国际化特别是培养质量国际化战略，充分利用跨国界的知识和资源造就一流大学。美国的知名大学凭借强大的科研优势和卓越的学术氛围，吸引了全世界的优秀师资和生源，构筑起高度国际化的研究生教育体系。教师和研究生拥有不同文化背景，看待问题的角度和解决问题的方法各异，不同文化和思想观点的交流碰撞为创新提供了坚实土壤，这些大学借此成为世界顶尖知识和科研成果的"产地"。国外一流大学的研究生教育在培育理念、师资、生源和教育资源等方面均实现了高度国际化，国际化是这些大学的研究生教育保持强大竞争力的重要保障，是其提升研究生教育质量的重要手段。经过多年发展，国外一流大学研究生教育的高质量发展和国际化的研究生教育体系之间已实现良性互动，其国际化的研究生培养模式和经验也成为其他大学的借鉴典范。

　　我国很早就提出了研究生教育国际化的办学目标，希望通过借鉴国际一流大学的先进办学理念，提升研究生教育的国际化水平，加强研究生教育的国际交流和合作，使研究生具备国际视野，能够参与全球化竞争，胜任国际化工作环境。为此，中国政府和高校每年花费大量金钱和时间遴选优秀人才，将高校教师和研究生派往国际一流大学。这些教师和研究生以访问学者、联合培养或者短期交流学习的身份，在国外一流大学学习学科前沿理论，吸取先进的科学理念和研究方法。这一制度使一部分研究生和高校教师有了接受国际化教育的机会，有助于提高研究生的国际视野和培养质量。但从研究生教育国际化的实践效果来看，我国远未实现研究生教育国际化和研究生教育高质量发展的良性互动。一是研究生教育国际化的水平不高，研究生教育国际化的具体举措单一，受众面狭窄，研究生教育国际化校际和区域发展不均衡的矛盾十分突出。二是研究生的培养质量并未相应提高。虽然国际化的办学口号喊了多年，但我国真正具备国际化素质和能力的专业人才依然缺乏。据调查，只有比例很低的中国求职者能够胜任外资公司的财务、管理、工程等职位，大多数人才不具备真正的跨文化交流能力。在外资公司里，很少有中国员工能够担任高级管理职务。这从侧面反映我国研究生教育国际化成效不显著。另外，研究生的学术素养和创新能力依然堪忧。我国研究生教育起步晚，但发展速度快。现在我国每年授予的博士学位数量已经超过美国，已成为名副其实的研究生培养大国。然而，我国还远未成为研究生培养强国。近些年来，我国学者发表的 SCI 论文数量屡创新高，但论文的平均引用率仅有 3.01次，低于绝大部分国家的平均水平。这说明我国研究生培养质量并未相应提高，研究生的学术素养和创新能力与国际一流大学的研究生相比还有较大差距，提高研究生的培养质量已迫在眉睫。

第一节　研究生教育国际化的内涵和发展历史

一、研究生教育国际化的内涵

2015 年，我国提出《统筹推进世界一流大学和一流学科建设总体方案》，旨在提升大学办学水平和世界影响力，这为我国的研究生教育国际化提出了新的要求。

学界对于研究生教育国际化内涵的最大共识为：创新是研究生教育的本质特征，研究生教育国际化必须服务于提高研究生以创新能力为核心的综合素质这一总目标。学生"跟随处于学科前沿的导师/学术团队，主要目的不在于明示知识的学习，而在于包括传统的专业知识及其创新路径在内的默会知识的学习"。美国研究生院协会理事会（Council of Graduate Schools）主席帕特尔（Gordhanl L. Patel）也认为："今后培养出的研究生应该具有全球观念，能适应全球范围内的工作，必须有能力处理空间探索、环境保护、食物供给、抵御疾病以及全世界公民所关注的其他复杂社会问题。"至于其实现路径、培养模式及评价机制等，则仁者见仁，智者见智。林建华认为校园的国际化氛围、国际项目的开展以及国际竞争力的提升是主要关注点；杨长聚强调应该从机制创新、导师水平和学生质量三个维度来考察研究生教育国际化。舒志定提出高等教育国际化"三层次系统说"，即高等教育认识—信念系统、结构—功能系统、规范—运动系统。龚克认为研究生教育国际化的核心内容是知识结构国际化、科研问题国际化及培养方法国际化。兰芝从"个人发展说"出发，主张高等教育国际化是以人的全面发展对人类社会的共同发展进行有力地拉动和促进。刘晓黎细分研究生教育国际化，既包括研究生来源的国际化、教师的国际化、教材与课程建设的国际化及培养项目的国际化，也包括国际学术交流平台的本土拓展。《中国学位与研究生教育发展战略报告（2002—2010）（征求意见稿）》则将研究生教育国际化界定为：教师国际化、学生国际化、教学内容国际化、实习场所国际化、学位制度国际化和研究生教育观念国际化。

综上所述，关于研究生教育国际化的内涵，很多学者进行了有益探索，但研究的侧重点不同，研究结论也见仁见智。有的学者将研究生教育国际化视作"培育具有国际精神和国际竞争力的高层次人才的教育实践活动"。有的学者关注研究生教育国际化的"构成要素"，认为研究生教育国际化就是"研究生教育在教育思想、模式、内容以及课程、教师、学生等方面的国际间交流趋势"。有的学者认为研究生教育国际化就是将国际化精神气质和文化氛围贯彻于研究生教育实践的各种活动之中。还有的学者将研究生教育国际化看作"一个发展的趋势或者过程"，就是"在研究生教育的诸多方面融入国际化因素，追求提升研究生教育国际竞争力，培养能够在国际交流与国际竞争中发挥积极作用的人才和观念"。

总体而言，研究生教育国际化作为世界一流大学发展的重要特征，既是中国经济科技发展的必然趋势，又是中国研究生教育多元化发展的客观要求，更是支撑中国高校加快建设"双一流"的关键环节。"双一流"建设不仅仅是指标上的一流，更是体制、机制层面上的创新改革，其指导思想为：中国特色、世界一流是核心；立德树人是根本；支撑创新驱动发展战略、服务经济社会发展是导向。如何以"双一流"建设为契机，助推研究生教育国际化向"大规模、常态化、成建制、交互式、多层次"发展，真正做到"推进国际交流合作，加强与世界一流大学和学术机构的实质性合作，加强国际协同创新，切实提高我国高等教育的国际竞争力和话语权"，既是推动中国从研究生教育大国向教育强国转变的关键问题，更是支持中国实现创新引领的重要驱动力。

二、研究生教育国际化的发展历史

（一）萌芽时期

我国研究生教育的国际合作开始较早，早在甲午战争之后，我国便开始学习日本的高等教育形式，派遣大批人员留学日本等国家。这些留学人员向国外传播了优秀的中华文明和文化，同时学习了国外先进的知识和技术，并且把国外先进的教育模式带到国内，推动了国内教育的改革。1918年，在德国研究生教育模式的基础上，蔡元培在北京大学建立了研究所，这是我国大学研究生教育的开端。我国研究生教育从此开始不断发展成熟。《大学研究院暂行组织规程》在1934年颁布，这标志着我国的研究生教育已经从单纯的研究培养转变为教学与科研相结合的模式。也就是说，在我国研究生教育国际化的萌芽时期，主要是出国留学的人员回国后结合国内的现实情况，把国外的研究生教育引进国内。

（二）中华人民共和国成立之后

在中华人民共和国成立的初期阶段，我国主要向苏联学习高等教育模式，全面借鉴其经验，从高等教育的制度、课程设置、教材甚至教学计划方面全面借鉴，这为我国研究生教育国际化发展打下了一定的基础，但是，这还不是真正的国际化。随着国际形势的变化，我国高等教育逐渐开始与其他国家合作，为了能够更好地与西方国家进行高等教育方面的交流，我国对高等教育进行了大量的改革，从教材到教学基地都发生了很大变化。

（三）改革开放后快速发展时期

改革开放以后我国的研究生教育对外交流发展十分迅猛。邓小平同志作出了"教育要面向现代化、面向世界、面向未来"的重要指示，我国的研究生教育国际化活动取得了重大进展。在这一阶段，国家对留学生制定了专门的管理政策，促进了研究生留学的发展，我国研究生出国留学的规模不断扩大。同时，我国也开始主动接纳外国的留学生，随着时代的发展，国外留学生的人数不断增多，其中研究生占有很大比例，研究方向也更加丰富。除了加强学生之间的交流之外，我国还采取措施推动研究生教师及专家参与国际交流与合作。我国主动采取措施引进外国的专家教师担任研究生教学工作，同时，外派优秀教师出国任教、参加国际会议等，学习外国的先进经验。我国采取与国外高校合作办学的方式进行研究生教育改革，极大促进了研究生教育国际化的进程。在合作办学之外，还采取各种手段对研究生进行联合培养，充分利用国内外的优势条件，提高研究生教育国际化的效果。

第二节　研究生教育国际化的构成要素和评价

一、研究生教育国际化的构成要素

在研究生教育国际化的有机系统中，系统的构成要素可以分解为五个方面：教育目标国际化、教育主体国际化、教育内容国际化、教育设施国际化和教育成果国际化。这五大要素之间相互影响，彼此制约，共同决定了研究生教育国际化系统的整体功能和系统活力。研究生教育国际化这一有机系统的功能如何，取决于各要素之间的协同作用。以研究生教育国际化提升研究生培育质量，要求这五大要素之间必须围绕核心目标齐力合作，这样才能使系统有序运行，避免系统内部要素间因冲突离散而产生无谓内耗。当这五大要素之间配合良好时，就会产生 $1+1>2$ 的系统协同效应。

（一）教育目标国际化

教育目标国际化指的是研究生教育国际化系统以国际化为系统发展目标，致力于为研究生创设国际化的学习和学术氛围，为研究生提供具备国际背景并符合国际学术规范的教育资源、科研软硬件环境和配套制度设施，最终目标是培育能够适应国际化竞争环境、能够进行跨文化交流合作的国际化人才。教育目标国际化是研究生教育国际化系统的首要构成要素，在该系统中发挥导向功能，它指引着系统其他构成要素的发展方向，最终决定了系统的整体构架和协同功能。它在系统中的功能是其他要素无法比拟的，若无教育目标国际化，就不可能产生真正的研究生教育国际化系统。

（二）教育主体国际化

教育主体是研究生教育国际化系统中的"人"的要素，可以分为教师和学生两大主体。教师作为施教方，必须具有国际化背景，才有可能培育出国际化人才。教师国际化要求教师来自世界多个国家和民族，本土师资也要尽可能拥有国际教育背景和国际视野。学生国际化先要求研究生生源来自世界多个国家，具备多元文化背景。本土研究生也要尽可能拥有国际学习交流经历，能够熟练掌握一门外国语。提升研究生教育国际化水平，必须要保证教育主体实现国际化。因为研究生教育国际化的终极目标是为研究生提供世界一流水准的教育，培育国际化人才。没有通晓国际学术规范、具备国际视野的优秀师资，很难实现这个目标。而研究生若无国际化教育背景，也难以成为真正的国际化人才。

（三）教育内容国际化

教育内容包括课程设置、教学内容和教育手段三个方面。具体而言，教育内容国际化指的是通过借鉴国际一流大学的培养方法和培养方案，为研究生开设国际化的优质课程体系，为学生传授符合国际前沿的理论知识和科学研究方法。授课语言、授课内容、授课手段和考核方法新颖、前沿，符合国际规范和学生认知规律。教育内容国际化是研究生教育国际化系统的核心要素，是研究生教育质量的重要保障，也是研究生教育国际化水平的核心评价指标。提高研究生教育的国际化水平，就要在教育内容中为学生提供国际水准的课程体系、学习资料和评价方式。

（四）教育设施国际化

教育设施国际化是研究生教育国际化系统中的"物"的要素，包括为研究生教育提供的各种硬件设施，即实验室设施以及图书资料等。这些硬件设施达到国际一流大学的水平，是研究生教育能够达到国际化的重要保障。先进的实验设备、器材和试剂，降低了科学研究的外部不确定因素，是取得国际一流成果的保证。方便快捷地查阅国际前沿资料，也是保障研究生培育质量的重要前提。

（五）教育成果国际化

教育成果是研究生教育系统的"产出"。国际化的研究生教育系统，其"产出成果"也是国际化的。教育成果国际化要求培养出来的研究生具备"国际化素养"，具备国际视野，拥有跨文化交流能力，通晓国际学术规范和学科的国际前沿，能够适应国际化的工作环境或者科研环境。教育成果国际化还要求教育主体——教师和研究生的科研成果是国际化的，能够在国际权威期刊发表论文，具备参加或者举办国际学术会议的能力，能够与国际一流的科学家合作开展科学研究项目。教育成果国际化是研究生教育国际化系统的目的和发展目标，是教育目标国际化、教育主体国际化、教育内容国际化和教育设施国际化协同作用的外在表现。当这四大要素能够相互协同时，就能实现教育成果的国际化。

二、研究生教育国际化的过程评价

研究生教育国际化的过程评价应广泛包括培养目标与培养资源的国际化、教育理念的国际化、教学主体和客体的国际化、培养体系和课程内容的国际化、学术交流和考核体系的国际化等。高素质研究生的培养目标设定固然重要，但目标能否达成取决于系统完备的培养过程。对研究生教育国际化的评价，首先是对其过程的评价。目前，对于高等教育国际化的过程评价主要存在三种模式。

一是戴维斯（John L. Davies）的二维理论框架，采用两个维度、四个象限对国际化过程加以区分。维度一表示大学国际化从特定化到高度系统化的演变，维度二代表大学国际化从边缘到中心的演变。对于"双一流"高校而言，由于其本身实力雄厚，理念超前，故要么已经处于"系统—高端中心"（systematic - high centrality）这一象限，要么正在加大投入努力进入这一区域。戴维斯描绘出一条高等教育国际化发展的连续渐变的理论光谱，不同的"双一流"高校既可以在这一光谱上大致找到自身定位，又能借助这一光谱对同一高校在不同教育要素上的国际化水平进行评估。尽管戴维斯的评价模式不能精确量化，且模糊性较高，但是，它对于正在努力强化研究生教育国际化的"双一流"高校而言，是个简单方便、易于理解的评价工具。

二是迪克（Hans Van Dijk）和梅杰（Kees Meijer）的基于政策（policy）、支

持（support）和实施（implementation）的三维理论框架。政策、支持、实施三个维度分别表示"从边缘到中心"（marginal – priority）、"从单向到相互"（uni-lateral – interactive）、"从特定到系统"（ad hoc – structural）的演变。根据这一理论，"双一流"高校可以有三条不同的国际化发展路径选择，即"缓慢的起步者"（slow starters）、"组织化的领跑者"（organized leaders）以及"创业型大学"（entrepreneurial institutions）。不同高校既可以借此来量身定制，但也要意识到发展历程有可能出现停滞甚至倒退的极端情况。迪克和梅杰展现一种主动式的国际化发展思维，强化大学管理者的作用，这要求"双一流"高校在遴选大学校长时需要更加注重其国际化视野和互动式管理。

三是鲁兹基（Romuald E. J. Rudzki）的阶段式理论框架。该理论包括被动（reactive）和主动（proactive）两个模型，共同构成一条步步为营、清晰可见的发展路径。由于每个模型都各自分为五个前后接续的发展阶段，具有较好的可参照性和可操作性，这就给本来具有管理能力和资源优势的"双一流"高校在辨识自身定位以及规划未来宏图方面提供强大的评价工具。条件尚不成熟的"双一流"高校，可以从被动模式入手，待时机成熟后再转到主动模式。条件优越的"双一流"高校，大可直接进入主动模式。但是，要维持主动模式，大学管理者必须明晰大学国际化发展具有的动态跃迁性和循环往复性，必须持续投入和不断创新，做到定期评估、勤于反馈、及时整改、不断完善。

三、研究生教育国际化的结果评价

研究生教育国际化的结果评价从已完成的研究生教育国际化项目的评价结果中分析，研究生教育国际化的成功范例包括旨在增强本国全球竞争力的美国"林肯计划"、主导欧盟各国研究生教育改革的"博洛尼亚宣言进程"等。特别是"博洛尼亚宣言进程"自1999年启动以来，借助欧盟推行对其成员国及其他部分国家地区的学生提供游学资金支持的"伊拉斯谟世界计划"，已经促进英法德等国通过创建"精英大学"、改革传统学位制度等良好举措，大力输出优质教育资源和积极开拓国际教育市场。

对于正在大力推行研究生教育国际化的高校而言，要想在信度和效度上获得更好的评价结果，选择适宜的结果评价模型至关重要。张钿富基于经济合作与发展组织教育发展指标体系的研究，构建了评价高等教育国际化的"环境—投入—过程—结果"模型。环境（指教学环境）、投入（指教育经济资源投入）、过程（指教育机会、参与和发展）、结果（指教育成果），强调的是在高等教育国际化的"投入—生产—产出"链条上，如何反映高校在国际化过程中的接纳度、适应度、整合度及资源配置效率，突出学生跨文化能力、国际化思维能力及全球能力的培养。

美国教育委员会2017年采用由国际化与全球参与中心设计的全面国际化模型，从六个维度对高等教育国际化水平进行综合考量，包括：明确的机构承诺，管理架构和人事安排，学科、跨学科以及教学成果，师资政策及实践，学生活动，交流与合作。

另一重要评价框架是基于法滋玻（Fernando Fajnzylber）提出的经济学意义上的真假竞争力分类，注重"优势、能力、吸引力和利益"的环环相扣和紧密联系，从教育优势、研究生教育国际化的能力、研究生教育的吸引力以及研究生教育国际化的收益四个方面加以衡量，重在测度研究生教育的国际竞争力。

第三节　研究生教育国际化的实践

清华大学深圳国际研究生院20年来在研究生教育国际化方面进行了很多有益的探索和实践，在国际交流与合作工作中，国际化人才培养体系不断得到完善，其中与加州大学伯克利分校、京都大学的联合学位项目已形成品牌效应。校园国际化氛围日益浓厚，国际声誉和影响力不断提升。随着国际化人才培养水平的不断提升，学院对外籍高端人才的吸引力也在不断增强，学院也将由此逐渐成为全球化创新基地，推动清华大学在深圳乃至全球的科研活动。未来，学院将继续立足深圳、辐射全球，助力清华大学全球战略与大湾区建设。历年来多场次高端国际会议的成功举办，也有利于进一步提高国际研究生院的国际学术交流水平，推动学院高质量发展。

一、国际化模式的梳理

（一）国际合作典型案例

1. 清华－伯克利深圳学院（TBSI）

面向全球经济社会发展，TBSI紧密结合深圳发展需要，围绕环境科学与新能源技术、数据科学与信息技术、精准医学与公共健康成立三大跨学科研究中心进行学科布局。作为连接旧金山湾区和粤港澳大湾区的重要桥梁，TBSI一直以来致力于推动国内外学术、文化和产业之间的合作交流。在新冠肺炎疫情全球肆虐、中美关系陷入低谷的大背景下，依然能够竭力破除险阻、砥砺前行，既体现出学院践行清华大学全球化办学战略的决心，也展现出学院继续积极履行社会责任、努力推动国际教育科研合作与交流的担当。学院已形成规范化、制度化的高水平师资引进体系，并且连续四年获评深圳市"人才伯乐奖"。截至 2020 年底，学院共引进中科院院士 1 人、新西兰皇家科学院院士 1 人、中国工程院院士 4 人、美国国家工程院院士 2 人。2017 年 12 月，深圳市"诺奖"实验室 - 深圳盖姆石墨烯中心揭牌。学院已连续承办多届深圳国际石墨烯论坛。

2. 清华大学 - 京都大学环境技术联合研究和教育中心

清华和京都大学有着长达 13 年之久的合作历史，这期间，两校不仅开展科研交流与合作，也重点强化教育合作，尤其是关注学生联合培养，互派学生交流等。2005 年 10 月，清华 - 京都大学环境技术联合研究和教育中心在清华大学深圳研究生院成立，以促进中日两国在环境领域开展科研教育交流与合作。2013 年 3 月，清华大学 - 京都大学环境技术联合研究和教育中心合作备忘录签订。该备忘录旨在推动清华 - 京都大学环境技术联合研究与教育中心在中日环境技术相关研究和教育领域取得进一步的丰硕成果。2016 年 12 月，双方签订合作备忘录，就共同开展环境专业硕士生培养方案及课程设置等方面达成共识。2018 年 11 月，两校正式签署《清华大学与京都大学双硕士学位项目合作协议》，标志着双方环境学科在合作模式、课程设置与学分互认、学生培养模式等各方面完成了全面细致的准备，正式启动环境学科硕士双学位培养项目。

多年来，两校人员在科学研究、产业应用、人才培养、教育管理研究和科普工作等多方面密切合作，构建了多层次、系统化的合作局面和交流方式。从 2005 年中心成立至今，已有 11 批次近百名深圳清华师生应邀赴京都大学学习和交流。多年来两校学生的交流互访已经成为联合培养例行的常态化活动，对推动两校在教育及科研方面的合作起到了极大的促进作用，两校师生在活动中促进了友谊，增长了知识，也让京都大学的师生对中国的文化及风土人情有了深刻体会。

3. 国际合作数据

位于亚洲、欧洲、美洲的 21 所高校作为合作伙伴，共签署 19 项合作办学、科研合作、联合培养协议/备忘录；另有德国汉诺威大学、日本东京大学、英国帝国理工学院、英国南安普顿大学等多所国际知名高校签署合作协议/意向书；2020 年 TBSI 与境外高校合作培养学生总人数约 700 人。

（二）国际会议典型案例

建院以来，国际研究生院积极培育高端、前沿国际学术会议品牌，不断提升组织和筹办国际性学术会议的经验和水平，努力打造富有学院特色、具有国际影响力的学术会议，构建展示学院最新研究成果的国际交流合作平台，从而开拓师生学术视野，提升学院国际学术地位、扩大学术话语权。

1. 深圳国际石墨烯论坛

自 2014 年以来深圳国际石墨烯论坛已成功举办八届。该论坛由深圳市科技创新委员会主办，清华大学深圳国际研究生院、中国科学院金属研究所和深圳盖姆石墨烯中心承办。作为具有全球影响力的高水平专业性论坛，深圳国际石墨烯论坛以深圳最具代表性的电子信息和新能源产业集群为基础，汇聚了200多位具有全球影响力的学术界及产业界专家，以创新发展的角度共同探讨并分享石墨烯等二维材料作为基础材料在能源、显示和电子电路等领域交叉融合产生的研究成果和技术突破。论坛的举办对于加快深圳市石墨烯前沿技术探索和产业应用开发进程，推进石墨烯材料技术与深圳市电子信息、新能源等相关优势产业的紧密结合，提升深圳市新材料产业在全国的竞争力，培育深圳全球竞争新优势，有着重大积极的意义。

最近一届的石墨烯论坛为"2021第八届深圳国际石墨烯论坛"，由清华大学深圳国际研究生院成会明院士和副院长康飞宇教授担任共同主席及主持人。未来，学院还将针对石墨烯等二维材料的制备、器件应用、能源应用、环境和健康应用以及产业化发展等分会主题组织召开研讨会。

2. 清华会讲

2020年12月12日，第三届清华会讲在深圳大学城会议中心隆重召开。本届清华会讲由清华大学和深圳市人民政府联合主办，清华大学国家治理与全球治理研究院、清华大学一带一路战略研究院、清华大学社会科学学院承办，清华大学深圳国际研究生院、深圳清华大学研究院协办。

来自海内外的数十位著名专家学者齐聚一堂，围绕"大变局与新动能——科技革命与社会进步"的主题展开多领域交叉的高层次精彩发言和研讨，全国人大常委会原副委员长、全国政协原副主席韩启德院士等7名院士与资深教授，多个领域的学科带头人，来自SK集团、腾讯、华为、比亚迪等行业领军企业代表与会，引起社会广泛关注。

清华大学校长邱勇院士，深圳市副市长聂新平先生，SK集团首席副会长崔再源先生，教育部科学技术委员会主任、教育部原副部长赵沁平院士在开幕式中致辞，清华大学党委副书记、国家治理与全球治理研究院执行院长向波涛研究员主持了开幕式。此次会讲在人民网、光明网、新华网、网易新闻、凤凰网等主流媒体上进行了全面推广，获得社会各界的广泛关注，产生了积极的影响，主会讲线上直播观看人数近40万。

3. 清华港澳会讲

2020年12月11日举办的"清华港澳会讲"活动由清华大学深圳国际研究生院和清华大学港澳研究中心主办，深圳市海湾经贸科技促进中心协办。会讲采取线上形式，分别在深圳市委大湾区办（深圳市港澳办）和深圳国际研究生院设立四个线上分会场，并同步在网上直播，网上总访问数超过了10万人次。

清华大学副校长兼教务长杨斌、全国人大法律委员会原主任委员乔晓阳、中共深圳市委推进粤港澳大湾区建设领导小组办公室（深圳市人民政府港澳事务办公室）副主任曹赛先出席港澳会讲开幕式并致辞。清华大学港澳研究中心主任王振民，全国人大常委会委员谭耀宗，恒隆地产董事长陈启宗，香港南丰集团董事长及行政总裁梁锦松，香港科学院院长叁立之，中国证监会原首席顾问、深圳国际仲裁院副理事长梁定邦，香港艺术发展局主席王英伟，全国政协常委、香港名医中心主席胡定旭，澳门基金会行政委员会主席吴志良，香港物流及供应链多元技术研发中心（LSCM）行政总裁黄广扬，香港贸易发展局研究总监关家明等嘉宾分别就港澳在经济、科技创新、文化产业、医疗卫生等领域的优势，发表了主旨演讲。演讲嘉宾回顾了香港和澳门在国家改革开放事业中做出的独特而重要的贡献，直面发展中存在的问题和挑战。大家一致高度认同"一国两制"，认为在当前形势下，必须抓住新时代改革开放和大湾区建设的重要机遇，将香港、澳门的发展与内地的发展有机结合起来，使港澳在新时代国家发展大局中的独特优势愈加彰显。

（三）国际学生学者中心典型案例

2020年深圳国际研究生院机构改革后，为了向中外师生提供更国际化的服务，设立了校园服务中心和国际学生学者中心。从人员配置上来说，国际学生学者中心三名员工包含一名来自英语国家并且中文流利的外籍员工，另外两名员工也都毕业于英语国家高校。从地理上来说，两个中心的新办公室位置相邻，从而切实做到联动办公，由国际学生学者中心作为桥梁打破校园服务中心与国际师生中间的语言壁垒，实现一体化、一站式服务。

1. 海外学生简餐会

为了建立双向沟通机制并加深与海外师生的互相了解，方便后续促进国际、大陆及港澳台师生相互融合，国际学生学者中心开展了海外学生简餐会活动，以轻松的形式了解海外师生的需求和在学习生活中遇到的问题。2019年3月16日，全球办与总务办共同组织了主题为国际化校园建设的第一次海外师生简餐会，全面了解学院国际及港澳台师生对校园服务的意见和建议，推进国际化校园建设，为师生提供更好的校园体验。为了让国际及港澳台学生学者更快地了解中心，并熟悉中心地点和环境，同时为国际和港澳台师生互相间的交流搭建平台，中心策划组织活动 Office Warming 晚餐会。于5月13日晚在中心外的开放空间开展了一场活泼而温馨的晚餐会，现场共有30余名国际及港澳台师生参加，中外师生自由交流，彼此加深了友谊，也对中心办公环境更加熟悉。

2. 中外学生活动基金

为了提高中外学生融合度，增强学生跨文化交流能力、多元文化意识，激励学生参加健康积极、新颖多样的学院文化活动，国际学生学者中心于本学期设立了"中外学生活动基金"支持学院学生举办中外学生共同参与的跨文化活动。2019 年 4 月 24 日，"中外学生活动基金"支持的首次"清听 & 芬享：有个城市叫家乡"主题活动成功开展。来自山西、江苏、甘肃、福建、四川、中国香港、中国台湾等多个地区的学生参加了本次交流分享活动。活动让同学们对祖国各地的地理风貌、文化历史、人文风俗有了进一步的了解，同时增进了彼此之间的文化理解和认同，加深了同窗情谊。5 月 8 日和 5 月 15 日分别举办两场中外学生桌游活动，反响热烈。

依托"中外学生活动基金"组织中外学生打卡活动，从深圳的富有中国文化特色和教育意义的地点开始，旨在让国际生与中国学生共同感知深圳，浸润中国文化。5 月 23 日，国际学生学者中心组织 15 名中外学生前往南山博物馆进行参观学习，成功开展了首次打卡活动。通过参观学习，中外同学们纷纷表示对脚下这片土地有了更深入的理解和认识，期待未来能够有更多机会了解南山、了解深圳。参观结束后，大家来到位于宝安滨海文化公园的"湾区之光"摩天轮，一同欣赏大湾区城市的繁华景象。

3. 全球办学能力建设

承担深圳国际研究生院海外科研合作基金项目"清华深圳国际研究生院全球办学能力建设项目"。组织国际专家针对学院全球办学能力进行会诊，提出并确定具体工作任务后，分步实施。从教务、学生与校园文化、信息服务、涉外事务、宣传推广、后勤与校园环境共六个方面入手，提升全院全球办学工作水平。在教育教学、服务管理、校园环境等方面，为中外师生的科研、教学和生活搭建开放、融合、全球水准的服务体系和平台。现已邀请校本部国际处副处长 David Zupko 来院开展工作，目前已结束国际生录取、入学报道、学习生活情况等信息的首期调研。

4. 促进深圳城市国际化发展典型案例

多年来，学院一直致力于将顶尖国际化资源落地，贴近普通社区居民，服务于深圳社区的国际化发展。目前学院与桃源街道合作，设立了"清华外籍师生进社区，中外文化融合促发展"项目。已于 2021 年 4 月 17 日举行了首次活动，通过组织学院国际师生与桃源社区普通家庭一起进行登山、破冰拓展交流、分享中国传统美食等活动，推动桃源街道"三区融合"进程，助力国际化街区建设，增进中外文化交流融合。让外籍师生更好地融入中国，消除外籍师生对中国的陌生感和隔阂感，增强对中国的认同感。该活动获得广泛认可，还被刊登于 2021 年 4 月 22 日的《蛇口消息报》上。第二期活动于 6 月启动，主题围绕中国传统节日"端午节"开展，组织学院国际师生进入中国家庭开展包粽子、挂艾草、端午节历史故事分享等活动。

国际化是深圳城市建设、发展的必然道路,清华大学深圳国际研究生院的国际化工作,将继续在广泛、多层次的国际合作交流中,推动深圳市的国际化环境建设与文化建设。

二、来自 TBSI 的实践

经济全球化的不断蔓延使各国不同的文化相互碰撞、交融和渗透。随之而来的知识全球化发展成为了必然的趋势。在这个经济和知识都高速发展的全球化时代,如何培养新一代人才的国际视野和胜任力成为了世界各国高等教育重点关注的热点问题。21 世纪以来,围绕"全球胜任力"(global competency)的教育理念,西方学术界展开了越来越多的研究和实践,理论框架和实践经验日渐丰富。随着我国逐渐走向世界舞台的中心,培养一批具有国际化视野、全球科学价值观、能与世界有效对话的国际型且德才兼备的研究型人才,已然成为当下最迫切的发展需求。我国高校学术型研究生的培养肩负着时代发展的重任,应在广泛吸收西方先进教育理念的进程中,不断创新,扬长避短,发展符合科学规律且有特色的全球胜任力培养模式。

(一)全球胜任力的概念及其发展

1. 美国全球胜任力概念的历史演变

20 世纪 80 年代,"二战"后的全球经济一体化进程加快,美国精英阶级开始意识到,迈向全球的国际教育有助于适应全球经济竞争的要求以及建立世界的领导地位。1982 年,罗伯特·汉威从全球视角提出了"全球整体性"意识的概念,指出人们所做的决策很大程度上会受到全球动态和不同文化的影响。因此,培养全球化视野,应该从意识的角度、全球整体概念、跨文化意识、全球动态知识和人类做决定的意识五个维度进行。1988 年,美国国际教育交流咨询委员会和美国国际教育交流委员会发表联合报告《全球胜任力教育》,提出了全球胜任力的教育迫在眉睫。该报告首次明确提出了全球胜任力的概念,并强调了全球胜任力的不断发展源于学校跨国的沟通,国际专家学者的交流,各级政府、企业和私营机构跨国资金和项目的增加,这都使得美国高等教育发生了根本性的变化。同年,美国教育委员会又发布了《全球胜任力教育:美国未来的通行证》的研究报告,再次呼吁要不断加强学生,尤其是本科生的全球胜任力的培养。在这一萌芽阶段,虽然并未形成全球胜任力的明确定义,但是国家和政府部门对这一教育理念的重视程度在不断加强。

21 世纪以来,全球胜任力的研究和实践进入了蓬勃发展的阶段,并在多个领域逐渐清晰化、系统化和模型化。首先,跨国企业对职业经理人和管理者提出了全球胜任力的工作能力要求。1998 年，跨国公司的人力资源部门认为，一名合格的管理者要具备全球化背景下的基本素质，如认知复杂性和心理的成熟性；同时，也要具备在跨文化背景下的国际商务沟通和合作能力。2000 年，康纳从跨国企业的角度，探讨优秀的国际管理人才应具备商业头脑、创业精神、鲜明的个性和个人影响力以及全球化视野。紧接着，全球胜任力的教育理念和培养目标也不断融入美国的教育体系。2012 年，美国联邦教育部发布的《国际教育及参与走向全球》战略布局是全球胜任力教育精英化走向大众化的重要标志。该公告指出，培养学生全球胜任力理念应从三个方面着手：①加强外语技能与专业知识的培养；②帮助学生更好地认识世界；③将其理念贯穿入学与就业培训。学生通过第二外语、历史、地理、艺术等国际相关课程学习了解世界，通过沉浸式实习或游学亲身体验不同的文化和价值。在过去的几十年，美国一直将培养全球胜任力作为提升国际竞争力的国家教育战略，并作为一项保障国家安全和利益的重要国防战略。

全球胜任力已成为评估学生国际化能力发展最重要的指标之一。2017 年，经济合作与发展组织（OECD）提出了较为全面的全球胜任力概念，并被广泛认可和使用。在其国际学生能力评估（PISA）计划中，将全球胜任力列为重点评估的素养，并提出基本四要素的相关定义：全球胜任力可定义为拥有多角度批判性分析跨文化议题，理解和欣赏他人观点，在尊重人性尊严的前提下，开放、得体、有效地跨文化沟通和互动，为人类集体福祉和可持续发展而努力的能力。同年，美国教育部发表的《为促进公平、卓越和经济竞争力需要的全球和文化胜任力发展框架》明确提出，全球胜任力应围绕合作交流、世界与传承的语言、多元观点和本国及全球的参与感四个方面进行发展。更重要的是，全球胜任力的培养应该分成早期学习，初级学习，中级学习和高级学习四个不同的发展阶段（见表4－1）。对全球胜任力培养的最高目标是，个人能够在跨文化背景下有效与他人交流和合作，熟练使用外语工作和学习，具有高度发达的多元化分析和反思能力，能在自己的专业领域参与全球议题。

表 4－1　为促进公平、卓越和经济竞争力需要的全球和文化胜任力发展框架

	早期	初级	中级	高级
合作交流	启蒙发展社会情感技能：注重培养同理心、合作和解决问题	进一步的社会情感技能发展：注重同理心、观点获取和冲突管理	较强的社会情感和领导力：强调多元文化的理解和与不同群体的合作	高级的社会情感和领导技能，能够在跨文化背景下有效地与人合作和沟通

续表

	早期	初级	中级	高级
世界及传承的语言	学习和发展英语和其他语言的语言技能	基本熟练掌握至少一门外语	至少精通掌握一门外语	能够使用至少一门外语工作和学习
多元化观点	通过接触不同的文化、历史、语言和视角，提高全球意识	通过持续接触不同的文化、历史、语言和观点，加深全球意识	通过课程、项目、出国留学和虚拟交流等方式，加深对当地和全球知识的理解	高度发达的多元化分析和反思能力
本国及全球的参与感	提高对团体和制度的认识	年龄相适应的公民参与和学习	具有参与本国和全球重大事务的能力	具有参与各种本国和全球问题的能力，在全球背景下，能够在自己的专业领域和专长部分取得成功

2. 我国高校"全球胜任力"发展及培养初探

我国对全球胜任力的研究和培养还处在初期发展阶段。根据张蓉和畅立丹（2019）对国内有关全球胜任力的研究综述回顾，我国最早于2014年引进全球胜任力的概念，主要借鉴西方的理论框架。从培养途径（课程体系，教师能力建设等）、概念解读（内涵和价值等）、评估体系（评估策略和方式）等方面进行探讨。其中，最具影响力的是，2016年发布的《清华大学全球战略》，其中提出将全球胜任力作为学生培养目标，并公布了六大核心素养（见表4-2）。这六大要素主要包括：世界知识与全球议题、语言、道德与责任、自觉与自信、开放与尊重、沟通与协作。清华大学提出的六大核心要素在经济合作与发展组织提出的四要素上，既有相互呼应的地方，包括对全球的认知和关心，与不同文化背景的人进行友好的互动和为人类集体做出贡献的社会责任；又有相应的提升，比如从认知层面、个人层面、人际层面逐渐深入，从意识形态到个人再到集体递进，同时又提出了终身学习和提升道德修养的新要求。例如，把"道德与责任""自觉与自信"也列为全球胜任力的培养指标，延续了我国重视个人修养的优秀文化传统，这在西方的理论框架里是极为少见的。从某种意义上来说，这里所说的全球胜任力已经超越了西方研究者提出的具有全球化视野，对学生个人修养、道德品质和人际关系处理等综合软实力都提出了更高的要求和期待。

表4-2　清华大学全球胜任力六大核心素养

维度	核心素养	具体要求
认知	世界知识与全球议题	了解世界历史、地理、经济与社会发展的知识，理解不同国家的政治和文化差异，关注环境、能源、健康、安全等全球议题，理解人类相互依存、共同发展的重要意义
	语言	恰当有效地以母语和至少一种外语进行口头与书面表达，能够与国际同行深入探讨专业话题，并通过语言理解、欣赏不同的文化内涵
个人	道德与责任	诚实守信，遵守社会伦理，恪守职业道德，坚持在重大事项上作出负责任的决策；勇于承担责任，推动人类可持续发展
	自觉与自信	深刻认识自己的文化根源与价值观，理解文化对个体思维和行为方式的影响；在跨文化环境中自信得体地表达观点，并通过不断自我审视来提升自我
人际	沟通与协作	具有合作精神和协调能力，能够与不同文化背景的人友好互动和交流；善于化解冲突与矛盾，能够在跨文化团队中发挥积极作用
	开放与尊重	保持好奇和开放的心态，尊重文化差异，具有跨文化同理心；坦然面对不确定性，适时调整自己的情感与行为

　　从表4-2的六项核心素养的具体要求来看，这与美国教育部提出的全球胜任力中级阶段的要求是比较吻合的，强调多元化理解和合作，精通一门外语，认同多元化观点，加深对当地和全球的理解，参与全球重大事务。然而，需要注意的是，清华大学的全球胜任力框架并没有对培养的学生群体进行细化分类，比如本科生和研究生，低年级学生和高年级学生的差异化培养方法。根据美国教育部的全球胜任力框架模型显示，不同的群体和级别，培养要求和方法应各有侧重点。我国本科生全球胜任力的发展目标，可对标美国教育部提出的中级水平，满足基本的跨文化交流能力，但对于以研究为主的研究生（包括硕士研究生和博士研究生）应力争达到高级水平。换句话说，具有优秀全球胜任力的研究生，能够在跨文化背景下有效与他人交流和合作，熟练使用外语学习、研究和工作，具有高度发达的多元化分析和反思能力，能在自己的专业领域参与全球议题。

　　目前，我国关于全球胜任力的研究整体上还处于追赶西方的初期阶段，且总体研究领域和范围较小，更鲜有涉及分层级、分阶段和分类别的培养模式。然而，知识全球化的滚滚洪流却从未止步，对不同类型人才的需求也日益突出。作为与国际接轨，探索新知识和新领域的排头兵，我国的研究生更应清醒地意识到时代的挑战，主动认识世界，融入世界，从而最终能够引领世界。但是，长期以来，我国的研究生培养目标和培养方式还不够明确，仍然存在一系列的问题。高校培养的人才和社会实际需求仍然存在差距。在这个艰苦奋斗的过程中，大学如何调整培养目标，并营造有利环境提升研究生的全球胜任力，是高等教育研究者亟须解决的痛点和难点。

（二）研究生全球胜任力的培养目标和指标

2010 年 7 月国务院颁布《国家中长期教育改革和发展规划纲要（2010 - 2020 年）》第四十八条提出"适应国家经济社会对外开放的要求，培养大批具有国际视野、通晓国际规则、能够参与国际事务和国际竞争的国际化人才"。第五十条提出"加强国际理解教育，推动跨文化交流，增进学生对不同国家、不同文化的认识和理解"。从国家教育发展规划来看，高等教育应积极提升学生认识世界、跨文化沟通、参与国际事务的能力。而对研究生培养，尤其是博士毕业生，应具备创造性发展知识的能力，批判性地传承知识，把知识转化成生产力，并在各种场合有效地传达学术理念和价值。研究生全球胜任力的培养要求，也应从最基础的认知和初步尝试的初中级阶段，逐渐发展到具有自我驱动力，较高匹配能力和价值的高级阶段。

1. "自我意识"提升到"思维能力"

全球胜任力得到发展和培养的前提，是当事人具有或者想要获得国际化视野和自我提升的意识。根据美国全球卓越领导力公司提出的全球胜任力模型，自我意识是其中最核心的内容。自我意识是全球胜任力发展的内部准备条件，决定了个人特质及态度。这些特质影响了一个人如何应对外界的事物，包括关注和尊重多样性，拥有开放的思维和敢于尝试不同文化的冒险意愿。之后，通过教育，让学生获得自身文化之外其他文化的历史、地理等知识，在这个过程中获得全球意识。最终的目的是在自我意识的引导下，尊重文化多样性，自主树立全球意识，并获得跨文化合作和交流的能力。然而，自我提升全球化大众意识和简单的跨文化交流还不足以满足我国对培养高水平国际化研究型人才的迫切需求。根据美国教育提出的全球胜任力培养指标，高级阶段还应该注重培养发达的多元化分析能力和反思能力。因此，拥有了全球胜任力自我提升意识后，更重要的是由此带来的对思维能力的改变和发展。

批判性思维和创造性思维能力是研究生全球胜任力高级阶段发展的重点思维能力。当前世界共同追求的核心素养包括协作性、有效交往、批判性思维和创造性。美国提出的"21 世纪技能"中，重点强调了"交往与协作""批判性思维与问题解决"和"创造性与创新"三种技能。这三项技能被理解为处理复杂问题和适应不确定性的高级个人能力。批判性思维在跨文化背景下，侧重于独立思考的能力，在尊重和继承多元文化的同时，能够有选择性地判断和评价其价值和意义。根据刘儒德的研究表明，批判性思维包括批判性思维技能和批判性思维意识两个方面。批判性思维技能包括：①抓住中心思想和议题；②判断证据的准确性和可靠性；③判断推理的质量和逻辑一致性；④察觉出那些已经说明或未加说明的偏见、立场、意图、假设以及观点；⑤从多种角度考察合理性；⑥在更大的背景中检验适用性；⑦评定事物的价值和意义；⑧预测可能的后果等。而批判性思维意识包括：①独立自主；②充满自信；③乐于思考；④不迷信权威；⑤头脑开放；⑥尊重他人。创新能力是培养研究生发展新知识和转出生产力的关键要素。在跨文化背景中，创造性思维是对多种文化背景下信息和知识的重新组合，从而得出新的分析和解决问题的方法。总结起来，可以从以下几方面着力培养：①多种可能性的发散性思维能力；②自我判断的辩证批判思维能力；③隐喻联想和想象力；④好奇心和求知的创造性人格。

2. "世界知识"升华为"全球使命感"

世界相关的知识储备是对当今世界发展认识的基础。世界知识指的是世界历史、地理、经济、政治与社会发展形态等相关的知识。美国威斯康星大学的全球胜任力培养指标中，对世界知识认知的要求包括：理解形成当今世界体系的历史因素，理解其价值观、信仰、观点、世界观的多样性，意识到世界性事件与问题的复杂性与关联性。而清华大学在提出世界知识这一核心要素的同时，还提出了更高的要求。在理解了世界文化差异的基础上，还应该关注环境、能源、健康、安全等全球的共同议题，深刻理解人类相互依存、共同发展的重要意义。类似地，OECD 在全球胜任力定义中也明确提出，能够分析当地、全球和跨文化的问题，为人类集体福祉和可持续发展采取行动。由此可见，对全球议题的主动关注和参与是在对世界知识了解的基础上加入了"主人翁"的意识，肩负了为人类共谋福祉的"使命感"。

研究生的全球使命感素养提升有助于主动参与全球议题，致力于解决人类共同面临的重大难题。使命感指的是参与某件事得到的自我满足的内在驱动力和激情，也被定义为"一种源于自身并超越自我的超然召唤，即以一种能展现或获得目的感或意义感以及以他人导向的价值观和目标作为基本动机来源的方式去践行特定生命角色"。在美国教育部提出的全球胜任力培养指标中，高级阶段的能力中包括具有意识地参与本国和全球问题的能力。而参与国际事务的前提是拥有强烈的社会责任心和全球使命感，并持之以恒为之付出行动和实践。

3. "人际沟通"历练到"专业交流"

有效地进行跨文化沟通和交流是全球胜任力培养的重要目标之一。根据美国亚洲协会提出的全球胜任力指标，重点强调了"与各种不同的人有效交流自己的观点"这一维度。其中包括四项基本内容：①清楚了解不同的人对同样的话有不同的理解，这会影响沟通的效果；②与不同的人进行有效交流；③选择恰当的技术与媒介手段与不同的人进行交流；④考虑在这个互相依赖的世界中，有效交流是如何影响理解与合作。能够意识到在交流中的差异性和复杂性，利用合理的方式理解和沟通基本想法，从而推动协同发展，这些是全球胜任力的基本要求。但是研究生的能力培养不能仅仅停留在基础条件的满足上。

作为与国际学术交流的新生主力军，我国培养出的优秀研究生，要能积极发展自己的专业特长，并游刃有余地在各种跨文化场景下交流自己的学术理念和研究。对不同文化先进研究成果的借鉴以及有效的学术交流，有利于拓展研究生的知识广度和深度，也有利于促进创造性想法的产生。清华大学在"研究生教育创新计划"的支持下，在研究生国际化合作和能力培养方面开展了四个方面的工作：①研究生的中外合作培养；②资助博士生参加国际学术会议；③海外学者短期讲学计划；④举办国际博士生学术论坛。这些举措给研究生的学术交流提供了多元化文化的平台，促进研究生提升专业交流能力。

4. "第二外语"渗透到"文化价值"

第二外语掌握情况，尤其是英语能力是提升全球胜任力最基本的语言工具。英语作为世界的通用语言，是与世界不同文化交流的第一把钥匙。因此，我国历来十分重视英语教学，并已覆盖小学、中学和大学的课程学习。然而，研究生阶段的英语能力提升不是简单的基础知识积累，而是由基础学习向实际运用的转化。因此，研究生阶段的英语教学，也应该是帮助学生运用初级阶段掌握的语言技能过渡到实际应用和交际。例如，清华大学胡庚申教授开设的"国际交流英语"系列课程，包括"国际会议交流英语""英语论文写作与发表""国际谈判语言策略与技巧""专业文献阅读与翻译""国际交流口译理论与实践""涉外合同起草与翻译""国际交流语用研究"等，就是以国际交流能力为主线，培养学生听说读写的综合能力，同时也介绍了国际交流规范，英语写作和谈判技巧等。其精华在于利用语言技能的提升课程，提高学生实际的国际交流能力，并与专业知识相结合。

另外，语言能力的提升也是为关注和重视国际多元文化价值观做准备。OECD 指出，全球胜任力强调人类的尊严和文化多样性，要求形成重视人的尊严和重视文化多样性的价值观；更加深刻了解自己及周围环境，并积极地反对暴力、压迫和战争；最终为人类集体福祉和可持续发展采取相应行动。这需要尊重个人差异与文化差异，能够尽量理解他人的处境，从多角度审视现实，并保持积极乐观的态度参与世界。联合国提出的专业人才最基本的价值观包括正直、尊重多样性和崇尚专业。这些价值观的建立，不应该是在精通掌握一门外语之外，需要努力发展的更高级的价值观提升要求。同时，在不断学习西方发达国家的进程中，也不能丢弃本国的优良传统，注重综合素质和品德修养的提升。

（三）研究生全球胜任力培养途径总结

为了进一步探索研究生全球胜任力的培养途径，以清华－伯克利深圳学院（TBSI）为典型案例，通过质性和量性研究相结合的方法展开研究。

TBSI 是清华大学和加州伯克利大学在深圳市政府的大力支持下，在深圳联合办学的实体，设立了双硕士项目和博士生联合培养的教学模式。全英文的授课设置，双导师共同指导，更为频繁的学术互访和交流，目的是在我国和美国先进的教育熏陶下，让学生具有强有力的全球竞争力。经过近 5 年的不断探索，TBSI 沉淀的办学经验和培养教学实践，也将进一步围绕如何更有效地激发学生全球胜任力提供有益的思考和建议，从而回归教育的本质，培养出国家和时代需要的高素质、高眼界、高学历、国际化和多元化的卓越人才。

在质性研究中，通过对案例中研究生培养的承担者展开深入的调研和访谈，了解全球胜任力在培养过程中的思路和方法。由于在社会科学实地研究中，无法做到对所有调查对象的逐个研究，本书采用目的性抽样的方法，对能够提供大量信息的研究对象进行 30 分钟左右的深度访谈。研究数据包括访谈数据和文本数据，共选取 8 位访谈对象进行半开放式访谈。如表 4－3 所示，主要的访谈包括三个不同类别：一是 TBSI 全时教授，包括已经被学院正式聘用的教授 1 名，副教授 1 名，助理教授 4 名；二是清华大学兼聘教授 1 名，即为清华大学正式聘用，在学院兼职聘用的教授；三是加州伯克利大学兼聘教授 1 名，即为加州伯克利大学正式聘用，在学院兼职聘用的教授。所有参与访谈的教师均有国内外的跨国学习、工作和科研的经历，教育背景既涉及我国内地的高等学府，诸如清华大学、北京大学、复旦大学、浙江大学、中国科学技术大学等，也涉及境外顶尖的高校，诸如哈佛大学、普林斯顿大学、加州伯克利大学、南加州大学、密西根大学、新加坡国立大学、香港大学等。作为已经拥有出色全球胜任力的科研佼佼者，他们自身的多元化教育背景积累了丰厚的经验和资源，在多元文化的熏陶下，他们是全球胜任力的实践者和传播者。

表 4－3　访谈人员信息

编码	职位描述	人员类别
A1	教授	TBSI 全时教授
A2	副教授	TBSI 全时教授
A3	助理教授	TBSI 全时教授
A4	助理教授	TBSI 全时教授
A5	助理教授	TBSI 全时教授
A6	助理教授	TBSI 全时教授
B1	教授	清华大学兼聘教授
C1	教授	加州伯克利大学兼聘教授

在结合质性研究的基础上，本书针对 124 名在读研究生（在读总人数为 318 人）发放了全球胜任力的问卷，用于了解在研究生培养的阶段中，学生对全球胜任力的认识以及相关活动的参与意愿。

在理论框架的考量上，本书以清华大学提出的全球胜任力六大核心素养为基础，结合美国教育部提出的美国全球胜任力培养指标，综合国内外对全球胜任力的研究框架，如图 4-1 所示，提出针对研究生全球胜任力培养的四个维度，分别是：

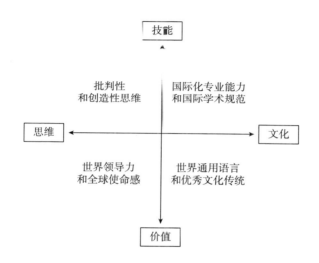

图 4-1 研究生全球胜任力培养框架

（1）批判性和创造性思维。着重培养学生批判性和创造性思维能力，敢于思考和挑战，注重严谨性和逻辑性。能够独立思考，积极发现问题，用科学的方法分析和解决问题。

（2）国际化专业能力和国际学术规范。具有良好的专业技能和科研水平，在国际化背景下能有效地交流、学习和工作，在不同文化的碰撞下开发技能。广泛地与国际学术界接轨，熟悉国际学术界的运行规则和基本行为规范。

（3）世界领导力和全球使命感。熟练地使用英文和中文表达自己的想法，既要注重个人能力的培养，又要注重综合素质和品德修养的提升。如良好的沟通协作能力，自我驱动力，自信自强等优良的品性。

（4）世界通用语言和优秀文化传统。理解和尊重不同类型的社会形态发展。意识到全球是一个共同体，对世界历史、地理、经济、社会和文化有基础常识，从中吸取精华。具有高度全球使命感和全局意识，对全球面临的共同问题有敏锐的观察和洞察力，积极应对全球的重大科技和社会发展问题。

（四）TBSI 研究生全球胜任力培养实践

1. 学院全球胜任力培养设计

根据四重维度全球胜任力综合评估体系，全球胜任力要在培养目标、课程设置和师资培养三个方面进行构建。TBSI 的研究生培养目标是："培养学术领袖和未来产业科学家，为解决区域和全球性重大课题输送高素质人才。"这一宗旨强调了对区域和全球性重大课题的关注和参与，是全球胜任力框架中必不可少的要素之一。对学术领袖和未来产业科学家的培养，也离不开对其创造性思维的启发，国际化专业能力的锤炼，全球领导力的提升，还有优秀文化传统的传承。

课程设置方面，TBSI 所有课程都采用全英文教学，清华大学和加州伯克利大学的师资直接注入，"双导师"共同指导，"深圳－伯克利－北京"三地教学，跨学科"π"形知识结构建立等将全球胜任力的培养贯穿了整个学习过程。比如，截至 2019 年 6 月，学院已开设的 95 门课程中，很多课程来自加州伯克利大学教授的夏季学期面授课程，其中，有一门精品课程 Capstone 将加州伯克利大学的设计理念，结合深圳的产业和企业资源，要求学生与导师和企业人员合作，为企业面临的一个实际问题提供解决方案，形成了"创新训练营"的特色实践课程。学科布局上，两校讨论出"三横三纵"在不同的空间坐标跨学科交叉培养模式，"三横"指的是工程学科的三大分支：数学、物理和生命科学，"三纵"指的是环境科学与新能源技术、数据科学与信息技术、精准医疗与公共健康三个研究方向。学生在"三横三纵"的坐标轴里寻找最合适自己的点，以主专业和辅专业的形式交叉培养。虽然在学生实际的招收培养过程中，最终不得不回归我国等级森严的一级二级学科体系，但从理念上是一种新的碰撞和尝试。

最后在师资培养方面，对现有师资进行全球胜任力能力提升，TBSI 走的路是直接的"拿来主义"。TBSI 的师资构成由 1/3 清华大学教授，1/3 加州伯克利大学教授，1/3 全球招聘。加入到 TBSI 的师资要求必须是有海外背景或工作经历，并在国际上具有一定学术影响力的教授。2019 年 6 月，加入到 TBSI 的 17 位全时教师，均为深圳市引进的海外高层次人才，其中 2 位院士，6 位外籍教授。这一支高水平的外籍和海归教师团队已经具备了高阶甚至以上的全球胜任力教学能力。而博士后的海归率达到 31%，行政管理人员有海外经历达 40%，均已达到了中级及以上的全球胜任力水平。无论是教师还是教辅团队，自身具备的全球胜任力素养对学生会产生潜移默化的影响。

2. 教师全球胜任力培养理念

TBSI 的教师基本都已经具备高级的全球胜任力的水平，并将自己的国际教育理念融入研究生的培养之中。被访谈教师一致认为，随着国际化程度不断加深，无论是"走出去"还是"引进来"，研究生的全球胜任力培养至关重要。学生应该树立"世界学术圈"的概念，在这个多元文化圈里的"学术语言"和"学术规则"十分熟悉，并将国际高质量的研究和技术，通过创新的方法来解决我国面临的重大问题。"世界学术圈没有国界，科研更需要全球性的交流，而不是闭门造车"（成会明）。因此，全球胜任力的必要性在于"对国际专业领域发展前沿和趋势的把握，最终能够参与和引领这种发展"（邹小龙）。在现有的以论文为导向的学术评价体系下，同时，在受到奖学金、评优、项目的目的性导向型影响下，很多学生做科研开始变得很浮躁，不清楚甚至侥幸地触碰学术伦理规范的底线。因此，对学生全球胜任力的培养目的本身不是为了培养"国际化人才"而"国际化培养"，而是不断提升学生的各方面的综合素养，遵循国际学术的基本规则，从而能用国际上一流的技术，创新的方法，来解决中国的实际问题。与美国学生相比，中国学生更加勤奋和自律，高校应该认识到这个特殊的优势，提供更多的资源，在特定的情境下，注重培养学生的学术伦理和规范（刘碧录，付红岩，陈伟坚，黄绍伦）。

研究生的培养，是一个启发学生独立自主寻找问题、分析问题、解决问题的过程，要培养学生的主观能动性，和对前沿学科敏锐的直觉，并不断创新。对于研究生全球胜任力培养的四个维度，被访谈教师将"批判性和创造性思维"这一指标排在了第一位重要的位置上。批判性思维是敢于思考和挑战，寻求真理，发现问题的基础，而创造性思维则是站在前人的肩膀上去分析和解决问题。排在第二位的是"国际化专业能力和国际学术规范"。作为处在当下国际化时代的学者，已不能两耳不闻窗外事，要熟悉国际学术界的运行规则、学术及伦理规范，参与国际学术会议，与国际学术界接轨。广泛参与国际学术界的基础是国际通用的语言，因此研究生必须要能熟练使用英语阅读文献，自如地使用英语写文章，作报告，能够与其他国家的学者自由交流。需要注意的是，学习和掌握第二外语，不代表可以丢弃母语的锤炼和优秀文化传统。事实上，访谈教师多次提出，"道德与责任""沟通与协作""开放与尊重"是一切培养目标的基础，没有这些基本的能力，研究成果再突出，也不是一名具有优秀全球胜任力的学者。同样重要的是"世界领导力和全球使命感"，排在稍后的位置，是因为这一项能力相对较容易习得，学习途径多，而且很快上手，但最好的培养模式就是亲身经历和实地体验。

研究生全球胜任力的培养模式可以通过一系列的课程和活动来提升。对于如何提升研究生在四大培养方向的全球胜任力，被访谈教师提出三类可操作性较高的举措：

（1）开设全球胜任力通识课程：批判性思维训练及写作课程、人类学历史及发展课程、中西荟萃的优秀文化伦理规范课程、实验室安全规范管理课程等。

（2）开展跨文化活动及讲座：各种类型的讲座、分享会和工作坊，为来自不同国家的师生提高交流平台，分享自己国家的故事、文化和科研成果。

（3）举办趣味性强的多元化活动：国际美食节，走出校门与政府、跨国企业、国际组织交流活动，世界文化艺术兴趣体验活动，师生组织的研究生国际会议等。

值得指出的是，被访谈教师重点提及了优良传统文化和道德规范系列课程的必要性，旨在从理论层面，吸收好的文化传统，提升学生的道德修养水平。同时，诸如国学、世界历史、科技发展史、审美的历程等人文课程，也能很好地陶冶道德情操，增长见识（陈伟坚，张璇，黄绍伦）。还有实验室安全规范管理课程，参照国外每月开设的严格的必修课程，学生通过考核，获得实验室安全认证才能正式进入实验室做实验。从根本上让学生谨慎地对待实验室安全问题，排除侥幸心理，提高实验室安全管理（黄绍伦）。

3. 学生全球胜任力培养意识

在124名参与问卷调查的学生中，有58.1%是男生，41.9%是女生。年龄阶段主要分布在18~25岁，占比61.3%，其次是25~30岁，占比37.1%。从学历构成的角度来看，58.1%是硕士研究生在读，32.3%是博士研究生在读。加入TBSI的时间，50%的学生是刚加入的新生，不满1年，而超过3年的高年级学生参与较少，占比2.4%。

根据问卷结果显示，绝大多数TBSI在校研究生在一定程度上了解全球胜任力，其中8.1%的学生选择了非常了解，63.7%的学生表示了解一点，28.2%的学生表示完全不了解。从这个角度来说，还有接近1/3的学生完全没有接触过全球胜任力的概念，学院通过课程、讲座和活动等形式进一步加大全球胜任力的培养还是十分有必要的。对比技术性的"硬实力"和全球胜任力的"软实力"哪个更重要，有91.9%的学生认可全球胜任力的重要程度，其中16.1%的学生认为全球胜任力这类软实力的重要程度超过了技术性的硬实力。全球胜任力能力排序方面，学生与教师看法一致，认为"批判性和创造性思维"能力是最重要的。但与教师看法不同的是，学生认为"世界领导力和全球使命感"是第二重要的，然后是"国际化专业能力和国际学术规范"以及"世界通用语言和优秀文化传统"。

从全球胜任力提升相关活动的参与意愿来看，学生积极性都比较高，但对实验室安全课程参与兴趣最低。如图4-2所示，对于教师提出的三类举措，最受学生欢迎的是"国内外文化荟萃"（如世界历史、国学、艺术、文化workshop），78%的学生愿意尝试类似的活动。然后是关乎自身学术能力提升的"人类学课程"（了解人类发展的历史，进程和未来设想）和"批判性思维及学术写作课程"。值得指出的是，与形形色色的其他活动相比，学生并不愿意参与"实验室安全课程"，从一定程度上反映了我国近年来实验室安全事故频发的根本原因是学生、教师和学校不够重视。在国外一些发达国家，"实验室安全课程"是必修课程，甚至要求所有实验人员必须持证上岗。而我国高校实验室松散的管理，侥幸的意识带来了不少安全隐患，必须引起学校和教师的高度重视，借鉴国际上成熟的实验室安全规范管理体系，并将其纳入学生培养的课程和实践体系中。

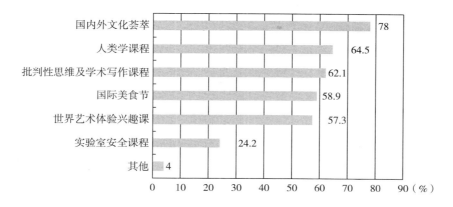

图 4 – 2 TBSI 学生参与研究生全球胜任力提升相关活动的意愿调查

随着我国全球化迈向了一个新的阶段，面对纷繁复杂的国际形势，更需要培养能与世界积极对话，敏锐洞察发现问题，拥有活跃的创新思维，同时又兼具传统美德的优秀青年。全球胜任力已经成为了我国学生培养的重要素养。清华大学在学生全球胜任力的培养理论和实践上都做出了诸多的尝试，尤其是以清华－伯克利深圳学院在国际化背景下兴起的联合办学为代表，带来了新的探索。本书通过研究得出，对于研究型人才的培养，应该在本科生打下扎实的知识根基和良好的学习习惯基础上，充分发挥主观能动性，不断加深国际先进专业知识的积累，积极寻找和发现问题，借鉴新的方法来解决我国的现实问题。具体而言，可着重发展学生在"批判性和创造性思维""国际化专业能力和国际学术规范""世界通用语言和优秀文化传统"以及"世界领导力和全球使命感"四个方面的全球胜任力。在提升研究生全球胜任力的实践探索中，可以考虑开设全球胜任力通识课程，举办跨文化活动及讲座以及组织趣味性强的多元化活动。

4. 丰硕的产学研成果

在全时教授、兼职教授、博士后、行政工作人员和学生的共同努力下，在深圳市政府的大力支持下，深圳市发改委批准学院建设 3 大工程实验室：深圳环境与新能源技术工程实验室、深圳数据科学与信息技术工程实验室、深圳精准医疗与公共健康工程实验室。学院在 3 大工程实验室的基础上实际组建了 18 个方向的高端实验室，分别是：纳米能源材料、环境科学与技术、智能电网与可再生能源、智能交通与物流系统、低碳经济与金融风险分析研究、低维材料与器件、传感器与微系统、纳米器件、物联网与社会物理信息系统、未来互联网研究、大数据、智能成像、大分子平台转化医学和生物制造、癌症生物标记和诊断及治疗、生物医学检测与成像、干细胞治疗和再生医学、集成分子诊断系统、肿瘤治疗研究。

（1）第三届中以创新论坛——从特拉维夫到深圳：培育技术突破·推动经济增长。2018 年 11 月 30 日至 12 月 1 日，由以色列特拉维夫大学、清华大学和晨兴集团联合主办，清华－伯克利深圳学院与清华 XIN 中心承办的第三届中以创新论坛于深圳举行。本届论坛以"从特拉维夫到深圳：培育技术突破·推动经济增长"为主题，旨在促进两国合作研究、合作性技术探索并培育合资企业。以色列驻华大使何泽伟（Zvi Heifetz）、深圳市前副市长王立新、特拉维夫大学校长约瑟夫·克拉夫特（Joseph Klafter）、清华大学校长邱勇、晨兴集团联合创办人兼恒隆地产董事长陈启宗出席了论坛开幕式并致辞，IDG 资本创始合伙人熊晓鸽与清华经管学院顾问委员会主席、Breyer Capital 创始人兼首席执行官吉姆·布雷耶（Jim Breyer）等出席了论坛。论坛开幕式上，嘉宾共同为清华－伯克利深圳学院－特拉维夫大学创新联络办公室揭牌。创新联络办公室是清华－伯克利深圳学院与特拉维夫大学进行战略合作的深圳联络点，位于南山智园内，未来将协助双方展开科研合作、学术交流、校企合作、双边商业交流等，为双边人才交流、学术交流、成果转化、项目孵化、国际合作等事宜提供更多支持。特拉维夫大学教务长亚隆·奥兹（Yaron Oz）与清华－伯克利深圳学院共同院长张林指出，创新联络办公室将发挥桥梁作用，承接两校合作技术在深圳的转化落地工作，推进区域创新协同发展。论坛期间，来自中以两国的嘉宾围绕人工智能、世界经济秩序、数字健康、区块链和金融科技以及地区文明交流五个领域展开热烈研讨。

（2）2018 深圳国际石墨烯论坛——共促石墨烯学术和产业界合作创新。2018 年 4 月 11~14 日在清华大学深圳研究生院召开了深圳国际石墨烯论坛。本次论坛由深圳市科技创新委员会和深圳市南山区人民政府共同主办，清华大学深圳研究生院、清华－伯克利深圳学院、中国科学院金属研究所和深圳盖姆石墨烯中心共同承办，深圳市发展改革委员会、深圳市经济贸易和信息化委员会、深圳市科学技术协会共同支持。深圳市副市长、党组成员高自民出席本次论坛开幕式并致辞，中国科学院金属研究所、TBSI 成会明院士和清华大学深圳研究生院院长康飞宇教授担任本次论坛共同主席。

本次论坛主题涵盖石墨烯粉体及相关材料制备、石墨烯薄膜制备及应用、其他二维材料、储能及其他应用、电/光传感器件应用、碳纳米管及其他碳纳米材料和石墨烯产业化应用与表征分析技术等主题。论坛邀请了来自中国、美国、欧洲、韩国、新加坡、日本等多个国家和地区的知名学者和产业界人士，包括2010年诺贝尔物理学奖获得者、来自英国曼彻斯特大学的安德烈·盖姆教授共69名世界知名科学家（33名海外科学家与36名国内科学家），从学术和产业化视角探讨石墨烯及其他二维材料及碳纳米材料的研究进展和产业化现状，为国内外科学家与企业家搭建一个交流与合作平台，以推动世界范围内石墨烯等纳米材料的产业化进程。

（3）2018 CUHK Shenzhen－TBSI 机器学习与工业智能国际论坛。2018 年 7月 30～31 日，2018 CUHK Shenzhen－TBSI 机器学习与工业智能国际论坛在南山智园举办，主题为机器学习与工业智能。来自中国、美国、加拿大、欧洲、韩国的世界级科学家，就现实世界工业挑战中人工智能的未来、工业 4.0 和智能制造的基础展开了深入探讨。

本次论坛由香港中文大学（深圳）和清华－伯克利深圳学院联合主办，吸引了来自华为、大疆、腾讯、上海证券等知名企业业界人士的报名，以及来自世界知名高校清华大学、香港中文大学、斯坦福大学、浙江大学、厦门大学等师生的热情参与。在为期两天的论坛中，包括挪威科学院院士、韩国科学院院士、加拿大工程院院士、美国麻省理工学院教授在内的多位学界大咖，带来精彩的演讲内容与思想交锋。论坛发起人之一，香港中文大学（深圳）教授、国际电机及电子工程师学会院士、国际自动控制联合会院士秦泗钊教授指出，人工智能在从事与人打交道的活动（语音、翻译、图像、认知等）与"商务智能"（广告投放与定向广告）等方面已经发挥了显著的作用，本次论坛聚焦的核心命题是"工业智能"，这涉及新一代工业革命（工业 4.0）和人工智能在机器学习等领域。

除了这样的高端国际论坛，学院还成立了国际顾问委员会（External Advisory Board，EAB），8 名创始成员包括：美国麻省理工学院前校长埃里克·格里姆森（Eric Grimson），加州伯克利大学电子工程与计算机科学系荣休教授、美国工程院院士、美国国家科学奖章获得者胡正明（Chenming Hu），日本东京工业大学荣休教授、前校长、美国国家工程院外籍院士、垂直腔面发射激光器（VCSEL）之父伊贺健一（Kenichi Iga），加州伯克利大学副教务长、电子工程与计算机科学系首席教授、美国国家工程院院士楚—杰·金·刘（Tsu－Jae King Liu），哈萨克斯坦纳扎尔巴耶夫大学教务长、美国国家工程院院士以列桑米·阿代西达（Ilesanmi Adesida），加州伯克利大学副教务长、研究生院院长、美国工程院院士菲奥娜·道尔（Fiona M. Doyle），英国萨里大学校长、澳大利亚科学院院士、澳大利亚技术与工程院院士逯高清（Max Lu），斯坦福大学计算机科学与电子工程系教授、美国国家工程院院士利奥尼达斯·吉巴斯（Leonidas Guibas）。埃里克·格里姆森教授被任命为 TBSI 国际顾问委员会首任主席。同时，诸如 1997 年诺贝尔物理学奖得主、斯坦福大学教授朱棣文教授和美国科学院、工程院、艺术与科学学院三院院士，清华大学名誉博士，IEEE 约翰·冯·诺依曼奖章得主，2017 年图灵奖得主，计算机体系架构领域享誉世界的顶级科学家，大卫·帕特森（David Patterson）教授这样的学术领袖，都曾莅临学院，为学院师生与产业合作伙伴作主题演讲，进行深入的交流和互动。

在 TBSI 长达五年的建设中，虽然取得了较为可喜的成果，但"异地""跨国"合作办学带来的挑战也贯穿着方方面面。从两校办学来看，一方面，是两校对 TBSI 的高度重视；另一方面，中国和美国，跨越了北京和深圳，母校的资源很难快速有效地传送。学院为了减少空间的限制，投入使用了最先进的远程会议设备和软件，北京和伯克利的教授有时可通过远程设备参与学院会议、学生面试，甚至讲授部分课程。为了减少时差的影响，远程会面时间常常集中在上午 7 点到中午 12 点，才能让东西半球的时间都较为合适，还有紧急的会议，常安排在北京时间上午五六点钟。即使在这样努力的相互适应下，现有的技术水平，还是很难实现面对面交流的即时感，有时候还会出现网络输送不稳定，设备出现故障等问题。同时，两所百年名校都有自己成型的运作体系，共同决策则需要双方的高度信任、认可和相互磨合。从政府支持来看，一方面，是深圳市不遗余力的大力支持，另一方面是实际执行层面中因新型的办学模式和体制带来的调整和不确定性，还有国家层面对交叉学科在高等教育体系中的认可和归类问题有待解决。

第四节　研究生教育国际化的提升路径

研究生教育国际化是个复杂的教育系统工程，系统功能取决于系统要素之间是否实现良好协同。提升研究生教育国际化，就要在教育目标、教育主体、教育内容、教育设施及教育成果这五个方面重塑国际化的发展理念，走国际化发展之路。片面强调某个或者某几个要素的国际化，不可能实现真正的研究生教育国际化，也不可能提升研究生教育国际化的总体水平。因为系统的有序运行主要取决于短板要素，故提升研究生教育国际化水平的过程，就是不断发掘和纠正短板要素的过程。

（一）实施差异化的研究生教育国际化发展战略

我国研究生教育的区域及校际失衡矛盾十分突出。"985""211"及"双一流"高校主要集中在经济发达地区，这些高校获取了大量优势教育资源，与其他地方性高校之间的发展差距越来越大。其研究生教育国际化发展水平虽远远超过其他地方性高校，但与国际知名高校的研究生教育国际化水平仍有不小差距。为此，国内"一流高校"的研究生教育国际化应该向国际知名高校看齐，不仅注重"送出去"，更应提升"请进来"的力度和层次，让研究生教育主体不用走出国门，也能获得国际一流的教育水平。故而，提升学校的国际知名度、加大国际教育资源的引进力度和合作层次应成为其主要的发展目标。通过研究生教育国际化促进这些高校提升自身科研创新能力，最终使其不仅成为中国的学术中心，也能成为世界的学术中心。

（二）完善外部政策要素的支持保障作用

我国研究生教育国际化是政府主导的国际化，政府的外生强制性制度供给构成了研究生教育国际化的外部发展环境。在政府主导的研究生教育国际化发展模式中，可以短时间调集大量紧缺资源，加快研究生教育国际化的发展步伐。但其弊端也很明显，外生制度供给没有充分考虑地域和校际差异，也没有充分考虑学校和研究生教育主体的内生诉求，致使制度供给与制度需求之间脱节，从而恶化了研究生教育国际化的外部政策环境。这使研究生教育国际化系统的构成要素无法有效地与外部环境要素进行信息和能量交换，致使研究生教育国际化系统发生功能异化。故而，政府有关研究生教育国际化的制度供给需认真考虑制度需求方的诉求，才能收到更好效果。

（三）研究生教育国际化应注重"中国特色"

研究生教育制度是内生于各个国家历史文化背景之中的，适应本国风俗习惯和传统。不同国家的研究生教育制度有其共性，但也有其个性特征。我国实施研究生教育国际化发展战略，并不是对发达国家研究生教育制度及文化的全盘吸收，而是在借鉴中"取其精华"，将国际一流大学研究生教育的成功经验与中国文化制度背景有效融合，形成世界一流而又兼具"中国特色"的研究生教育国际化。

（四）营造国际化人才培养氛围

良好的国际化氛围有助于培养学生的国际化意识。高校应从校园生活、实习实践、交流访问学习三个方面，营造浓郁的国际化人才培养氛围。定期邀请相关领域的海外专家和博士来校交流学术，组织相关活动，促进外国留学生和本土研究生的学习交流，营造浓郁的多元化校园文化氛围。

（五）构建具有国际化水平的师资队伍和全英文课程体系

国际化水平师资队伍和全英文课程体系是研究生国际化培养的基础。为此，高校一方面应充分利用学校的学科优势及校外企业实训基地等资源，加强与国外高水平高校在师资培养方面的合作，创造更多的机会派教师去国外交流。另一方面，加大力度引进国外知名高校或企业的优秀工程技术领域人才担任兼职教师，不断提升师资力量的国际化及工程化程度。在全英文课程建设方面，优化课程结构，对于一些重要的专业课，可采用全英文教学模式，同时新开设一批相关领域国际前沿的任选课，逐步拓宽研究生的国际前沿视野。

（六）扩大国际生源招生规模，发挥国际生源文化交流的作用

国际化生源之间直接的相互交流、相互学习及跨文化领域的交叉，可为国际化人才培养提供良好的氛围。学校要以"双一流"建设为契机，不断发挥自己现有的学科优势，提高学科的国际化知名度，以吸引更多的国际生源。制定相对开放的国际招生政策，不断提高国际生源的比例，营造浓厚的国际校园氛围，从文化、语言及创新意识等各方面促进研究生的国际化培养。

第五章 资源共享是高校
高质量发展的保障

第一节 共享科研条件平台的建设

清华大学深圳国际研究生院（SIGS）是在国家深化高等教育改革和推进粤港澳大湾区建设的时代背景下，由清华大学与深圳市合作共建的公立研究生教育机构。SIGS 面向全球延揽一流师资，面可全球遴选优秀生源，通过高层次的国际合作、高水平的人才培养和高质量的创新实践，探索开放式国际化办学的新思路、新机制和新模式。按照创新、协调、绿色、开放、共享的发展理念，在深圳布局和建设一批世界一流的交叉型工程学科群，在深圳建设围绕技术创新和产业发展的创新人才培养体系和高水平研究平台，助力学校实现在 2030 年走向世界一流大学前列，在 2050 年前后成为世界顶尖大学的愿景目标；大力推进科研成果产业化，服务深圳市、粤港澳大湾区、国家乃至全球的可持续发展，成为学校－企业－政府新型合作以及国际化校园的典范。

科研条件平台建设是现代大学治理体系中的重要组成，学科覆盖全面、技术水平领先、资源开放共享的科研条件平台是培养一流研究生、引进优秀学者、开展创新科教工作、实现不同学科间交叉融合、支撑学科发展所亟须的重要载体。针对人才培养和科研工作个性化、多样性需求，SIGS 依据"6＋1"学科群规划，汇聚有限资源和共性需求，开展顶层设计和规划，合理布局和分配资源，打造开放共享、具有规模效应的一流学科科研基础条件平台支撑体系。

为充分反映学术动态发展的规律和学科发展需求，有效发挥学校的统筹作用，采取自下而上和自上而下相结合并经过专家组论证的方式开展科研条件平台规划。通过遴选与学校总体战略目标和学科发展相适应的、具备先进性和公共性的科研条件平台，并按照专业化集中、开放服务、动态考核评估原则进行建设。

科研条件平台实行两级管理体制，各分平台依托学科集群建设，实行独立建制、独立核算、主任负责的制度，按照专业要求制定内部管理流程和制度，按照预约服务的方式开展具体工作。由主要用户参与的专家委员会指导各分平台发展方向，评价其工作绩效。SIGS 进行统筹管理，具体包括建设论证、政策和资源支持、管理考核、实验技术队伍管理、收费标准审核、信息化建设等各个方面。

一、建设背景及建设目标

SIGS 以世界一流学科群建设为目标，选择具有全球领先水平又与深圳及大湾区产业经济和社会发展高度契合的若干学科，面对经济和社会的快速发展与变革，借势全球创新格局的调整与重构，瞄准新一轮科技革命和产业转型，跨越传统学科界限和产业边界，完成以工科为核心的"6 + 1"一流学科群的布局和建设，包括能源材料、信息科技、医药健康、海洋工程、未来人居、环境生态以及创新管理。

在建设世界一流学科群的过程中，SIGS 既要瞄准各学科领域的全球前沿动态和最高标准，也要注重学科间的交叉融合，打破学科壁垒，拓展创新维度，拓宽学科的服务方向，发挥学科间的群体效应，面向国家和区域亟待解决的全局性、战略性的重大挑战进行探索，形成具有全球影响力的高水平交叉学科创新平台。

各学科群对应的平台建设背景及建设目标详情如下：

（一）材料学科科研平台

1. 建设背景

《中国制造 2025》《粤港澳大湾区发展规划纲要》及《深圳市可持续发展规划（2017—2030 年）》等从国家到地区的一系列战略发展规划纲要中，均明确了新材料在未来新一代信息技术、高端制造、节能环保、新能源、绿色低碳、生命健康等领域中的基础作用。尤其在近来国家公布的 35 项"卡脖子技术"难题中，有 26 项与相关领域材料发展落后密切相关。

因此，作为"双一流"建设高校的代表，清华大学将围绕上述核心规划及关键难题，加速推进具有独特物性的新型低维材料、信息功能材料、先进能源材料及生物医用材料等的研究，大力开发基于这些先进材料的新原理器件制备，不断培养和吸引相关材料学科方向的领军人才，为国家和深圳地区战略性新材料的发展提供重要人才与关键技术支撑，并实现新材料的一系列高技术前沿成果的转移转化。

2. 建设目标

①建设国际一流材料科学平台，形成功能材料科学中心，引领国际材料学科发展；②建成国际一流的新材料研究型和产业型人才培养基地，打破学科壁垒，为国家相关战略性新材料产业发展提供多学科交叉融合的人才支撑；③突破相关

材料应用瓶颈，促进能源与信息技术变革，满足国家重大需求；④经过10～15年的努力，实现清华大学深圳国际研究生院材料学科进入世界一流行列，同时支撑清华大学材料学科由目前QS世界大学排名第九位升至2025年进入全球排名前五，2030年进入全球排名前三，大幅提升清华大学材料学科的全球优势地位；⑤在实验室国际级平台建设方面，希望在深圳市政府的大力支持下材料学科科研平台争取建设成为材料领域的国家重点实验室。

（二）新一代信息科技创新平台

1. 建设背景

依据《中共中央国务院关于支持深圳建设中国特色社会主义先行示范区的意见》与《清华大学一流大学建设高校建设方案》等文件精神，秉承创新、交叉、融合、产业化、国际化的原则，发挥多学科交叉优势，结合国家重大战略规划，充分利用深圳及大湾区的电子信息与智能制造的产业优势和行业配套优势，深入挖掘大湾区相关技术需求，解决影响信息科技与人工智能领域的重大科学和技术问题，在我国电子信息和智能制造业转型升级中发挥技术引领和支撑作用。

2. 建设目标

建设信息科技与智能制造领域的四大专业研究型高端子平台，建成国际一流的"信息技术与智能制造"研究领域的高级专门人才培养基地和具有技术引领性的科学高地，建设两个重点实验室，力争建成一个省级重点实验室/工程中心或国家重点实验室培育基地。

（三）生命健康工程创新平台

1. 建设背景

医药健康学科群是国际研究生院布局"6＋1"主题领域的重要组成部分。医药健康学科根据国家重大需求和学科发展规律，为成为推动"健康中国"国家战略实施和健康产业创新的发动机，已形成完备学科规划和行动方案。鉴于学科覆盖全面、技术水平领先、资源开放共享的科研基础条件平台是培养一流研究生、引进优秀学者、开展创新科教工作所亟需的重要载体。根据医药健康学科群发展战略和规划，亟须构建生命健康工程创新研究与应用转化平台。

2. 建设目标

面向建设"健康中国"的国家与广东省和深圳市的重大需求，面向创新药物、疫苗工程、健康工程、转化医学、精准医学大数据五个国际前沿发展方向，面向全球延揽优秀全时师资和杰出科技创新带头人，形成生命健康工程人才高地。培养满足国家，尤其是深圳市和大湾区需求的高素质专业人才，成为生命健康工程高端人才培养中心。进行重点布局和规划，通过多学科交叉和跨界融合，发挥工程科学的支撑作用，建设形成有国际学术影响力的、2030年后QS排名在国际前十的"生命健康工程"新型交叉学科。

建立开展颠覆性技术研究的创新体系。搭建合作共赢国际合作网络和产学合作共同体，通过技术创新和应用转化的有机结合，实现关键核心技术的突破，形成包括创新药物、诊断技术、再生医学、治疗和个性化健康产品的研发和转化，力争建设形成并入围国家级大湾区生命健康工程重点实验室培育梯队，推进我国生命健康产业的跨越式发展。

（四）海洋工程科研平台

1. 建设背景

实施海洋强国战略，对推动国家经济持续健康发展、维护国家主权安全、实现中华民族伟大复兴的中国梦具有特别重大而深远的意义。海洋科技创新和发展是推动海洋经济发展的核心。深圳发展海洋，既是国家战略的重要组成，也是深圳自身发展的重要方向和机会。海洋工程学科是 SIGS 将要重点建设的六个学科群之一。SIGS 海洋工程研究院将整合全校资源，重点在深圳建设清华大学海洋学科，并推动深圳市海洋人才、科技、经济的发展。

2. 建设目标

清华大学海洋工程学科建设是建设世界一流大学的重要组成部分，将建设任务包括一个研究平台、一个人才培养体系、多个战略性研究方向，包括深海环境陆地试验舱、海洋能源试验平台、海洋生态系统控制与观测平台、深海空间智能信息管控平台、数字海洋与立体动态观测海洋网及海工结构与装备研发测试平台。其目标是成为世界首屈一指的人才培养和科技研究支撑平台，建设方向包括海洋工程基础研究能力全覆盖、几个世界领先的研究大装置、有利于高效推进产学研合作的实验测试平台。本项目的主要建设内容包括世界领先的科研平台等。预计经过 3 年建设，将成为国内最高水平、有较大国际影响力的研究平台。再经过 3~5 年的建设，将成为国际先进的研究平台。

（五）未来人居创新平台

1. 建设背景

我国城市建筑的规划建设速度走在世界前列，也较发达国家面临更多问题和挑战。在资源匮乏、城市拥堵和疫情蔓延等压力下，亟须建立"未来城市科学与计算"新规划方法及相对应的"能源·智慧·健康"支撑技术体系。同时面对我国当前建造大量且"低端"现状，以及用工荒和即将到来的"刘易斯拐点"，更需要以"智能建造"为驱动的"建筑策划－设计－建造"新体系，来实现"中国建造"的新突破。

2014 年 8 月，国家发改委、工信部等八部委联合印发《关于促进智慧城市健康发展的指导意见》；2019 年新年贺词中，习近平总书记第一次将"中国建造"与中国制造和中国创造并列提出；2020 年 7 月，国家住建部、发改委等十三部委联合印发《关于推动智能建造与建筑工业化协同发展的指导意见》，推动建立智能建造基地。

2. 建设目标

未来人居创新平台突出前沿性、技术性和面向未来的交叉性，通过与深圳市政府和企业的互通共享，努力发展成为 全球未来城市科学和前沿技术的汇聚地，"中国建造"的关键技术引擎，通过"新技术·新思维·新设计·新人文"，助力深圳成为世界首个"未来人居"城市。

未来人居创新平台将致力于探索借助计算机、机器人、材料等学科的规划、设计和建造的交叉技术，解决社会不断发展带来的城市拥堵、空气污染、建造粗放和劳动力短缺等一系列问题，为人类提供更舒适、智慧和可持续的宜居环境。

（六）湾区城市环境与生态研究平台

1. 建设背景

深圳市定位为"可持续发展先锋"，大力建设国家可持续发展议程创新示范区，为落实联合国 2030 年可持续发展议程提供中国经验。习近平总书记在深圳经济特区建立 40 周年庆祝大会上强调，在生态环境和城市空间治理体制等重点领域先行先试。因此，如何为深圳市在环境承载力约束下的高质量发展提供科技支撑，亟须建设湾区城市环境与生态研究平台。

2. 建设目标

面向深圳市和大湾区高质量发展的生态环境保护需求，建设高水平的研究平台，支撑清华大学深圳国际研究生院引进高层次研究人员，开展基于多学科融合的基础理论、技术创新和环境战略研究，力争国家重点实验室基地落户深圳，支撑清华大学环境科学 2030 年 QS 排名稳定在国际前十，助力生态环境行业发展，为深圳市建成"可持续发展先锋"提供科技与人才支持。

（七）创新管理科研平台

1. 建设背景

习近平总书记在深圳特区建立 40 周年庆祝大会上强调，要前瞻布局战略性新兴产业，培育发展未来产业，发展数字经济，发挥深圳产学研深度融合优势，主动融入全球创新网络，对标国际一流水平，大力发展金融、研发、设计、会计、法律、会展等现代服务业，提升服务业发展能级和竞争力，以及进一步激发和弘扬企业家精神。创新管理学科是清华大学深圳国际研究生院"6＋1"学科群建设的重要组成部分，创新管理科研平台的建设将抓住数字经济在全球崛起、国家大力实施创新驱动、"一带一路"、粤港澳大湾区和社会主义先行示范区建设等战略的重大机遇，抢占高端人才引进、创新人才培养、打造国际一流创新管理学科和建设国家高端智库的战略制高点。

2. 建设目标

深入研究全球一流创新地区和一流创新企业的最佳实践和洞见，为深圳打造具有全球思想领导力的高端权威智库；与深圳及大湾区的创新创业紧密互动，培养各类创新创业领军人才和战略型的科技企业家；为深圳市建设成为中国特色社会主义先行示范区和具有世界影响力的创新创意之都提供高素质人才培养、高水平科学研究及促进高科技成果转化等方面的支持。

依托清华大学经济管理深圳研究院这个平台，建设国际一流水平的师资、学科与人才培养项目，支撑清华大学经济管理相关学科 2030 年 QS 排名进入国际前二十，并与深圳国际研究生院六个工科群开展学科交叉融合、联合人才培养，重大科研项目合作等工作，形成协同发展的态势，服务国家整体战略。

二、建设内容和场地规划

针对高水平人才培养和一流科研工作个性化、多样性需求，国际研究生院依据"6 + 1"学科群规划，汇聚有限资源和共性需求，开展顶层设计和规划，合理布局和分配资源，打造开放共享、具有规模效应的一流学科科研基础条件平台支撑体系。经测算，共需建设 25 个一流实验室，22 个高水平公共科研条件服务平台，具体建设内容如下：

（一）材料学科科研平台

1. 建设内容

（1）拟建设 6 个实验室（低维材料与器件实验室、先进能源材料与器件实验室、信息功能材料与器件实验室、生物医用材料与器件实验室、材料设计与计算实验室、深圳诺贝尔奖实验室 – 盖姆石墨烯中心）。

（2）拟建设 3 个平台和 1 个数据库（材料制备与加工平台、材料结构与物性检测平台、材料与器件超净研究与开发平台、材料基因组计算数据库）。

2. 场地规划

以能源与环境大楼为主体建筑，J 楼及信息楼为辅建设联合实验室，总规划面积 31500 平方米。

（二）新一代信息科技创新平台

1. 建设内容

围绕集成电路、智慧感知、融合通信、人工智能、数据科学、机器人、物联网与互联网、光子学与电路系统、先进制造、智慧交通与物流等重点方向，结合电子信息与智能制造产业现状趋势，以及电子信息与人工智能专业人才需求的现状，提出新一代信息科技发展规划，着力建设新一代信息科技平台。该平台主要包括智慧感知与融合通信子平台、网络与智能计算子平台、智能无人系统子平台、智能制造与高端装备子平台四大子平台。依托该平台，进一步建设泛在感知与智能无人系统、智能制造与精密测试两个重点实验室。

2．场地规划

平台建设场地超过 20000 平方米的科研面积，预计涉及 5000 平方米左右的场地改造与工程装修费用。

（三）生命健康工程创新平台

1．建设内容

（1）拟建设 5 个重点实验室（创新药物工程实验室、未来疫苗工程实验室、智慧健康工程实验室、个体化诊疗及再生修复转化实验室和精准医学数据库 – AI – 医工实验室）。

（2）拟建设 1 个公共技术服务平台（包含 10 个功能模块：基因分析模块；细胞分析模块；小分子药物合成分析模块；生物大分子合成分析模块；生物成像与影像模块；质谱模块；核磁模块；细胞库模块；生物制造模块；计算和大数据分析模块）。

（3）拟建设 1 个实验动物中心。

2．场地规划

科研用房楼层总建筑面积 33000 平方米（共 11 层，包含科研平台及公共仪器平台），其中实验区建筑面积 19470 平方米，行政办公区建筑面积 13530 平方米，行政办公区可以根据需要拓展为实验区或设备区。

动物房位于国际校园一期的 20 楼和 21 楼，装修面积总共 3081.35 平方米。

（四）海洋工程

1．实验室名称：深海环境陆地试验舱

（1）建设内容。建造高精度、高可靠性和高动态响应的自动化深海环境模拟试验装置，在实验室条件下模拟实际作业时水下的压力、温度等环境，降低设备研制成本，对于提高水下作业设备的性能具有重要的研究意义和使用价值。试验装置主要包括：耐高压罐体、高精度压力控制系统、环境参数调节系统、多维度监测系统、自动化机械手。

（2）场地规划。规划设在国际研究生院的院内或大鹏临海基地，规划建筑面积 800 平方米。

2．实验室名称：海洋能源试验平台

（1）建设内容。构建以卫星接收站、雷达和海洋观测仪器组成的立体实时海洋观测网络；建设水下试验的基础设施，支撑水下系统、水下设备的测试和集成；建设可为民航、海运、军民融合等提供服务的基地。包括：固定桩腿中心服务平台、深水水下试验研究基地、浮式移动海上工作站、深圳岸基海洋智能装备和智慧海洋研发中心。

（2）场地规划。海洋大楼十二楼，规划建筑面积800平方米。

3. 实验室名称：海洋生态系统控制与观测平台

（1）建设内容。建立可调控多控制因子（物理、化学、生物）、模拟多种海洋颗粒物变化情景、考虑海洋－大气耦合环境的实验平台，为海洋生物和生态学科承担国家重大生物生态项目提供支撑；建立涵盖海洋物理、生物、环境和生态的观测网平台，对大气、海洋、海底进行全方位立体监测；建立深海微生态过程研究平台，研究不同深渊环境（极地、大洋及海沟）的微生物多样性、结构与功能，明确微生物在物质代谢、元素循环和应对全球气候变化中的作用。

（2）场地规划。海洋大楼十、十一楼，大鹏临海基地，规划建筑面积1200平方米。

4. 实验室名称：深海空间智能信息管控平台

（1）建设内容。建立可实现海洋数据的智能采集、传输、存储、分析和管控的平台。包括：能源信息站智能管控分系统、水面中继站智能管控分系统、船载中心智能管控分系统和岸基中心智能管控分系统。

（2）场地规划。海洋大楼十二楼实验室，规划建筑面积800平方米。

5. 实验室名称：数字海洋与立体动态海洋观测网

（1）建设内容。建立海洋大数据与高性能计算基础设施，实现海量多源数据的存储、集成、管理和分析；建立海洋数字孪生平台，研发具有完全自主知识产权的海洋工程大数据管理与应用系统；建立海域大蜂窝立体动态监测体系——"天空岸海潜"五维协同立体动态监测网络；建立海洋数据模型，形成相应的建模与分析软件；建立海洋环境全息仿真平台，通过数值仿真模拟来保障海洋工程结构和装备的合理性和可行性。

（2）场地规划。2个100平方米的大数据机房（海洋大楼负二楼），规划建筑面积200平方米。

6. 实验室名称：海工结构与装备研发测试平台

（1）建设内容。平台包括深远海超大比尺海洋试验场、多用途海上浮体结构体系与装备、海底地震动模拟系统、多相流工程测试系统、内波水槽模拟系统、基础性材料结构测试平台、海洋装备系统测评平台、大型开放区系统综合测试、极端环境疲劳试验与同步面阵CT静力加载系统。

（2）场地规划。海洋大楼负一楼，可再生能源实验站，规划建筑面积1200平方米。

（五）未来人居

1. 实验室名称：未来人居设计思维创新中心

（1）建设内容。包括设计认知研究工作室、建筑全计算生成平台开发实验室、环境-行为感知大空间、脑-机连接实验室等，容纳设备12种。

（2）场地规划。1000平方米。

2. 实验室名称：未来城市科学及"能源·智慧·健康"技术实验室

（1）建设内容。包括群智能系统建筑园区仿真实验室、人工智能自适应建筑实验舱、直流与光伏测试实验室、多功能环境舱、建筑、社区人体健康仿真实验室、声光热实验室、城市建筑风洞实验室等。设备共计144种。

（2）场地规划。4000平方米。

3. 实验室名称：数字建筑与智能建造实验室

（1）建设内容。包括机器人感知建造（生成-传感-反馈-协同）实验室；环境行为与感知综合实验室；无人施工设备加工集成车间；机器人群协同建造训练场；混凝土与复合新材料3D打印研发测试车间；水暖电、保温、幕墙模块研发测试车间；建造与全生命周期传感监测实验室；建筑信息数据中心等。设备共计88种。

（2）场地规划。4000平方米。

4. 实验室名称：未来人居"人文与技术"综合创新实验室

（1）建设内容。包括建筑人类学研究室、数字人文研究室、无人机与三维扫描实验空间、虚拟/增强现实媒体实验室等。设备15种。

（2）场地规划。1000平方米。

这4个实验室的场地规划共需10000平方米实验室，起步阶段在H楼一楼（500平方米），后期在H楼的五楼改造加建800平方米。如上4个实验室平台的最终场地规划位于西丽湖科教城。

（六）湾区城市环境与生态研究平台

1. 建设内容

（1）建设6个实验室（城市环境与复合生态保护实验室、工业与特殊环境保护实验室、陆海交互环境保护实验室、环境健康实验室、生态环境大数据与系统管理实验室、全球气候变化与未来生态环境保护实验室）。

（2）建设5个公共技术服务平台（环境分析与测试、环境安全评价、环境与生态模拟、环境与生态观测、环境装备研发）。

2. 场地规划

能源与环境大楼、F楼及信息楼，总规划面积9000平方米。

（七）创新管理科研平台

1. 建设内容

建设金融科技实验室和数字经济研究中心；做强创新创业研究中心；为双区建设与国家发展高端智库提供支持。

2. 场地规划

2023 年前由深圳市福田区提供初期办公场地（深业上城 5208.74 平方米），后期由福田区筹建永久办公场地。

三、建设计划和预期成效

（一）建设计划

拟按 3 年期完成项目建设，经费按第一年 70%、第二年 20%、第三年 10% 安排。其中项目建设周期包括前期、建设和验收三个阶段。具体如下：

前期阶段：完成项目概算书审批等工作，预计 2021 年 6 月完成。

建设阶段：建设阶段包括设备招标、设备采购及安装调试等工作，预计 2024 年 8 月完成。

验收阶段：设备验收包括组织设备验收、办理结算、移交使用等，预计 2024 年 12 月完成。

项目具体实施进度计划安排如表 5-1 所示。

表 5-1　进度安排

	2021 年		2022 年		2023 年		2024 年	
	1~6 月	7~12 月	1~6 月	7~12 月	1~6 月	7~12 月	1~8 月	9~12 月
前期工作及审批								
设备采购招标、采购及安装								
工程及设备验收								

资料来源：清华大学深圳国际研究生院。

项目前期确定平台建设内容和拟采购设备选型等事宜时，主体由学科群负责完成，提交给 SIGS 平台建设规划管理委员会进行审核和评估。项目通过后，平台建设工作由院科研部门机构与平台管理办公室统筹管理，各分平台主任协同工程师团队具体实施推进，设备采购则由院科研管理部门的采购与资产管理办公室统筹，各分平台工程师团队协同完成设备的招标采购工作。设备验收后交由各分平台开始使用和运维，院科研部门包括机构与平台管理办公室、实验室安全办公室和采购与资产管理办公室。

（二）预期成效

通过建设基于能源材料、信息技术、医药健康、海洋工程、未来人居、环境生态和创新管理等学科群的公共科研条件支撑平台，将在一流学者引进、高水平人才培养、原始创新、应用基础研究和多学科交叉融合促进、助力国家和大湾区战略新兴产业和未来产业跨越式发展等方面起到积极和显著的作用，具体各个建设预期成效详情如下：

1. 材料学科科研平台

材料学科实验室的建立将为新材料研究团队提供高水平研究平台，有望探索并开发出新材料、新技术及新物性，相关研究进展及成果转化将推动深圳市新材料的技术发展与创新。同时，材料学科实验室的建设可促进深圳市新材料领域的产学研结合。材料学科实验室不仅可以服务于核心研究团队，完善的制备及表征系统还可以服务于深圳市周围从事于新材料开发及应用的公司，以专业设备及高水平专业研究人员为其提供制备及完备的材料表征服务。材料学科实验室的建设有助于企业界与学术界的合作，在技术上结合前沿科学研究与企业实际需求，开发核心技术，建立完备的新材料产业标准、检测、评价、计量和管理等支撑体系，提高企业核心竞争力；人才团队上，为材料产业培养并输送大量高水平专业人才，提升新材料产业界的创新能力，加速新材料产业的转型及发展。

2. 信息技术

（1）泛在感知与智能无人系统重点实验室。实验室计划建设成为国内领先的泛在感知与智能无人系统理论技术的研究团队，并聚集和培养电子信息、人工智能领域学术带头人与高层次人才。建成后的实验室应成为国内顶尖、国际一流的学术交流基地、人才培养基地与专业技术创新载体。

实验室建设完成后，将依托现有高端设备平台和开放创新环境，引进与培养高水平的研究人员队伍，完成一批有创造性的研究成果与技术应用，培养一批人工智能领域高级专业人才。实验室达到广东省重点实验室或国家重点实验室培育基地的学术水平和研究实力。

（2）智能制造与精密测试重点实验室。实验室紧密结合制造强国战略，充分发挥珠三角地区制造业优势以及清华大学相关学科优势，开展智能制造交叉学科的前沿共性问题以及核心关键技术研究，提升学科地位，引领学科发展；建成国际化的智能制造研究型和产业型人才培养基地，在国家制造业转型升级中发挥技术引领和支撑作用。

3. 生命健康工程创新平台

生命健康工程创新平台拟建设包括创新药物工程实验室、未来疫苗工程实验室、智慧健康工程实验室、个体化诊疗及再生修复转化实验室和精准医学数据库－AI－医工实验室。通过实验室的建设和实施推进，预期至建设期完成后将可自主研制和技术改造一批小分子药物、抗体药物、重大疾病预防和治疗疫苗、伴随诊断试剂、健康干预益生制品、个体化细胞治疗技术、慢性病临床诊疗适宜技术等，服务于民生健康需求，极大解决当前制约我国生命健康产业的卡脖子难题。同时，还将培养一批可从事和服务生命健康产业的高端人才，助力我国生命健康产业跨越式发展。

综上，生命健康工程创新平台通过建设世界一流团队，培养高素质人才，创建世界一流生物医药与健康工程新学科和交叉融合技术创新体系，将为我国尤其是粤港澳大湾区生命健康产业的快速发展带来巨大社会效益。

4. 海洋工程科研平台

海洋工程科研平台包括深海环境陆地试验舱、海洋能源试验平台、海洋生态系统控制与观测平台、深海空间智能信息管控平台、数字海洋与立体动态海洋观测网、海工结构与装备研发测试平台六个部分。项目建成后，将填补我国尚无深海环境陆地模拟舱的空白，提升浅海和深海海试、装备和材性试验的能力，打造海洋能源综合试验平台和海洋生态与环境科研平台，以及建设数字海洋基础设施和动态观测网。这些初步成果可弥补我国海洋科研与开发创新链的关键环节，形成海洋科学、海洋技术支撑下的海洋工程、海洋生态、海洋环境、海洋能源、智慧海洋的综合自主技术体系。

本项目拟搭建的科研平台是全国乃至全球领先的科研平台，将支撑领先的人才培养。一方面，通过本项目的建设，将提升清华大学海洋学科的科研力量，为吸引最优秀的海洋领域科学家和大量基础科研人员、博士与硕士研究生提供坚实的基础。另一方面，这些科研平台将产出高质量的科研成果，引领海洋工程、智慧海洋等领域的技术和产业发展，从而以高平台、高起点基础提高清华大学海洋学科人才培养的成效。

此外，此科研平台也将助力在深圳形成千亿级海洋产业集群，为包括中石油、中石化、中海油、中集集团、中广核、中船重工等十余家央企提供共享科研平台，提升清华大学深圳国际研究生院的影响力，扩大核心朋友圈。同时，为清华大学深圳国际研究生院提供承接国家重大海洋专项的能力，推动清华大学海洋研究进入世界一流，也为海洋观测预报、防灾减灾和国防建设提供支撑。

5. 未来人居研究基地

SIGS 未来人居研究基地的建设将推动我国未来城市设计向国际先进水平发展；推动建筑行业数字化、智能化发展；推动中国特色未来人居人文主义创新设计理念的发展，将建成全球未来人居研究的智库式驿站，充分发挥深圳独有的城市建设实践优势，集聚全球最新设计思维和人居理念，创造并传播最具启发性的人居知识，为我国学术界和工业界培养全方位、复合型的未来人居设计人才。因此，未来人居研究基地具备为深圳市乃至全国的城市建设和建筑建造行业带来社会效益的巨大潜力。

6. 湾区城市环境与生态研究平台

湾区城市环境与生态研究平台以国家生态文明和重大环境战略需求为导向，立足于国际学科前沿，面向深圳市和大湾区高质量发展面临的新环境问题，支撑环境与生态研究院开展基于多学科融合的基础理论、技术创新和环境战略研究，突破城市环境与复合生态保护、工业与特殊环境保护、陆海交互环境保护、区域跨介质复合污染防控与环境健康、生态环境系统管理、全球气候变化与未来生态环境保护的基础理论和技术瓶颈，构建粤港澳大湾区环境与生态领域的"产学研用"合作联盟，实行产教融合，通过"教育输出带动产业输出"，推动企业走向国际环境舞台。为深圳市建成"可持续发展先锋"和粤港澳大湾区建成"生态环境优美的国际一流湾区和世界级城市群"提供科技与人才支持。

7. 创新管理学科研究平台

创新管理学科研究平台是经济管理深圳研究院的科研支撑服务平台，计划在5年内成立四个研究中心。包括金融科技研究中心、数字经济研究中心、创新管理研究中心、双区建设与国家发展研究中心，打造开放研究平台，鼓励跨学科交流，依托深圳以及大湾区的政府、金融机构和相关企业，为广大师生和社会提供多方位高效、优质的科研服务和技术转化支撑，积极引导产学研融合，努力推动创新孵化，为金融科技与数字经济健康发展、科技与产业创新提供前瞻性研究和实践指导，并为国家和深圳市相关部门政策制定提供参考，支撑国家治理体系和国际治理能力的综合提高。依托四个科研平台，立足深圳市和大湾区高质量发展需求，5年内逐步开展博士、专业硕士和高管教育等教学项目建设，为大湾区培养适应时代发展，推动变革转型，引领未来的创新创业领军人才和战略型的科技企业家；熟悉科技发展、精通金融业务、引领中国金融创新，贡献全球金融变革的金融科技领袖；以及在创新管理学科国际一流的年轻学者。为大湾区、深圳市培养创新创业领军人才和战略型的科技企业家。

第二节 研究生教育大数据信息资源的共享

一、信息资源的含义

（一）大数据与信息生命周期理论

数据的本质是信息，需要遵循信息生命周期理论，而关键问题"数据从何而来"的解决同样也遵循信息生命周期理论，因此，有必要对信息生命周期理论进行综述。

"生命周期"的概念来源于20世纪50年代中期，美国的Booz和Allen首次在企业管理理论中提出"产品生命周期"概念，并将其分为投入、成长、成熟、衰退等不同阶段。20世纪80年代初，美国学者Levitan（1981）第一次将"生命周期"运用于信息管理理论中，认为信息资源作为一种特殊的商品，同样遵循生命周期，主要包括信息的生产、信息的组织、信息的维护、信息的增长和信息的分配。1985年，美国学者Horton认为信息资源运动的客观规律是信息资源生命周期，包括信息创建、信息采集、信息组织、信息开发、信息利用、信息清理等阶段。2000年10月，ISO/TC171文件成像应用伦敦年会相关决议指出，信息无论以哪种形式存在，其生命周期都包括信息的生成、采集、处理、分析直至最后的销毁。

而国内学者对于信息生命周期理论主要集中在两方面：信息生命周期的定义和信息生命周期与大数据之间的关系。索传军（2010）认为信息生命周期是信息运动的客观规律，需经历从信息的产生到消亡各个阶段。

杜彦峰则从理论与实践的关系角度揭示了大数据与信息生命周期理论之间的关系：信息生命周期理论是指导大数据产生和发展的理论基础，大数据的实践又会反作用于信息生命周期理论。

数据的本质是信息，同样遵循信息生命周期理论。信息生命周期理论为大数据的产生和发展提供了理论基础。依据信息生命周期理论，可将大数据信息资源体系分为数据采集、存储、处理、分析应用四个阶段。

（二）大数据

大数据是对客观事物属性的记录，是信息的具体表现形式；大数据经过加工处理之后，就成为信息，而信息需要经过数字化转变成数据才能存储和传输。

而关于大数据的概念，学界并没有给出明确的定义，Mauro泗等通过对大数据涉及的信息、技术、方法和影响四个方面进行分析，通过研究其相关论文，本研究采用以下概念：大数据具有高容量、快速性、多样性和有价值性特征，大数据不仅是数字，还是包含结构化、半结构化、非结构化数据在内的全信息要素，而且需要具体的技术和分析方法将其转化为有价值的信息资产。

（三）研究生教育

关于研究生教育的概念，不同的学者从不同的角度做出界定。薛天祥主编的《研究生教育学》指出，大学研究生教育是大学本科后以研究为主要特征的高层次的专业教育。比较常用的是采用《国际教育标准分类》中的表述："研究生教育是属于第三级第二阶段的教育，授予大学研究生学位或同等学力证明。研究生学习计划要反映学科领域的专业化，并且其学科专业化比任何其他层次的学科专业化更普遍、更受重视。"

目前，在我国谈论研究生教育时很多人习惯于用学位与研究生教育这一名词进行表达。研究生教育与学位制度相联系，学位有多级之分，但只有硕士和博士属于研究生教育。我国研究生教育分为攻读硕士学位和攻读博士学位两个层次。本书所指的研究生教育为大学本科后以研究为主要特征的、高层次的专业教育或专门教育。

（四）教育大数据的定义

高等教育大数据的最大特点在于：高交大数据起初以相关关系为切入点，最终寻找特殊的相关关系—因果关系，即"知其然，知其所以然"。然而，高校教育大数据在给教育质量监测评估带来机遇的同时，高校教育大数据也面临着数据采集、数据利用、数据安全等诸多挑战，而在诸多挑战中，数据采集问题是核心问题。

在国外，美国独立研究机构 Erookings Institution 报告中指出大数据在教育质量监测评估中的应用使"知其然，知其所以然"成为了可能，即在一次测试中，教师不仅可以知道学生的分数，还可以进一步明确学生得到分数的原因，针对大数据分析的结果，对学生的学习情况进行确切诊断，使教师因材施教成为了可能。

国内学术界对于高等教育大数据的研究主要集中在以下方面：

1. 教育大数据的定义

杨现民等（2015）指出：教育大数据是指整个教育活动中所产生的根据教育需要采集到的，一切用于教育发展并可创造巨大潜在价值的数据集合。胡弼成（2015）提出：狭义教育大数据指学习者的行为数据，广义教育大数据指来源于日常教育活动中人类所有的行为数据。杜婧敏等（2016）提出：教育大数据指面向教育全过程时空的多种类型的全样本的数据集合。方海光（2016）认为教育大数据就是基于算法的 MOOC 自适应学习系统模型。通过梳理教育大数据的定义，可以得出一个结论：教育大数据是指面向教育全过程时空的多种类型的多样本的数据集合。

2. 教育大数据的类型

孙洪涛等（2017）则从个体、学校、区域和国家四个层次提出教育大数据包含的六种类型，分别是基础数据、管理数据、教学科研数据、服务数据等。

3. 教育大数据的相关技术研究

邢蓓蓓等（2016）研究了教育大数据的来源与采集技术。詹立彩等（2016）在研究教育大数据采集的基础之上提出了当前数据存储技术、隐私等方面存在的隐患。杨现民等（2016）构建了教育大数据通用技术框架，主要从数据采集、处理、分析、应用四个阶段来构建基本构架层。孙洪涛等（2017）在分析教育大数据核心技术的基础之上，对大数据技术的发展进行了预测。

二、信息资源体系的构建

（一）国家层面的支持

我国政府层面非常重视大数据信息资源体系的构建。以大数据、信息资源体系为关键词检索国家政策文件，发现自 2004 年以来，国家层面对于大数据信息资源体系构建的文件也相继出台，为研究生教育大数据信息资源体系的建设提供了如下政策指南：

2004 年《中共中央办公厅国务院办公厅关于加强信息资源开发利用工作的若干意见》提出要加强对政务信息资源的开发利用，信息资源在经济生活中具有不可替代的作用，同时并提出共享的重要和紧迫性，文中要求要明确信息共享的内容和方式，逐步完善共享制度。2006 年发布的《2006 - 2020 年国家信息化发展战略》中明确指出要促进政府信息公开。

2015 年 9 月，国务院出台了《促进大数据发展行动纲要》，从国家大数据发展战略全局的高度提出了我国大数据发展的顶层设计，强调要提升数据治理能力。在教育文化大数据发展方面，积极建设和完善教育管理公共服务平台，推动教育基础数据的伴随式收集和全国互通共享。

2016 年《北京大数据行动计划》在文件中提出发展教育大数据。充分发挥首都教育资源优势，进一步建设完善教育资源共享平台，加强对基础教育数据的收集和共享。

2018 年，为进一步加快教育现代化和教育强国建设，教育部印发了《教育信息化 2.0 行动计划》（教技〔2018〕6 号），旨在将教育信息化作为教育系统性变革的内生变量，推动教育理念更新、模式变革和体系重构。此项计划的重点任务之一就是"教育治理能力优化行动"，要求打破数据壁垒，实现一数一源和伴随式数据采集，完善数据采集标准规范，逐步实现共享共通的目标。

由以上政府文件可知，在国家的历年政策文件中多次提到数据共享问题，并且提出通过完善数据采集标准规范、打破数据壁垒等途径致力于解决这些问题。

对于研究生教育大数据信息共享来说，开放是获取的前提，获取是开放的保障，共享是最终目的，要想共享，前提是研究生教育大数据要开放。但是数据开放共享需要注意：一方面，研究生教育大数据的开放是有限的，并非无限，一旦涉及国家安全、个人隐私、商业机密等数据，是不便于公开的，而对于开放和不开放的范围，需要国家以法律法规的形式进行明确界定。另一方面，为促进数据的采集和共享，国家可以对高校采取一定形式的补贴，让"无偿"采集和共享数据变为"有偿"采集和共享，从而促进各研究生培养单位的积极性。

（二）学术界的研究

以"教育大数据"和"数据信息资源体系"为关键词进行搜索后发现这类文献极少。李振提到大数据现已成为驱动教育变革与创新的强劲力量，而共享平台建设是教育大数据应用落地的关键，他还从学习行为大数据采集、教育大数据存储与计算以及教育大数据分析挖掘三个方面，对平台的关键实现技术进行了研究。

徐赵超提出教育大数据是实现区域教育系统"智慧化"升级改造的基础。他还从定位区域教育大数据中心平台价值出发，提出教育大数据中心平台的架构设想，并对平台建设与运营中存在的三大关键问题——教育数据的适度开放、教育数据的全面治理和教育数据的创新应用进行了初步探讨。

郭玲从我国研究生教育管理信息化发展历程出发，分析现行研究生教育管理系统存在的问题，指出综合性数据平台是研究生教育管理系统的发展方向，从大平台和大数据的角度出发，提出基于大数据的研究生教育管理平台建设策略，即整合业务模块实现互联互通，加强基于大数据分析的评估预测功能，建立本科生与研究生管理平台资源共享机制，提高风险防控技术，更好地掌握研究生教育实践状态，为事务管理和评估决策提供支持。

史先红指出在大数据时代，资源只有共享才能得到最大化利用。教育信息的资源共享需要政府部门牵头，通过购买和自主开发两种形式充实信息资源库，使教育资源通过共享得到最大化利用。

由以上文献可以看出，大多学者为教育大数据信息资源体系建设提出了解决思路：构建共享平台，但是大多是从技术层面出发，对于教育大数据具体的采集规则和教育大数据信息资源体系的构建的理论层面尚未提及。

（三）建立统一的数据标准和规范的数据交易体系

研究生教育大数据信息资源体系存在的核心问题是数据的共享开放不足，影响共享的原因之一是数据标准不统一，影响开放的原因涉及数据产权问题、数据隐私保密问题等。

因此，为解决数据的共享开放不足这一问题，国家需要进一步推动数据共建和共享，需要建立统一的数据标准和规范的数据交易体系。一是要将公共机构的数据标准和统计标准体系，特别是将一些具有共性的关键数据标准上升为国家标准并由国家强制实施。二是要建立大数据市场交易规范，以统一标准来培育大数据交易市场、以基本规范来提升市场服务能力和大数据行业管理水平，从而支撑大数据行业发展，其核心目的为充分调动信息采集者意愿，自愿将数据提供到数据市场上，与他人共享。建立规范的数据交易体系可以通过颁布"教育大数据运营商"来初步实现，相关政府部门可以效仿其他行业或领域，制定统一的行业准入门槛，制定统一的应用准则，为符合标准的运营商颁发指定的运营证照，从而加强对教育大数据的监管力度。建议由教育部牵头，联合其他相关部委共同商议并出台针对国内教育数据应用行业的监管制度，严格限制教育数据应用行业的准入门槛，制定统一的教育数据应用准则，并针对非官方的机构出台与之对应的规定，积极引导非官方机构以合法的途径获取教育数据，以合法的目的利用教育数据，积极推进相关机构之间的协同合作关系，共建有利于教育事业发展的数据交易体系。

（四）利用"区块链"技术，健全数据安全管理机制

教育大数据有着海量的数据，为了进一步明确各类数据的权限范围，建议倡导利用区块链技术来保证各类数据的权限范围和安全。区块链是信息技术领域的一个术语，透析区块链的本质，其实是一个共享数据库，一旦将数据存储，这些在数据库中的数据具有"不可伪造""全程可追踪""全程留痕""公开透明"等特征。因此，将区块链技术运用于研究生教育大数据信息资源体系的构建中，一方面会奠定"信任"基础，将会代替传统的契约来维护大数据市场的运行，为其发展创造可靠和合作的机制。另一方面可清晰划分数据的拥有权与使用权，让更多的资源者可以放心共享自己的资源，从而提高资源的利用率。

除此之外，为了将数据的使用权与拥有权划分清晰，达到更好的共享利用，国家层面需加快法规制度建设，明确数据生产、管理和利用全链条上各个主体之间的关系并赋予其明确的权利、义务与责任。建议进一步修订《高校学校信息公开办法》，明确教育主管部门、高校及市场各个主体对于各类数据的各种权限范围，以充分调动和激发高校主体对于数据开放共享的内生动力；同时健全完善数据开放和保护等制度，确保在风险可控原则下最大程度开放。

（五）完善组织实施机制，再造业务流程

从高校层面来看，首先，高校要从利他角度出发，加强精细化管理、梳理重构业务流程；以推动形成大数据产业链职责明晰、协同推进的工作格局。高校作为教育大数据的产出中心，更是教育大数据共享的起点，但是高校自身的部门设置较多、人员群体较大的特点导致教育大数据在产生的环节具有难统计的特性，在分享环节又因为部门之间的协作给数据分享带来一定阻力，这就要求高校具备一定的组织能力，有效协调各部门在数据产生和分享时的合作关系，从而加强精细化管理。

其次，高校在采集数据时，数据的颗粒度要细化。在研究生教育信息资源体系当中，经常会出现利用者在利用过程中发现数据不够用或者不细的问题。为了细化数据的颗粒度，一方面，数据的生产者要遵循利己利他原则，尽可能一次性地采集到较为齐全的信息；另一方面，要建立起跟踪反馈机制，利用者可以根据数据的价值和使用的频率，向第三方平台进行反馈，要求数据生产者采集相关数据。

最后，数据的价值鉴定问题。高校在教育活动中会产生大量的数据，但是并

非所有的数据都有价值，因此，各高校必须做好价值鉴定。在数据采集时，应该设置必要的信息采集规则和机制，将数据去伪存真，对于有价值的数据，按照标准格式进行存储，另外，对于有价值的数据做好保值工作，选择合适的大数据存储技术方法，注重云计算在大数据存储中的运用。因此，为解决数据颗粒度不细、数据管理流程等问题，必须要完善组织实施机制，再造业务流程。从国家层面来看，政府应积极制定与教育数据交易相关的法律规定，严禁非法买卖教育数据，禁绝教育数据滥用，教育大数据有其特殊的公共性属性，既不能限制教育数据的流通，更不能放任自流。只有以政府为中心，协调高校和相关数据机构之间的关系，推进教育数据业务流程再造，才能率先在政策层面限制不合法的教育数据交易，以正确的方向推进数据体系发展。

（六）健全大数据市场发展机制

在研究生大数据信息资源建设中存在的核心问题为数据的交换共享不足。交换的目的是为了更好地共享，有了交换．共享才能持续，因此，为解决这一难题，建议在大数据中引入"市场"概念．解决数据采集的成本问题，通过数据的有偿使用，从经济利益上来保护和补偿数据的采集者。

要培育健全大数据市场发展机制，促进数据资源流通。国家应鼓励社会资本参与大数据信息资源体系建设，同时鼓励高校与高校之间、高校与第三方平台之间的数据交换和交易，试点探索建立健全数据资源交易的机制，引导、规范各市场主体的数据交易行为。建议利用区块链技术来健全大数据市场发展机制：区块链技术一方面拥有其绝对的唯一性，另一方面区块链之间的交易更加方便快捷，没有了第三方的交易总是能以更少的时间完成更多的交易，在研究生教育大数据信息资源建设过程中，以区块链技术作为教育大数据交易的核心在于每一笔交易都具有其唯一性，任何一份数据的唯一性标签都无法被去除。从数据的生产者到数据的交易者，再到数据的最终使用者，都会有一份唯一性的标签，一旦出现数据造假、数据滥用、非法买卖等行为，都可以追查至源头，一次性解决问题。

（七）充分发挥第三方平台的作用

研究生教育大数据信息资源体系是一个比较复杂的系统，在数据共享模式进行的过程中，双方利用者是体系建设的主体，双方所拥有的数据是客体，而第三方平台则是载体，想要使客体发挥相应的功效则首先必须要通过载体。第三方平台的角色的重要性显而易见，而第三方平台的健康运行则必然需要一套完整的运行机制，需要国家和高校共同参与建设。

1. 明确第三方平台的功能与作用

第三方平台是研究生教育数据信息资源体系中重要的组成部分，它在研究生教育数据信息体系中扮演一个纳入、处理和共享的角色，并且作为第三方平台，有更大的空间和自由去处理横跨多地域、多媒介的数据资源，为相关数据的运维和开发等环节提供基础的信息系统，有效提升资源的使用效率。此平台的功能主要体现在以下两方面：一是研究生教育信息资源的聚集，打破地界和部门的壁垒，解决信息之间的不流畅；二是实现共享，该平台通过标准化的数据处理和规范化的流程再造，从而实现信息之间的共享流通，第三方平台既是一种平台，又是一种载体，此平台是数据共享从理论走向实践的关键所在，数据的生产者和利用者可以通过第三方平台有效解决研究生教育活动中信息不对称等问题。但是要明确的是，数据共享的主体只能在第三方平台上发生数据共享，为保证第三方平台的权威性与可靠性及数据的真实可靠性，数据共享的主体之间不能发生数据共享。然而第三方平台的建设并不是孤立的，需要各主体共建和共享。

2. 高度标准化和严要求的平台建设

高度标准化的平台建设是推进研究生教育大数据得以实现共享目标的重要举措，而严要求的平台建设才能使平台建设符合数据分享的需求。首先，对可以上传到平台并共享的数据做出相应的规定，使上传的数据满足数据分享的需求；其次，按一定的标准制定相关规范，以合理的方式将研究生大数据信息资源化零为整，拆分其中符合要求的部分，整理后上传到统一的共享共建平台，剔除不符合相关规范的数据；最后，以从严的方式管理数据平台的建设，建立专门的监管机构，督促数据平台建设，使平台建设透明化和规范化。

然而，用于数据交换共享的"第三方连接平台"的成功运行，还需国家和高校在数据安全、数据标准规范及市场管理方面进行顶层设计。

总之，新时代、新技术为教育大数据资源体系建设创造了基本的技术条件，但新理念的落实还需各高校在提高自觉性、加强数据隐私和安全、再造业务流程等方面积极参与到研究生教育大数据信息资源体系的建设中来。一方面来说，各高校作为教育大数据产生的源头，时时刻刻都在产生教育大数据，但是如何迅速地整理归集产生的数据还要师生群体的共同努力，激发师生和群体对数据收集和分享的自觉性，才能使生产的数据得到有效利用和迅速分享。另一方面来说，高校要树立起数据清洗和数据审核意识，在上传数据之前，要将隐私数据清洗，从而保护数据安全。在研究生教育大数据资源体系构建过程中，存在着高校内部不同业务部门之间数据交换共享模式。目前，在各研究生培养单位中总是存在"重复填表"的问题，即存在着重复采集数据的问题，不断耗费各高校的人力和物力，究其原因在于数据采集来源不规范，数据生产与采集脱离，且数据使用效率低下，数据之间缺乏共享。为解决数据重复采集问题，实现校内资源共享，可通过学校信息中心建立起一个统一的、集中的第三方平台，建立起研究生院与其他部门之间的数据交换，并且该平台自己不生产数据，主要发挥一个数据连接和存储作用。

第六章　回顾与展望

清华大学在深圳办学二十年，围绕深圳市社会经济发展和科技产业创新的需求，不断探索异地办学的道路，各项事业取得快速发展。国际研究生院是清华大学在深圳办学二十年的新起点，立足新时代，将深入贯彻实施学校全球战略，充分发挥国际化办学资源优势，并结合深圳市以及粤港澳大湾区科技和产业创新优势，探索高水平开放式国际化办学的新机制，主动服务于深圳市、粤港澳大湾区、国家乃至全球的可持续发展。建设清华大学深圳国际研究生院是清华大学新百年发展战略的重要组成部分，也是深圳市和粤港澳大湾区创新发展的战略需求，为此，有必要对国际研究生院的发展基础进行回顾并在形势分析的基础上进行规划、憧憬和展望。

第一节　发展基础和形势分析

一、发展基础

"十三五"期间，国际研究生院不断推动国际合作办学，在培养复合式创新人才的基础上大力开展创新创业教育，结合社会经济和科学技术发展需求，不断探索学科交叉与成果转化模式，提升科技创新和社会服务能力，凝练异地办学特色，各项事业取得积极进展，为未来的事业发展奠定了良好基础。

（1）学科特色日益鲜明。以学校一批优势工程学科为基础，融合 TBSI 和深圳研究生院的特色学科和前沿领域，形成了以能源材料、信息科技、医药健康、海洋工程、未来人居、环境生态和创新管理等"6 + 1"交叉学科体系。"6 + 1"学科兼顾清华大学的发展战略和深圳市的产业需求，为深圳产业转型提供动力。围绕"6 + 1"学科群调整院内教研机构设置，并加强跨学科联合，组建跨学科团队，承担更多重点科研任务。

（2）学生培养成效显著。招生项目结构优化，结合工程硕士专业学位大类改革，新增和优化13个专业学位培养项目，形成了交叉学科专业与研究方向相结合的培养模式。截至2020年底，全日制在校研究生达4085人，超过"十三五"规划期末学生规模目标，国际学生比例逐年上升，录取学生国别分布更加多样化。开设清华大学创新领军工程博士粤港澳大湾区项目，首批招录比14:1。精品课程建设实现突破，获得2门国家精品在线开放课程，3门清华大学精品课程。专职教师指导学生获校级优秀学位论文数从20篇提高至37篇。学生在国内外各类创新创业大赛等活动中累计获奖64项。

（3）高水平师资建设初见成效。充分借鉴世界顶尖高校规范的教师招聘流程，发挥学术共同体的作用，在全球范围内，进行高水平师资的甄选和聘用。"十三五"期间共引进全时教研系列教师43人，含外籍教师4人，港澳台教师4人。目前，国际研究生院有172名全时教师，包括中国科学院院士1人，新西兰皇家科学院院士1人，国家创新人才推进计划（长期）2人，国家创新人才推进计划（短期）1人，青年科学基金项目5人，国家优秀青年科学基金项目获得者6人，百千万人才工程国家级人选1人，长江青年学者1人，教育部"新世纪优秀人才支持计划"队2支，广东省本土创新科研团队1支，深圳市孔雀团队1支。目前在站博士后169名，另有工程师46名，形成以全时教师为核心的学术梯队。近年来，国际研究生院新增享受国务院特殊津贴专家2人，广东省杰出青年基金获得者4人，广东省"特支计划"9人，深圳市杰出人才2人，学术新人奖获得者2人，创新讲师团的各项研究在广东省也取得突破，获得多项国家级殊荣。例如：康飞宇教授等完成的"高性能锂离子电池用石墨和石墨烯材料"项目获2017年国家技术发明奖二等奖，成会明教授等完成的"高质量石墨烯材料的制备与应用基础研究"项目获2017年国家自然科学二等奖，吴乾元和吴光学参与的"城市集中式再生水系统水质安全协同保障技术及应用"项目获2018年度国家科技进步二等奖，王智参与的"大规模多媒体的资源跨域协同计算理论方法"项目获2018年度国家自然科学二等奖，郭振华参与的"大人群指掌纹高精度识别技术及应用"获2018年度国家技术发明二等奖，由康飞宇作为第一完成人的"微纳超结构碳的设计、构建和储能研究"项目获2019年度高校科研优秀成果奖（自然科学）一等奖。

（4）国际合作走向纵深。"十三五"期间是国际研究生院在国际合作工作中取得突破性进展的阶段，合作的数量和质量均较"十二五"期间有显著提升。学校与加州伯克利大学合作依托国际研究生院建设的 TBSI 在人才引进、科学研究、重大项目承接等方面成效卓著，已成为校地合作及国际合作的成功典范；与法国 CRI、巴黎五大、巴黎七大、德国亚琛工业大学、柏林工业大学、日本京都大学、澳大利亚墨尔本大学、美国霍普金斯大学等在各学科中开展了中外联合培养项目。还与悉尼大学、滑铁卢大学、哈佛大学公共卫生学院、耶鲁大学、帝国理工大学、南安普顿大学、挪威科技大学、挪威船级社、首尔大学、特拉维夫大学、早稻田大学、名古屋大学、东京大学等多所国际知名高校和科研院所达成合作意向，为后续进一步合作奠定了基础。

（5）科研工作成果丰硕。截至 2020 年 12 月 31 日，获科技奖励 88 项，包括国家级奖励 7 项、省部级奖励 29 项、市级奖励 20 项、社会力量奖励 24 项；参与制定标准 22 项，其中国际标准 2 项、行业标准 17 项、其他标准 3 项；发表 SCI 收录论文 3206 篇、EI 收录论文 5347 篇，较"十二五"期间同比增长均超过 100%；申请专利 1993 项，获授权 1052 项，专利申请及授权增长势头明显，较"十二五"期间同比增长超过 100%。

（6）重大项目承载能力提升。"十三五"期间，共牵头承担 8 项国家重点研发计划项目，承担 6 项省级重大专项/重点研发计划项目，获批总经费逾 6 亿元；承担 1 个国家重点实验室、5 个广东省工程技术中心、1 个中德电动汽车共性支撑创新中心、2 个深圳市诺贝尔奖科学家实验室和多个其他市级创新载体建设；其中，省部共建肿瘤化学基因组学国家重点实验室是深圳市首个依托科研院所建设的国家重点实验室，目前已建成实验室面积 15000 平方米，固定资产投资超过 1 亿元；深圳盖姆石墨烯研究中心和帕特森 RISC－V 国际开源实验室分别获批深圳市诺贝尔奖科学家实验室，获批资助资金 2 亿元。

（7）科技服务经济社会能力增强。承担企事业单位委托课题 639 项，合同额 2.79 亿元；完成技术转移项目 32 项，交易总金额逾 1 亿元，其中作价入股 12 项，作价总值 1.7 亿元；技术转让 14 项，转让金额 755 万元；技术许可 6 项，许可金额 238 万元；成果转化的数量、技术转移交易额度和单项成果平均价值均有大幅提升，更具发展潜力的技术作价入股模式成为国际研究生院教师技术转移的突出增长点；新冠疫情暴发以来，国际研究生院快速响应，充分发挥学科优势，凝聚科技工作者力量加快开展新冠肺炎防治科研攻关，"AI＋大数据"、超声焊接技术、全自动血涂片显微成像仪等大量科研成果被应用于战役一线。

（8）创新创业教育强力推进。开设"创新训练营"等专业实践课程，为学生提供良好的企业导师指导与团队支持，目前已与 15 家企业合作开设过该课程，264 位研究生完成了该项专业实践，15 人荣评全国实习实践优秀成果获得者；学生通过参与企业发展中面临的实践课题研究、跨学科创新挑战赛等方式，尝试开发解决全球性重大工程技术问题的新思路；创业英才班累计招生 435 人，涵盖专业 20 个，培育项目 45 个，获深圳市"首批十大创新创业基地"；牵头发起成立

"深圳高校创新创业教育联盟（筹）"和水木深研创业研究院，i - Space 专业化运营，打造产学研贯通平台；开设"研究生创新创业能力提升"项目，丰富创新创业课程体系。

（9）基层组织建设迈上新台阶。积极组织党支部申报学校特色活动和调研课题，引导党支部创新组织生活形式，鼓励各支部充分利用深圳优势，创造性地开展工作。2017～2019 年，连续 3 年获评"优秀组织奖"；2018～2019 年，均有党支部获评特色活动或调研课题优秀成果；党支部战斗力和凝聚力显著提升；建设校级研究生"党建标兵党支部"2 个、院级样板党支部 6 个，累计获批 6 项清华大学研究生党建研究基金；2016～2020 年累计发展研究生党员 287 人；2017年设立研究生讲师团深圳分团，累计培养校级、院级研究生讲师 80 余名，举办宣讲活动 460 余场，覆盖听众 9000 余人次。

（10）科研条件及基础设施建设日益完善。深海技术、能源与环境、新型光电与先进制造以及互联网科技四个创新研究基地，K 楼及其附属框架改扩建工程完成建设。"十三五"期间新增仪器设备总值 4.29 亿元，其中 30 万元以上的大型仪器设备价值近 2.29 亿元，极大地支持了国际研究生院教学科研开展。建成覆盖各学科的教学实验室 20 个，实验室管理更加规范，信息系统建设进一步完善，支撑服务体系能力加强。

（11）成教事业健康有序的发展。执行学校"双全"管理，取消对外合作，全面推行培训项目自主研发，自主招生。2016～2019 年，国际学位项目、公开招生项目和委托定制项目共开办 334 个培训班，为社会培养各类管理人才 15862人；会议项目举办会议 114 场，参会人员 24800 人，累计创收约 3.5 亿元；开展了包括班级活动、定期活动、参观考察、体育运动、学习交流、论坛讲座、联谊活动等在内的众多教学活动 1959 次；学员满意度高，创造了良好的办学声誉和社会效益，实现成教事业健康有序的发展。

国际研究生院交叉学科特色鲜明，与地方产业结合密切，有学校优势学科支撑，积累了扎实的发展基础，但也需清醒地认识到，当前发展中仍有不足，需要予以关注并着力在"十四五"期间完善或突破。

总体来说，国际研究生院在创新引领方面仍存在不足，高层次创新人才的培养质量及成效与学校老牌院系仍有差距，培养的人才在服务国家和民族方面的贡献度仍需加强；学术领军人才不够多，基础研究和有组织的科研仍需进一步加强，重大原始创新成果还缺乏；与学校学科之间的衔接协同机制还需完善；成果转化及科研管理机制仍需完善；教学科研条件资源依旧十分紧张，制约单位教学科研发展。

二、形势分析

（1）学校优势及劣势。清华大学"十三五"期间积极参与综合改革试点，推进教育创新、人事制度改革、治理体系建设，已取得阶段性进展。结合国家战略发展的需求，加强基础原创研究，推动工程学科的转型发展，建立了一批交叉学科创新研究平台，开展高水平国际合作，培育学科领军人和创新团队，持续提升自主创新和社会服务能力，学科整体发展达到新高度，在教育部第四轮学科评估中，清华大学获评 A + 学科数量位居全国高校之首，学科建设优势突出。但目前依然存在部分学科教师队伍结构不够合理；交叉学科发展不够明确，部分交叉学科毕业生就业存在问题；人才培养的国际化程度不够高；异地机构的协同发展机制不明确；办学资源日益紧张等问题。

（2）国际研究生院的优势及劣势。2001 年学校与深圳市政府合作创建的清华大学深圳研究生院经过十余年来的探索，已成为清华大学创新型、跨学科的异地培养机构，为深圳地方经济的发展输送了大批高层次人才。清华大学于 2015 年与美国加州伯克利大学联合创办了清华－伯克利深圳学院，探索国际化、学科交叉、密切产业合作的人才培养与科学研究新模式，成为了清华大学异地办学、校地合作及国际合作的成功典范。清华大学深圳国际研究生院在深圳研究生院和 TBSI 的办学基础上进行拓展升级，重新形成"6 + 1"学科领域，重构研究生培养模式，实现跨越式发展。但目前深圳国际研究生院存在着市政府投入不足；师资及学生现有体量较小；"6 + 1"学科领域中部分学科刚刚起步，学科实力薄弱；异地办学发展需学校更多授权及支持等问题。

（3）国家、省市政策支持，为办学发展带来重大机遇。《统筹推进世界一流大学和一流学科建设实施办法（暂行）》等一系列政策文件在"十三五"期间陆续颁布，深入系统地描绘了我国高等教育未来发展的蓝图，为加快推进高等教育发展发挥了引领作用，也为学校"双一流"建设提供了有力支持；2019 年，中央、国务院连续发布《粤港澳大湾区发展规划纲要》及《关于支持深圳建设中国特色社会主义先行示范区的意见》，对教育体制改革方面先行先试、充分落实高等学校办学自主权、加快创建一流大学和一流学科提供了政策支持；广东省通过多种方式，对建设高校在资金、政策、资源等方面给予支持，切实落实"放管服"要求，积极推动本地区高水平大学和优势特色学科建设；深圳正按照中央和广东省的要求，全面深化教育综合改革，积极推进国际化开放式创新型高等教育体系建设，朝着建设中国特色社会主义先行示范区的方向前行，努力创建社会主义现代化强国的城市范例。国家、省市政策为学校及深圳国际研究生院发展带来了重大机遇。

（4）未来发展面临挑战。中外合作办学相关条例制定于 2003 年，部分规定尚不适应现代中外合作办学的需要，对国际合作项目或机构将形成挑战；深圳市高等教育改革进入"深水区"，截至 2019 年初，深圳市高校 14 个，在校学生13.18 万人；深圳技术大学已获批设立，中山大学深圳校区落户光明，中国科学院深圳理工大学获批筹设；深圳市在龙岗区建设国际大学城，引进香港中文大学、莫斯科大学等诸多世界名校落地办学，与部分本地市属高校和科研机构在资源竞争中，使国际研究生院面临挑战；国际化办学对教师队伍、干部队伍的政治与专业素质、工作体系的内涵式发展、思政教育的深度与开展方式均提出更高要求；随着其他单位人才待遇和工作环境的提升，国际研究生院因教师无法享受本部学术待遇，引进和蓄留人才的难度加大；科技成果转化力度有待加强；教学科研条件平台建设需提升；创新创业型人才培养亟待提速，办学资源紧张；国际研究生院校园用地紧张，且地块缺乏整体性，对办学带来不便。

在此形势下，国际研究生院需要加快改革与创新的步伐与力度，也需要学校在学科专业设置、学生培养、队伍管理体制、运行机制、经费申请、资源协调等方面提供进一步的政策支持。

第二节　指导思想和发展目标

以习近平新时代中国特色社会主义思想为指导，贯彻落实党的十九大和党的十九届二中、三中、四中、五中全会精神，按照"五位一体"总体布局和"四个全面"战略布局，立足新发展阶段，全面贯彻党的教育方针，贯彻落实习近平总书记对广东、深圳系列重要讲话和重要指示批示精神，全面落实《清华大学综合改革方案》和《清华大学关于全面深化教育教学改革的若干意见》，以支撑创新驱动发展战略、服务经济社会发展为导向，强化全局意识，树立国际视野，着力深化改革，提升办学水平，担当清华大学研究生教育"改革试验区"，全面推进治理体系和治理能力现代化，开创教育改革新局面，为实现 2035 年教育现代化的奋斗目标夯实基础，为学校建设、国家发展、人类文明进步做出新的更大贡献。

一、指导思想

未来五年，国际研究生院将立足国家战略大局，抢抓"双区驱动"重大历史机遇，以加强党的建设、完善现代大学治理制度为根本，以深化改革、先行先试为抓手，以国际化、创新型为方向，全面落实好以下基本要求：

（1）坚持党的领导，发挥制度优势。深入贯彻新时代党的建设总要求，坚持正确的政治方向、坚持立德树人、坚持服务国家、坚持改革创新，牢记为党育人、为国育才的使命。完善中国特色现代化大学治理体系，不断提高贯彻新发展理念、构建新发展格局能力和水平，为实现学院高质量发展提供根本保证。

（2）聚焦内涵发展，提升办学水平。围绕学校迈入世界一流大学前列的目标，丰富大学内涵，优化学科专业结构、师资结构及人才培养结构，加强战略性、全局性、前瞻性问题研究，着力提升解决重大问题能力和原始创新能力，促进人才培养及学术研究高质量内涵式发展，在学校"双一流"建设、深圳"双区"建设及国家重大科技创新中做出贡献。

（3）主动担当作为，增强引擎作用。以支撑国家创新驱动发展战略、服务经济社会发展为导向，主动汇聚融合多学科的力量响应大湾区战略新兴领域发展的需求、挑战前沿重大技术问题以及突破"卡脖子"关键技术，着力增强创新引擎作用，为科技强国、"双区"建设贡献清华力量。

（4）凝练学科特色，强化协同发展。以国际化和学科交叉融合为核心，结合国家产业转型和"一带一路"建设倡议，着眼学校学科建设整体布局，立足地方经济社会发展的实际需要，促进交叉学科集群建设，凝练学科特色，加强与学校院系联动，协同发展，形成"南北一体，差异发展"的学科建设新局面。

（5）深化改革创新，增强发展活力。把握综合改革的重大机遇，积极争取先行先试政策试点，以制度创新推动高水平国际合作，主动在合作中学习借鉴先进制度经验，对标世界一流大学，进一步推动人事体制、科研体制和人才培养体制改革，通过改革创新破解发展难题、强化发展特色、开拓发展道路、提升发展动能，发挥改革在构建新发展格局中的关键作用，建立人才培养、科学研究、社会服务和文化传承统筹协调的新机制，激发学科及师生的创造力和新动力。

（6）完善治理体系，提高保障水平。不断完善治理体系，优化学术及行政架构，建立与世界接轨兼具深圳特色及清华风格的制度体系，实现国际化、现代化治理能力。一体化开展校园规划及建设，提升资源统筹配置能力，集约化利用土地空间资源，整合校内外教育科研资源，搭建现代化、智能化的智慧校园。

二、发展目标

根据清华大学 2030 年的发展目标，"十四五"期间国际研究生院应立足学校发展战略，着眼发展全局，以改革创新为核心任务，瞄准世界未来学术前沿和国家发展关键需求，进一步提高高层次创新人才培养质量，力争在前沿和交叉学科形成突破，完善治理体系，形成目标明确、结构合理、特色鲜明的办学新格局。

通过高层次的国际合作、高水平的人才培养、高质量的创新实践，探索高水平开放式国际化的办学新思路、新模式和新机制，建立以国际化创新人才培养为驱动力的创新生态系统，服务区域发展，尤其是深圳经济、社会和文化发展，并为学校迈入世界一流大学前列提供基础及有力支撑。

具体目标及指标如下：

（1）创新人才培养质量显著提高。始终以高质量研究生教育为使命，建立全球合作伙伴体系，积极引进优质教育和研究资源，不断推动高等教育创新要素聚集，培养具有全球胜任力和持续创新能力的高端人才。以全日制研究生教育为主，非全日制教育和非学位培训为辅。到 2025 年，全日制在校研究生达 5000人；到 2030 年，全日制在校研究生规模达到 8000 人。博士生教育将聚焦源头创新和重大技术创新，为深圳市引领全球创新发展提供持续动力。硕士教育特别是专业学位教育将快速响应并引领深圳市和大湾区产业发展的需求，与企业紧密合作，为产业的转型升级和区域的社会进步输送高质量专业人才。

（2）师资队伍整体达到国际一流水平。全面推行教研系列独立 PI 制度，营造教师发展的良好环境，面向全球延揽优秀师资。到 2025 年，将初步建成一支世界一流的国际化教师队伍，规模约 350 人，其中教研系列约 250 人，海外教师人数力争达到约 1/5；到 2030 年，全职教师规模约 450 人，其中教研系列规模达到 400 人，海外教师比例达到 1/3。经过 5～10 年的发展，建立起一支完整覆盖"6＋1"学科群的全职教师队伍，平均实力达到国际前 20 名的大学水平，再经过10～15 年的努力，使教师总体实力达到世界顶尖大学的水平。

（3）学科特色更加鲜明。以世界一流学科群建设为目标，选择与深圳及大湾区产业经济和社会发展高度契合的学校若干优势学科，借势全球创新格局的调整与重构，瞄准新一轮科技革命和产业转型，跨越传统学科界限和产业边界，建立学科交叉融合发展新机制，完成以学校工科为核心的"6＋1"一流学科群的布局和建设，包括材料科学、信息科技、生物医药与健康工程、海洋工程、未来人居、环境生态以及创新管理，形成特色鲜明的学科体系。

（4）科学研究在更多方向实现突破。面向世界科技前沿及国家地方重大需求，构建以集群创新、交叉研究、产学研合作为特色的研究模式，形成面向重大需求和重大问题的有组织的科研模式，持续加强科研平台、创新成果服务产业和区域经济发展的能力，奠定国际研究生院在区域科技创新体系中的领军地位，促进国际研究生院成为学校科技创新体系中的重要板块。进一步强化大学科研平台对提高人才培养水平和创新竞争力的支撑作用，建设一批全国领先的科研创新团队，推进国字号机构设立，做大项目，出大成果。

（5）国际化程度明显提高。根据学校全球战略，加强国内外交流合作，逐步扩大留学生培养规模，扩大与海外知名高校间的合作与交流，带动国际研究生院科研水平、队伍水平、人才培养水平等方面的整体提升，扩大各学科群的学术影响力和国际影响力，提升国际化办学水平。

（6）文化辐射作用进一步增强。传承发扬清华精神，主动参与深圳城市文化建设，增强校园文化与社会文化的互动；开放高等教育资源，通过教育资源、科研资源等共享，进一步提升清华学科的影响力及文化辐射作用，推进深圳国际化先进城市建设。

（7）校园基础建设全面改善。推进国际研究生院"一院三区"二期院区规划及建设，努力拓展校园发展用地，以国际化新标准整合建设需求，力求"一院三区"西丽湖院区2024年全面建成并投入使用，争取同富裕地块2025年建设完成并交付使用，塘朗工业园地块2028年建设完成并交付使用。到2025年，校园占地面积达到约1000亩，新增建筑面积约50万平方米。

（8）制度体系和支撑能力整体优化。全面完成人事制度改革，进一步推动教育教学改革、科研体制机制改革、行政管理和资源配置机制改革，建立健全国际研究生院制度体系及支撑体系。

第三节 主要任务和实施保障

一、主要任务

（一）优化学科布局，加强学科交叉

依据学校一流大学建设方案，结合深圳市和粤港澳大湾区战略新兴领域发展的需求，国际研究生院把学科的交叉融合与新生长点的孕育作为学科建设的着眼点，保持学科的鲜明特色和与校本部学科方向的互补性，建立以学科群为核心的学术共同体，形成跨界协同创新的发展态势，促进重大科研创新和人才培养，服务于粤港澳大湾区的科技创新和国家整体战略。

1. 材料科学领域

紧密结合国家战略需求，充分发挥深圳产业优势，突破材料应用瓶颈，促进结构功能一体化、材料器件智能化和柔性化、制备过程绿色化的能源与信息技术变革。开展面向能源、信息、健康、空天应用等国家重大需求的前沿基础与应用研究，发展材料的关联重构创新理念与方法，重点建设低维材料与器件、信息功能材料与器件、能源材料与器件、生物医用材料与器件、材料设计与计算五个学科方向，形成有优势、特色鲜明的国际一流学科方向。承接国家重大项目，研发突破一批关键共性技术，建设有特色的大科学装置，形成系统性、集成性材料科技创新平台，建设深圳未来材料研究院，形成材料产业关键技术辐射源，打造全球功能材料领域的科学中心，建成国际一流的新材料研究型和产业型人才培养基地，为国家战略性新材料发展提供多学科交叉融合的人才支撑，全面助力提升清华大学材料学科的国际优势地位。

2. 信息科技领域

秉承创新、交叉、融合、产业化、国际化的原则，发挥多学科交叉优势，结合国家重大战略规划，充分利用深圳的制造业基础和信息产业配套优势，深入挖掘大湾区相关技术需求，解决影响社会基础需求与人类命运的重大科学和技术问题，在我国信息和制造业转型升级中发挥技术引领和支撑作用，建成国际一流的"信息技术与智能制造"研究人才培养基地和科学高地。计划建设人工智能、数据科学、机器人、物联网与互联网、光子学与电路系统、先进制造、交通与物流、智能电网与能源互联网八个方向。开展前沿基础研究，加强产学研合作，承接国家重大项目，研发突破一批关键共性技术，建设一批大科学装置，参与建设国家创新项目、国际大科学计划和国际大科学工程，力争在深圳建成一个国家重点实验室或者国家重点实验室分室。

3. 生物医药与健康工程领域

面向国际学科前沿，针对我国建设"健康中国"和深圳生命健康产业的现实需求，结合清华大学医学发展整体规划，着力建设创新药物、疫苗工程、健康工程、转化医学四个学科方向。突出工程科学特色，打通应用转化渠道，创建基于多学科融合的生物医药与健康工程新领域。围绕大健康的重大需求，融合医药工程、生物工程、生物医学工程、化学工程、控制工程、材料工程、人工智能等学科集群进行重点布局和建设，发展粤港澳大湾区生命健康领域的产学研合作网络。争取 2025 年获得"生物与医药"专业学位授权，2030～2050 年发展成为具有国际影响力的新型"生命健康工程"工科学科。

4. 海洋工程领域

紧密结合海洋强国和粤港澳大湾区国家战略，面向深远海能源资源开发、国防安全、防灾减灾等重大需求，发挥清华大学的雄厚工科基础和深圳的独特区位优势，重点建设深海工程、深海技术、滨海工程与技术、海洋生态环境四个学科方向，形成与校本部"南北一体、统一建设、统一管理"运行态势。至 2025 年，通过系统整合与强化建设，海洋土木工程方向特色明显，支持学校大土木学科QS 国际排名提升。

5. 未来人居领域

基于 21 世纪建筑学与诸多相关学科的交叉，关注未来人类聚居空间的前沿性问题，以设计思维为核心创新力量，致力于创造更智慧的和更可持续的建成空间。充分发挥深圳独有的城市建设实践优势，集聚全球最新设计思维和人居理念，创造并传播最具启发性的人居知识，与其他学科协同创新，突出前沿性、技术性和面向未来的交叉性，并建立以'未来人居"为核心的设计思维和相应的工具方法支撑，在五年内成为世界顶级的设计思维原创引擎和智库。未来争取把学科建设成为世界领先的一流学科。

6. 环境生态领域

以国家生态文明和重大环境战略需求为导向，立足于国际环境学科前沿，面向深圳市和大湾区高质量发展面临的新环境问题，融合环境科学与工程、生态科学与工程、管理科学、生物科学、材料工程、信息工程等学科，形成环境与生态新型交叉学科。以科学认知、技术创新和决策支撑为重点，开展基础理论、技术创新和生态环境战略研究，形成新时代的生态环境发展理论体系，开展开创性、颠覆性、前瞻性研究，创造核心关键技术，为深圳市建成"可持续发展先锋"和粤港澳大湾区建成"生态环境优美的国际一流湾区和世界级城市群"贡献清华力量，为生态文明和人类命运共同体建设提供深圳范式。重点建设城市环境与复合生态保护、工业与特殊环境保护、陆海交互环境保护、区域跨介质复合污染与环境健康、生态环境大数据与系统管理、未来生态环境六个学科方向。

7. 创新管理领域

将抓住我国数字经济在全球崛起、国家大力实施创新驱动、"一带一路"和粤港澳大湾区战略中的重大机遇，抢占高端人才引进、创新人才培养、打造国际一流学科和建设国家高端智库的战略制高点，与深圳及大湾区的科技创新创业紧密互动，深入研究一流创新创业企业的最佳实践和洞见，打造具有全球思想领导力的一流学科与权威智库，与工程、设计等相关学科深度交叉融合，培养各类创新创业领军人才和战略型的科技企业家。

（二）深化人事改革，建设高水平队伍

教师队伍水平是世界一流学科的核心要素。国际研究生院在建设初期，将充分借鉴世界顶尖高校规范的教师招聘流程，依靠清华大学和世界知名高校或机构成熟的制度，发挥学术共同体的作用，借助国际同行评估，在全球范围内进行高水平师资的甄选和聘用，建成一支崇教敬业、勇于创新的高水平师资队伍。

1. 稳步扩大教师规模，优化师资队伍结构

国际研究生院面向全球选聘具有世界一流学术造诣或学术潜力的学者，建设一支高水平国际化的师资队伍，并积极促进教师群体的多样化。规划到2025年全职教师规模达350人，其中教研系列规模达到250人，教研系列海外教师比例达到1/5。除全职教师外，国际研究生院还将设置兼职教师系列，兼聘一批国内

外高校学者和业界资深专家，作为师资的重要补充。

2. 深化人事体制改革，全面实施教师分系列管理

全面实施国际通用的教师分系列聘用和管理原则，建立教研系列教师岗位、教学系列教师岗位、专职科研人员、专业技术类岗位、管理类和事务类岗位等分类管理体系。完善"按需设岗、按岗聘用、竞聘上岗、择优聘用、合同管理"的全员聘用制度，同时结合教师现状制订过渡期方案，力争在 2025 年前，建立起符合学校人事改革要求及国际研究生院实际的人事管理体系。

3. 全面推进教研系列师资建设，打造高水平师资队伍

国际研究生院将进一步完善教研岗位聘任及管理机制，创造良好的学术氛围和竞争机制，制定合理的评价体系，鼓励优秀人才脱颖而出。同时加强吸引人才和对优秀学术带头人及骨干的支持力度，提供有国际竞争力的薪酬与待遇，给予必要的科研启动经费及安家费，为教研系列教师及配套博士后、博士硕士研究生等指标，提供良好的科研、教学和生活条件。加快对世界一流水平并有较强组织领导力的学术领军人才和学术骨干人才的挖掘和引进工作步伐，拟用 5 ~ 10 年时间初步建成一支全面覆盖"6 + 1"交叉学科群、结构均衡的教师队伍，在教学水平、科研水平和教师团队水平上达到世界前列，并具备较大发展潜力，达到相关专业国际前 20 名大学水平。

4. 非教研类师资评价机制，确保稳定发展

国际研究生院根据工作需要，设置非教研类教师岗位。非教研类教师岗位包括未定系列教师岗位、教学系列教师岗位。未定系列岗位主要面向原深圳研究生院教师，包含少量特殊聘用。未定系列岗位主要承担专业学位研究生培养、技术创新与成果转化、社会服务等工作，每学年课堂教学最低要求为 96 学时。教学系列岗位由培养部门根据学生培养需要统一设置，主要承担思政、数学、英语、国际学生语言文化、研究生学术与职业素养平台等公共课教学，每学年课堂教学最低要求为 256 学时。对未定系列教师的评价，应侧重对专业学位硕士培养项目的实际贡献及学生培养质量等方面进行评价，应对创新性应用研究能力进行分析，包括对其学术影响力的评价、应用方向前景的分析以及对其在同领域同行业地位的评估；对教学系列教师，应重点评价其教学工作量、教学质量和教学研究水平。

5. 探索各种形式的教师资源共享，促进交叉学科建设

基于人事体制改革和国际化办学对人员聘用和管理模式提出的新要求，进一步探索与校本部教师资源的共享，探索国际研究生院与其他院系双聘的模式，促进交叉学科的发展。同时继续扩大与境外高校的合作，考虑个别学科发展过程中对特殊人才的需要，设置兼职教师，包括驻院教授类（professor in residence）岗

位及业界教授类（professor of practice）岗位，驻院教授类岗位主要聘任来自国内外其他教育和科研机构的知名学者，来学院短期访问交流和学术休假等；业界教授类岗位主要聘任来自业界德高望重的知名专家和高端专业人士等。

6. 做好教学科研辅助，加强支撑队伍建设

对管理类、事务类、专业技术类等行政服务和技术支撑岗位，实行"按需设岗、定岗定责、按岗聘任，岗位职责与薪酬挂钩"的管理模式，并进一步规范各类岗位的设置，细化和优化职工队伍岗位聘任、考核和薪酬分配方式，推动学院职工建设体系向"专业化、服务型、国际化"方向转型，建立一支专业化、职业化、胜任能力强、文化认同度高、适应国际合作办学需要、团结协作进取的职工队伍，为教学科研提供更好的服务和支撑。

（三）重塑培养格局，提高培养质量

国际研究生院将按照学校发展战略和研究生教育的总体要求，立足深圳市和大湾区，以全球视野，开展研究生教育的深度国际合作，建立符合国际教育发展趋势和中国特别是深圳创新发展特色的研究生招生和培养的完整体系。目前清华在深圳的研究生培养规模约4000人，通过重构人才培养项目，稳步扩大招生规模，力争2025年达到5000人的在学规模，其中博士生占比达到20%，国际生占比10%以上。

1. 健全培养工作体系，完善质量保障体系

国际研究生院将根据人才培养的要求，突破传统学制和学位授予方面的局限和束缚，积极建立开放式实践型的专业硕士培养体系，持续提升博士培养质量。国际研究生院将健全完整的招生、培养和学位工作体系，完善严格规范的教学管理和质量保障体系，同时充分体现深圳校区的培养特色，将从依托北京校区合作院系招生、在深圳培养、由相关学科学位分委会审议学位的模式，走向以国际研究生院名义招生、承担培养全过程、由国际研究生院学位分委会审议学位、报送学校学位、评定委员会审批的新模式。

2. 博士教育注重培养拔尖创新人才

坚持学术博士教育和专业学位教育并重。面向国家重大战略、人类重大问题和新兴产业创新，博士教育将更多地聚焦源头创新和颠覆式技术创新，解决重点技术领域"卡脖子"问题，不断提升博士生的原创能力，引领产业发展，为产业的转型升级提供持续动力。博士生招生全面推行"申请－审核"制，强化对学生学术志趣、学术能力和基本素养的考察。加大对博士生全球胜任力培养的支持力度，力争每位在读博士生均有海外培养经历，培养一批具有全球视野的学术领军人才。

3. 硕士教育立足培养创新应用人才

国际研究生院的硕士教育，特别是专业学位硕士教育将通过重新定位培养目

标和重塑培养过程，与产业界深度合作，强调工程技术与创新管理相结合，成规模、成建制地培养产业需要的高层次复合式专业人才。现已对硕士培养项目进行了重整和重构，探索"项目制"管理机制，推动多学科交叉融合培养。重构专业学位培养方案，进一步深化校企联合培养。聘请行业专家参与培养指导委员会，指导项目规划和运行；尝试推广导师选题、合作企业选题和学生自主选题三种模式并行的学位论文模式，充分发挥研究生联合培养基地的作用；探索多样化、实践型的"论文"模式，推动专业学位"创新成果"评价机制改革；将设计思维、技术创新、创新创业、跨文化团队合作、职业伦理等能力培养融入培养过程。通过模式创新，培养造就创新型专业人才。

4. 在职教育定位服务区域发展需求

为服务粤港澳大湾区建设和深圳产业创新升级的迫切需求，国际研究生院揭牌成立之时将创新领军工程博士粤港澳大湾区项目作为开局之作推出，也是清华在深圳设立的首个在职博士培养项目，首届41名2019级学生已正式报到入学。公共管理硕士（MPA大湾区方向）、高级财务管理与大数据硕士、工程管理硕士等一系列在职培养项目都陆续在深圳落地实施。未来国际研究生院还将继续开设高质量的适应需求的在职培养项目，助力大湾区的人才聚集和人才发展。国际研究生院还将在创新教学模式、在线课程建设、校园开放课程等方面进行更多的探索与尝试，实现优质教育资源的开放和共享。

（四）加强创新体系建设，提升综合实力

高等院校不仅是培养专业人才的摇篮，而且是研究和发展高新技术的源头。高等院校要保证教学质量就必须大力依靠科学研究提升办学水平，最终实现增强学校综合实力的长远目标。国际研究生院将以院公共通用科研平台、学科公共科研平台、教师科研实验室等为载体，面向学科的重大科学问题和国家与区域经济社会发展的重大需求，凝练方向，建立重大科研项目的引导和资助体系，以及建立科研成果的科学评价体系和教师的激励机制，力争产生一批国内外有重要影响的科研成果。

1. 深化科研体制机制改革，推动创新体系发展

以国家重大需求为导向，以建设世界一流大学为目标，推进科研组织模式创新，依托重点研发和服务平台，围绕重大科研项目，健全科研机制，开展协同创新，优化资源配置，推动加强战略性、全局性、前瞻性问题研究，着力提升解决重大问题能力和原始创新能力，争做国际学术前沿并行者乃至领跑者。结合粤港澳大湾区发展规划，结合港澳独特优势和广东改革开放先行先试优势，不断加强与港澳高层次科技合作，推动区域经济协同发展，为港澳发展注入新动能，为建设富有活力和国际竞争力的一流湾区和世界级城市群做出应有的贡献。充分利用

深圳市给予基础研究稳定支持的资金，鼓励源头创新和颠覆式技术创新，支持基础原创性科学探索，建立全面可持续的科研发展机制，保证资金采用集约式、可持续方式开展，做出大文章，取得大成果，同时有力地支持相关学科冲击世界一流。健全科研培育机制和技术攻关机制，梳理管理流程，提升科技创新"最初一公里"的原始创新能力，打造"十年磨一剑"的创新氛围，帮助科学家安心、专心、尽心，沉浸于创新科学研究。

2. 重点实验室建设与提升

在已有1个国家重点实验室、2个广东省重点实验室及若干省部级和市级创新载体的基础上，紧密围绕国际研究生院学科布局，加大资源整合力度，推动基础研究类实验室开展科学前沿和前瞻性研究，提升学术水平和地位；推动应用类实验室开展关键技术和共性技术研究，提升产业竞争力，支撑大湾区经济、社会发展。以国际化建设为契机，优化各级重点实验室的人员结构和规模，全面提升创新能力和国际化水平，逐步推进重点实验室的提升。积极争取对市级重点实验室的稳定支持，整合、新建一批市级创新载体，同时实现从市级到省部级，再到国家级的逐级批量提升。作为国家实验室"预备队"的省实验室，在新一轮大湾区创新驱动发展中具有重要的地位。未来5年，国际研究生院将积极参与鹏城实验室的建设，开展跨学科大协同的创新攻关；深度参与深圳湾实验室的建设，在生命健康领域，将省实验室与现有国家重点实验室紧密结合，推动生物医药健康迭代创新与发展。积极探索建立符合大科学时代科研规律的科学研究组织形式，助力粤港澳大湾区打造国际科技创新中心。

3. 加强学风建设，优化学术环境

为规范学术行为，维护学术声誉，促进学术健康发展和学风建设，国际研究生院成立学术规范指导委员会，完善学术治理体系，规范学术管理和教育制度，严守科研诚信底线，大力弘扬新时代科学家精神，正面引导科研诚信作风建设。为维护学术诚信，营造风清气正、不骄不躁的学术环境，国际研究生院加强建设学术不端行为预防和惩戒机制，对学术不端行为和责任人绝不姑息。制定相关制度和实施细则，保证依法依规开展工作。通过正面引导和负面警示，达到净化学术空气、优化学术生态的目标。为提升伦理水平，补齐制度短板，国际研究生院加强生命伦理委员会建设，逐步与国际接轨，遵循"有利、无伤、尊重、公正"的生命伦理原则，并提升审查能力。

4. 加强科技支撑体系的能力建设

持续开展实验室工程师团队建设工作：建设一支专业化强和稳定性好的实验室工程师队伍，并对科研工作的开展提供精细化、专业型服务，以优质的管理带动实验室体系建设，保障高端科研装备的科学管理和使用。推动技术转移路演平台体系建设工作：建成技术转移路演中心，保障技术转移项目的顺利实施；构建完善的信息化技术转移服务平台；配置专业的技术转移队伍；积极开展技术项目推广工作，创建以创新创业为特色的技术转移新模式。继续加强公共科研条件平台建设，并加大已有实验室平台的开放力度，提高对平台的管理水平，做到对内对外开放、公正、公平、公开，实现实验室开放的"公益"效应。争取获得更多权威认证资格，为战略性新兴产业的发展提供更有效的检测、分析和技术服务。

（五）立足全球战略，深化国际合作

根据清华大学的全球战略，国际研究生院将加强国内外交流合作，通过国际合作与交流，带动国际研究生院科研水平、队伍水平、人才培养水平等方面的整体提升，扩大各学科群的学术影响力和国际影响力，提升国际化办学水平。

1. 积极拓展国际战略合作伙伴

紧紧围绕服务国家开放发展战略和学校世界一流大学建设目标，确立国际战略合作伙伴，重点支持学校国际合作框架下的各项合作，积极参与国际和全球交叉研究平台建设。

2. 全面推进国际化合作办学

"全球胜任力"是清华大学人才培养的目标之一，包括在全球背景下的国际视野、跨文化认知及对自我文化再认知等。围绕此培养目标，清华大学与国际组织拓展合作，为学生搭建全面提升综合素质、国际视野、科学精神和创造能力的平台。国际研究生院将继续与世界一流大学开展高水平国际合作。通过国际合作办学，与境外高校开展包括学分互认、学位互授联授、联合培养、联合办学等多种形式的合作办学，建设国际化的品牌专业和示范课程，培养具有国际视野、通晓国际规则、能够参与国际事务和国际竞争的国际化人才，不断提升国际研究生院的教育竞争力和国际影响力，为深圳市和粤港澳大湾区培养具有国际视野的产业领军人才。

3. 深化国际科技合作

深化已有的大学和研究机构的合作交流，将全球顶尖资源整合到教学科研的全过程。积极参与或牵头组织国际和区域性重大科学计划和科学工程，加强国际协同创新。推动各学科发展的国际化进程，面向国际学术发展前沿，深化与国际知名企业、著名高校和学术机构的人员交流与项目合作，开展高水平国际合作研究，促进优势学科的强强联合，带动优势互补学科的协同发展，助力深圳国际化科技生态圈的建设及相关产业链的布局，提升清华工科在国际上的话语权与影响力。

（六）加强自身建设，提升社会服务能力

围绕创新驱动发展战略，加强社会服务体系建设，充分发挥学校人才、科技、文化等优势，建立完善产学研协同创新机制，进一步促进教育、科技、经济和社会紧密结合，全方位和高水平地服务国家和深圳市经济社会发展。

1. 构建全方位成果转化体系

探索建立从实验研究、中试到生产的全过程科技创新融资模式，促进科技成果资本化、产业化；完善技术转移服务体系，加强对已落实技术转移项目的后续跟踪、信息采集和企业运营能力分析工作，对技术转移过程中的关键问题进行深度剖析，完善技术转移服务内容。深化专利资源整合工作，结合"6＋1"学科建设开展专利池构建工作。

2. 加强交流与合作

加强与地方政府、企业及其他社会组织的交流与合作，开展合作项目，建设合作平台，使国际研究生院成为其重要合作伙伴。落实与深圳力合集团、珠三角研究院的合作，实现科研服务能力的多窗口、复合式开放。深化产学研合作，以核心、共性技术研究为先导，努力推动国际研究生院参与国家级产学研联盟，推动省级产学研联盟向国家级产学研联盟升级。

3. 深化产教融合

进一步整合高校、政府、企业三者之间的资源，打造"政产学研资"贯通平台。将创新创业类课程纳入公共基础课程，扩大其作为必修课和选修课的学生覆盖面。积极发展"专业＋创业"培养模式，凸显创新型人才培养特色。探索构建"课程学习在校内、科研培养在基地、联合指导小组全程指导管理"的"紧密型"校企联合培养基地模式。深化产教融合，需求导向，产业多角度参与合作，培养出更适合行业需求的高层次应用型人才。

4. 稳步发展培训工作

发挥培训学院的功能，以"培养人才、服务社会"为宗旨，围绕区域需求，开展以党政干部培训、企业中高层管理者培训为主体的优质培训项目，积极拓展高水准的国际交流与学习项目；积极创新管理机制和办学模式，从教学资源、教学形式、教育意义上进行突破和提升，努力发展在线和面授学习结合的混合教育。

（七）完善支撑体系，提升服务保障水平

围绕国际研究生院学科发展需求，加强支撑条件的能力建设，构建与一流大学建设相适应的支撑体系。

1. 加快校园基础设施建设

根据校园周边可拓展用地，规划国际完"一院三区"的校区建设整体布局，优先完成国际校区一期校园整体建设，争取学生公寓、教学配套设施于2022年1月交付并投入使用，科研办公楼宇于2022年年终交付并投入使用。

推进国际研究生院"一院三区"二期校区建设与规划，努力拓展校园发展用地，实现西丽湖院区用地于 2021 年交付并设计、建设，借鉴国内外知名高校建设经验，以国际化新标准整合建设需求，力求"一院三区"西丽湖院区 2024 年全面建成并投入使用。同期加快同富裕工业城、塘朗工业园用地释放，争取同富裕地块 2021 年年底实现用地交付，2025 年建设完成并交付使用。塘朗工业园 2023 年年底实现用地交付，2028 年建设完成并交付使用。同富裕工业城、塘朗工业园用地建成后将与国际校区一期校园连成整体，形成"一院三区"的东校区，实现统一管理，国际化水平的现代城市校区。

进一步对大学城校区进行整体修缮，着重对报告厅、多功能厅、教学楼等重点公共区域进行深度更新改造，凸显清华大学的国际化水平，推进校园景观设计，将人工湖进行重新拓宽改造，融入清华元素，建立特色风景连廊，突出体现清华元素与清华文化，加强师生的归属感，力求"一院三区"全面向国际化水平校园靠拢。

2. 提高校园信息化水平

基于云计算、物联网、大数据、移动互联等先进信息技术，通过优化管理流程、创新教学模式、规范科研管理、实现资源共享、科学诊断决策等，促进信息技术与教育的深度融合，打造以"6C"（Cyber、Cloud、Clever、Compound 和 Co-operation 和 Calibration）为特征的智慧校园。

3. 加快教学科研条件平台建设

加快通用型公共科研平台、学科公共科研平台、教学实验室建设，在需要优先突破的学科领域提供最好的研究与保障条件。教学实验室建设由政府资助资金支持。科研条件平台的建设以政府资助资金为主，社会资金为辅。国际研究生院将依据学科发展的情况，分步骤对平台进行建设。教学科研条件平台在服务国际研究生院学科建设及基础科研的同时，结合社会经济发展需求，也将面向产业需求，拓展与企业界在联合实验室、技术服务、机构共建等方面的合作，成为深圳市战略新兴产业发展的创新载体，为粤港澳大湾区产业体系提供新动力。

4. 强化工程师队伍专业化建设

加强工程师队伍建设。根据教学科研条件平台承担重大研究计划、重大仪器项目等的切实需求，建设一支具备高水平专业技能的工程师队伍。

5. 提高行政支撑体系的国际化水平

学习和借鉴世界一流大学先进的学科组织和管理经验，通过构建统一高效的信息平台，增加人事、教务、招生、财务管理的灵活性，提高国际研究生院行政支撑体系的国际化水平。

（八）加强统筹管理，优化资源配置

1. 集中精力，突出重点

以优势学科为龙头，带动国际研究生院全面重点学科建设，对在近期能够达到或接近世界先进水平的学科实验室加强支持力度，给予专项支持，使这些实验室达到或接近国际先进水平。

2. 合理分配现有基础设施资源

按照学科布局、规模体量和发展目标，合理分配科研空间、办公面积等资源。

3. 多渠道积极拓展资源

国际研究生院将建立以深圳市政府支持为主、多渠道多种形式筹集办学资源的财务模式，构建和健全覆盖全院的多渠道多层次的资金筹措体系，积极与企业合作，争取更多的社会捐赠，多渠道汇聚资源，增强自我发展能力，保持办学的高水平与可持续。校本部划拨国家生均经费和国家奖助学金，深圳市按市属高校标准给予生均支持、科研启动经费等专项作为办学基本运行的保障。深圳市对于办学用房用地、教学科研条件和平台建设、优秀师资引进的支持等方式，对国际研究生院的建设和发展予以优先保障和重点支持。

二、实施保障

（一）加强政治建设和党的领导

始终把政治建设摆在首位，持续深入学习习近平新时代中国特色社会主义思想，树牢"四个意识"，坚定"四个自信"，坚决做到"两个维护"，坚持以人民为中心发展教育，为党育人、为国育才。进一步完善院党委和行政班子议事规范和实施细则，确保党委发挥政治核心作用，为国际研究生院教育新发展提供坚强的组织保障。

1. 积极推进党建工作

充分发挥院党委、党支部和党员的先锋模范作用，以改革创新精神推进党建工作，为国际研究生院在新时期的科学发展提供坚强的政治和组织保证。抓好学生党建工作，统筹协调党团班干部开展学生工作。广泛调动一切积极因素，促进国际研究生院各项事业的发展。

2. 重视文化建设与传播工作

把握正确意识形态导向，与学校同频共振，讲好国际研究生院的故事，凝聚支持学校和学院发展的共识和力量，拓展海外宣传，提高海外影响力，为清华大学全球战略做贡献。在学校总体文化建设工作的指导下，培育和践行社会主义核心价值观，传承发扬清华文化，融合粤港澳大湾区创新特色，配合"无边界、可持续、智慧、健康"的校园整体提升服务计划理念，探索文化建设工作思路，增强中外师生对深圳国际研究生院的身份认同和文化认同。

3. 完善学生工作模式

探索具有国际水平和中国特色的学生工作体系与教育服务模式，进一步完善基于学生发展需求提供服务引领的学生工作体系架构，提升学生工作队伍职业化、专业化及国际化水平，完善"双肩挑"干部的选拔培养和考核管理办法，强化思想引领与价值塑造，充实全球胜任力等能力教育体系，完善"自我认知－职业探索－生涯决策－能力提升"全过程职业发展指导工作体系，提升心理发展支持服务的全覆盖、多层次、个性化水平，增强团学组织的先进性、群众性、亲和力，探索学生组织国际化路径。只有加强党的领导，才能建立与世界接轨、深圳特色、清华风格的制度体系，才能按照《清华大学深圳国际研究生院章程》完善国际研究生院内部治理体系，实现国际化、现代化的治理体系和治理能力。

（二）完善学术治理体系

建立学术指导委员会，充分发挥学术指导委员会在人才引进、学科规划与建设、学术评价、学术发展和学风建设中的重要作用，拓展与落实学科职能，完善学科管理架构。进一步理顺国际研究生院、学科、外部子机构（独立法人）、清华－伯克利深圳学院（非独立法人）之间的职责、权利与义务。

内设研究院将作为学科发展的依托载体，负责相关学科的建设与发展，包括学科规划与调整、教师队伍建设与评估、人才培养、教学科研条件平台建设等。明确研究院在规划编制，预算编制，人才聘任、评价、晋升，人才培养等过程中承担的责任，提升研究院决策、执行和资源配置能力，促进跨学科人才培养与研究。研究院应充分发挥教师在学科建设、人才培养、科学研究等方面的作用。

（三）建立学科规划工作体系

建立学科发展总体规划、学科发展规划、部门规划、专项规划、校园规划相互衔接的有机体系，依据学校规划工作体系，理顺国际研究生院规划工作，推进学科发展规划、专项规划、校园规划的制定，形成相互支撑、有机衔接的大规划体系。

（四）建立评估监督机制

推动规划与资源配置联动，实现规划与预算经费、空间资源、各项指标的强相关，使规划落地。规范项目审批制度。依据规划进行前期论证和立项审批，未纳入年度规划的项目原则上不予支持，以项目定预算。实行项目带动，组织实施好规划确定的项目，通过项目实施促进规划落实。

及时跟踪分析各部门、学科群对规划的实施情况，对于规划中的重点任务进行评估。制定和完善绩效评价考核体系和考核办法，将规划的落实情况作为考核的主要内容。定期检查各部门、各层次之间行动是否一致，提高规划的可实施程度和实施效率。将规划评估结果纳入规划修订程序，及时调整和完善规划目标、任务及举措，提升规划的执行力和时效性。

总之，研究生教育作为我国高等教育的重要组成部分，其根本目标是为新时代中国特色社会主义建设提供各类德才兼备的高层次人才，由此可见，研究生教育是培养高素质人才的重要摇篮，也是实现新时代中国高质量现代化发展的关键要求，从这个意义上讲，没有高质量的研究生教育，就谈不上高水平的高等教育，也就谈不上现代化教育强者。

国际研究生院的远景目标是 2030 年打造成国际一流的研究生教育机构，为此首先要落实好 2020 年 9 月 22 日教育部发布的《关于加快新时代研究生教育改革发展的意见》和深圳市人民政府与清华大学合作建设国际研究生院中的各项政策支持与保障，争取尽快列入广东省高水平大学建设计划。积极争取深圳市委、市政府对国际研究生院的政策支持，争取清华大学对国际研究生院赋予先行先试的特殊支持，始终聚焦于研究生教育的高质量发展之路，就是要坚持以师生为中心的发展思想，坚持创新、协调、绿色、开放、共享发展，不断深化改革创新，为粤港澳大湾区乃至全国经济社会高质量发展提供强有力的人才和智力支持。

参考文献

［1］陈学飞．高等教育国际化——从历史到理论到策略［J］．教育发展研究，1997（11）：58.

［2］程伟华，张海滨，董维春．"双一流"战略引领下的来华留学研究生教育发展探析［J］．研究生教育研究，2018：75.

［3］联合国教科文组织总部．教育：财富蕴藏其中［M］．联合国教科文组织总部中文科，译．北京：教育科学出版社，1996：34.

［4］杜婧敏，方海光等．教育大数据研究综述［J］．华中科技大学，2016（19）：1－4.

［5］杜彦峰．大数据与信息生命周期理论之间的理论和实践关系［J］．社会学研究，2015（3）：61－74.

［6］方海光．基于算法MOOC自适应系统的教育大数据模型［J］．大学教育科学，2016（2）：15－22.

［7］龚克．关于推进研究生教育国际化的思考［J］．研究生教育研究，2015（2）：1.

［8］龚克．研究生教育国际化的核心内容三个关键指标［J］．高等教育研究，2013（8）：72－85.

［9］郭峰，王兴华．美国大学开展国际理解教育的经验及其启示［J］．外国教育研究，2011（8）：58.

［10］国务院．国务院关于印发统筹推进世界一流大学和一流学科建设总体方案的通知［EB/OL］．中国政府网．政策．（2015－11－05）2019－05－26. http：//www. gov. cn/zhengce/content/2015－11/05/content_ 10269. htm.

［11］胡弼成．广义大数据和狭义大数据的区别和联系［J］．武汉大学学报，2015（3）.

［12］湖南知识产权智库．田红旗校长在学校四届四次教代会、工代会上的工作报告［EB/OL］．中南大学知识产权研究院，http：//law. csu. edu. cn/zscq/

content. aspx? moduleid = ad249c67 – b6d0 – 45c9 – 997d – 30471f662262&id = 81da546b –8f19 –43ec –8e65 –22c0210–fae6.

［13］姜英敏．从"和而不同"到"'异己'间共生"——全球化时代国际理解教育模式的新探索［J］．比较教育研究，2015（12）：32．

［14］蒋琦玮．"双一流"建设高校研究生教育国际化探究［J］．现代大学教育，2019（4）：30．

［15］经济合作与发展组织．教育概览2012：OECD指标［M］．中国教育科学研究院，译．北京：教育科学出版社，2012．

［16］刘兰芝．高等教育国际化与人的全面发展［M］．北京：人民教育出版社，2015：165．

［17］李素琴，闫效鹏．研究生教育国际化初探［J］．中国高教研究，2003（11）：60．

［18］李辉．"双一流"建设背景下研究生教育国际化研究［J］．中国成人教育，2017（7）：32．

［19］李凯歌．我国研究生教育国际化的案例研究——基于厦门大学王亚南经济研究院的分析［D］．硕士学位论文，厦门：厦门大学教育研究院，2014：59．

［20］李子江，王丽．美国研究生教育起源探析［J］．现代大学教育，2021（2）：25 –26．

［21］林建华．校园的国际化氛围是国际竞争力提升的关注点［J］．国际教育研究，2010（5）：30 –39．

［22］刘兰芝．高等教育的国际化趋势［J］．学术研究，2002（4）：151．

［23］刘晓黎，张莉，刘磊．研究生教育国际化支撑"双一流"建设的对策研究［J］．研究生教育研究，2016（4）：12．

［24］刘晓黎．研究生教育国际化的细分与应用［J］．国际教育研究，2017（8）：61 –72．

［25］刘岩．高等教育国际化能力概念分析框架的建构［J］．黑龙江高教研究，2017（5）：11．

［26］刘彦军，孟兆娟．研究生教育国际化：内涵、构成要素及优化路径［J］．Industrial & Science Tribune，2020（19）：119．

［27］陆小兵，王文军，钱小龙．"双一流"战略背景下我国高等教育国际化发展反思［J］．高校教育管理，2018（1）：27 –34．

［28］Mauro 泗．大数据是基于数字和全信息要素的信息资产［N］．北京大学学报，2013（8）：31 –42．

［29］蒲云，邱延峻．特色研究型大学研究生教育国际化发展战略［J］．西南交通大学学报（社会科学版），2011（2）：63.

［30］戚兴华．中国研究生教育制度流变的四种文化渊源［J］．研究生教育研究，2021（2）：21.

［31］任友群．"双一流"战略下高等教育国际化的未来发展［J］．中国高等教育，2016（5）：16.

［32］尚保强，秦帅．浅谈研究生教育国际化的若干启示［J］．科教文汇（上旬刊），2020（34）：10.

［33］沈以赴，夏品奇．国际化培养：高质量研究生教育的重要举措［J］．中国高等教育，2010（1）：36－37.

［34］舒志定．高等教育国际化的内涵、特征与启示［J］．全球教育展望，1998（3）：55.

［35］舒志定．国家软实力：高等教育国际化的三层次系统［J］．南京大学学报（人文科学版），2015（4）：23－32.

［36］孙洪涛．教育大数据包含的六种类型：来自于个体、学校、区域和国家的调研［J］．大数据管理，2017（8）：32－41.

［37］孙珲，王婉霞．研究生教育国际化推进策略和路径研究［J］．高教学刊，2020（21）：16.

［38］索传军．信息运动的客观规律：来自生命周期的理论［J］．管理科学研究，2010（8）：91－100.

［39］谭胜．研究生教育国际化的价值评价体系初探［J］．高等工程教育研究，2005（3）：84－85.

［40］文君．"互联网＋"视域下高等教育国际化发展［J］．中国高等教育，2017（5）：22－23.

［41］邢蓓蓓．大数据的来源和采集技术［J］．社会学研究，2016（3）：21－27.

［42］薛天祥．研究生教育学［M］．桂林：广西师范大学出版社，2001.

［43］杨长聚．研究生教育国际化的三个关键指标：机制创新、导师水平和学生质量［J］．社会学研究，2012（7）：61－72.

［44］杨长聚．高等教育国际化的"环境—投入—过程—结果"模型［J］．社会学研究，2019（9）：23－31

［45］杨现民．教育大数据的技术体系框架与发展趋势——"教育大数据研究与实践专栏"之整体框架篇［J］．现代教育技术，2016（1）：5－12.

［46］俞菀．造福社会服务全人类：剑桥大学校长眼中的大学使命［EB/

OL〕．网易新闻，http：//news. 163. com/11/0409/19/717M2I4000014JB5 _ mo-
bile. html#.

〔47〕詹立彩．当前数据存储技术的隐患：关于数据隐私的研究〔J〕．教育
大数据的研究，2016（1）：11－18.

〔48〕张铎，商磊．清华大学深圳国际研究生院职工队伍建设管理手册 V6. 0
〔R〕．怡安翰威特咨询（上海）有限公司深圳分公司，2021.

〔49〕郑炜君，王顶明，曹红波．国际化背景下的研究生教育课程体系与师
资建设——第二届研究生教育国际论坛综述〔J〕．学位与研究生教育，2017
（11）．

〔50〕中国学位与研究生教育学会．北京大学研究生院，清华大学研究生
院．迈向 21 世纪的研究生教育：中国北京 97 研究生教育国际研讨会综述〔J〕．
学位与研究生教育，1998（1）：1－3.

〔51〕中国学位与研究生教育发展战略报告编写组．中国学位与研究生教育
发展战略报告（2002—2010）：征求意见稿〔J〕．学位与研究生教育，2002
（6）：5.

〔52〕中南大学．关于发布中南大学一流大学建设方案的公告〔EB/OL〕．
中南大学，http：//www. csu. edu. cn/info/1356/7917. htm.

〔53〕中南大学．中南大学与西南交通大学共同发起成立"一带一路"铁路
国际人才教育联盟〔EB/OL〕．中南大学本科生院，http：//bksy. csu. edu. cn/in-
fo/1076/3805. htm.

〔54〕中南大学．中南大学本科教学工作审核评估知识手册（3.0）〔Z/OL〕．
https：//max. book118. com/html/2018/1101/812204 2040001131. shtm.

〔55〕忠建丰．2018 年度我国出国留学人员情况统计〔EB/OL〕．中华人民
共和国教育部，http：//www. moe. gov. cn/jyb_ xwfb/gzdt_ gzdt/s5987/201903/
t20190327_ 375704. html.

〔56〕忠建丰．2018 年来华留学统计〔EB/OL〕．中华人民共和国教育部，
http：//www. moe. gov. cn/jyb_ xwfb/gzdt_ gzdt/s5987/201904/t20190412_ 377692.
html.

〔57〕忠建丰．2017 年出国留学、回国服务规模双增长：出国留学人数首
次突破60 万人高层次人才回流趋势明显〔EB/OL〕．中华人民共和国教育部，
http：//www. moe. gov. cn/jyb_ xwfb/gzdt_ gzdt/s5987/201803/t20180329_ 331771.
htm.

〔58〕张晓会．研究生教育大数据信息资源体系建设研究〔D〕．硕士学位
论文．北京：北京工业大学文法学部，2020.

[59] American Council on Education. Mapping Internationalization on U. S. Campuses: 2017 Edition [R/OL] . Washington, D. C. : American Council on Education, 2017: 1. (sine die) [2017 - 06 - 15] . https: //www. acenet. edu/news - room/Documents/Mapping - Internationalization - 2017. pdf.

[60] Ball. The Relationship Between the Number of Teachers and Equivalent Workload of Undergraduates. Moving Policy, Research, and Practice to the 21st Century [J] . Higher Education Report, 2010, 35 (4): 17 - 32.

[61] Birch. A Simple Way to Count the Number of Teachers Based on the Specific Courses [J] . Sociology of Education, 2005, 54 (5): 254 - 287.

[62] B. M. Kehm. Introduction: The Transnational in the History of Education; Concepts and Perspectives [M] . Cham: Springer International Publishing, 1980.

[63] Booz and Allen. Product Life Cycle: A Theory of the Business Management [J] . The Review of Economic Studies, 1952, 73 (1): 88.

[64] Chang D. F. Implementing Internationalization Policy in Higher Education Explained by Regulatory Control in Neoliberal Times [J] . Asia Pacific Education Review, 2015, 16 (4): 607.

[65] Cláudia S. Sarrico, Maria J. Rosa, Maria J. Manatos. School Performance Management Practices and School Achievement [J] . International Journal of Productivity and Performance Management, 2012, 61 (3) .

[66] Commission on the Abraham Lincoln Study Abroad Fellow - ship Program. Global Competence & National Needs: One Million Americans Studying Abroad [EB / OL] . NAFSA. Policy and Advocacy. (sine die) [2019 - 05 - 26] . http: //www. nafsa. org/ - /Document/ - /Lincoln commission report. pdf, 2009 - 06 - 18.

[67] Davis L. J. University Strategies for Internationalization in Different Institutional and Cultural Settings: A Conceptual Framework [C] //Blok P. Policy and Policy Implementation in Internationalisation of Higher Education. Amsterdam: EAIE, 1995: 15.

[68] Dijk V. H. , & Meijer , K. The Internationalization Cube : A Tentative Model for the Study of Organization Designs and the Results of Internationalism in Higher Education [J] . European Education, 1997, 9 (4) : 465.

[69] Erasmus Mundus. Erasmus Mundus: MSc in Dependable Software Systems (DESEM) [EB /OL] . Erasmus Mundus. Programme Description. (sine die) [2019 - 05 - 26] . http: / /www. erasmusmundus. ie /courses /desem /.

[70] European Commission. The Bologna Process and the European Higher Edu-

cation Area ［EB／OL］. European Commission. Education & Training. (sine die) ［2019 – 05 – 26］. https：//ec. europa. eu/education/policies/higher – education/ bologna – process – and – european – higher – education – area_ en.

［71］ Fajnzylber F. Growth and Equity via Austerity and Competitiveness ［J］. Annals of the American Academy of Politi – cal & Social Science, 1989, 505 (1)：88 – 89.

［72］ Fielden J. A Formula of Target Student to Teacher Ratio in Research Lab Setting. Special Issue：College Choice and Access to College ［J］. Moving Policy, 2002 (1)：11 – 29.

［73］ Horton. An Analysis of Information Resource Movement based on Objective regularity ［J］. New Education Policy, 1999：45 – 52.

［74］ Layard P. A Calculating Model between the Cost and the Total Number of Undergraduate and Graduate Students ［J］. New Directions for Higher Education, 2004 (127)：23 – 37.

［75］ Levitan. Life Cycle Model in Information Management Theory ［J］. News Nation, 1981：61 – 72.

［76］ Maria de Lourdes Machado – Taylor. The Important Role of Experimental Technical Team in Colleges and Universities ［R］. JICA Research Institute Working Paper, 2000.

［77］ Rosovsky, H. The University：An Owner's Manual ［M］. New York：W W Norton & Co Inc, 1991：29.

［78］ Rudzki R. E. J. The Application of a Strategic Management Model to the Internationalization of Higher Education Institutions ［J］. Higher Education, 1995, 29 (4)：437.

［79］ Hanvey R. G. An Attainable Global Perspective ［R］. In The American Forum for Global Education, 1982.

［80］ 张蓉，畅立丹. 全球胜任力的国内研究综述回顾 ［J］. 清华大学教育研究. 2019 (2)：16 – 21.

［81］ Baumgratz G. Language, Culture and Global Competence：An Essay on Ambiguity ［J］. European Journal of Education, 1995, 30 (4)：437 – 447.

［82］ Conner J. Developing the Global Leaders of Tomorrow ［J］. Human Resource Management, 2000, 39 (2 – 3)：147 – 157.

［83］ Lohmann J. R. , Rollins H. A. & Joseph Hoey J. Defining. Developing and Assessing Global Competence in Engineers ［J］. European Journal of Engineering Education, 2006, 31 (1)：119 – 131.

[84] Mansilla V. B. , Jackson A. , & Jacobs I. H. Educating for Global Competence: Learning Redefined for an Interconnected World. Mastering Global Literacy (5 – 27) [M]. New York: Solution Tree, 2013.